séries, A, B, C, D, E

Pour Francine

français

ville p. 109

préparation au
bac 84

Recueil
Annuel
des Sujets d'examen 1983

Conforme aux nouvelles Instructions
Officielles parues au B.O. du 7 juillet 1983.

collection feu vert – série R.A.S. – hachette

Collection « Faire le Point »

Comprend des ouvrages au format de poche, permettant de faire le point sur un sujet donné.

- *Guide de la contraction de texte*, Arambourou/Texier/Vanoye
- *L'écrit et l'oral de français au baccalauréat*, Bénac
- *Nouveau vocabulaire de la dissertation et des études littéraires*, Bénac
- *Guide des idées littéraires*, Bénac
- *Guide du commentaire composé au baccalauréat*, Bergez
- *Histoire de la littérature française*, Plinval/Richer
- *Dictionnaire des œuvres et des thèmes de la littérature française*, Bouty

Collection « Faire le Point BAC »

Une collection d'ouvrages pratiques, complets et sérieux.

FRANÇAIS
- *Aide-mémoire*
- *Sujets commentés (conseils et méthodes)*

HISTOIRE
- *Aide-mémoire*
- *Sujets commentés (conseils et méthodes)*

GÉOGRAPHIE
- *Aide-mémoire*
- *Sujets commentés (conseils et méthodes)*

PHILOSOPHIE
- *Aide-mémoire*
- *Sujets commentés (conseils et méthodes)*

La loi du 11 mars 1957 n'autorisant, aux termes des alinéas 2 et 3 de l'article 41, d'une part, que les « copies ou reproductions strictement réservées à l'usage privé du copiste et non destinées à une utilisation collective » et, d'autre part, que les analyses et les courtes citations dans un but d'exemple et d'illustration, « toute représentation ou reproduction intégrale, ou partielle, faite sans le consentement de l'auteur ou de ses ayants droit ou ayant cause, est illicite » (alinéa 1er de l'article 40).
Cette représentation ou reproduction, par quelque procédé que ce soit, constituerait donc une contrefaçon sanctionnée par les articles 425 et suivants du Code pénal.
ISBN : 2.01.009407.7
© *Hachette 1983*
79, bd Saint-Germain, 75006 PARIS

Tous droits de traduction, de reproduction et d'adaptation réservés pour tous pays.

avant-propos

Ce livre ne se propose pas de buts bien ambitieux : il désire seulement **avertir** et **aider**.

AVERTIR d'abord que des modifications sont apportées aux épreuves écrites du Baccalauréat de Français.

Ces modifications précisées par **note de service nº 83-245 du 27 juin 83**, parue au **B.O. du 7 juillet 1983** sont :

I. Le 1er sujet comportera désormais :

- **UN RÉSUMÉ**
dont le nombre de mots fixé sera indiqué dans le libellé (analyse supprimée) ;
- **DES QUESTIONS DE VOCABULAIRE** ;
- **UNE DISCUSSION**
dont le sujet ne sera plus à choisir par le candidat, mais sera une question, un problème posé dans le libellé et sur lequel le candidat aura à donner un avis argumenté.

COURS GEOFFROY SAINT-HILAIRE

Etablissement d'Enseignement Privé hors contrat
24, rue Charcot - 75013 PARIS - Tél. : 585.58.94 (lignes groupées)

SECONDES (option facultative : informatique)
PREMIERES S
TERMINALES C et D
TERMINALES C et D "SPÉCIALES"
(conçues pour les élèves se destinant à des études supérieures scientifiques : vétérinaires, médicales, dentaires, pharmaceutiques...)

PRÉPARATION AU CONCOURS DES ÉCOLES NATIONALES VÉTÉRINAIRES

- Sécurité Sociale Etudiants
- Anglais, Allemand, Espagnol
- Latin

- Effectifs limités
- Travaux dirigés
- Contrôle continu des connaissances

Direction d'études et Conseils de méthode :
planification du travail, prise de notes en classe...

Le laboratoire

La bibliothèque

Avant-propos

II. Le 2ᵉ sujet sera toujours :

● **UN COMMENTAIRE COMPOSÉ D'UN TEXTE LITTÉRAIRE**
pour lequel *plusieurs modes de composition* sont possibles :
– soit commentaire classé autour de centres d'intérêt ;
– soit caractérisé en allant du plus extérieur au plus intime ;
– soit en reconstruisant les étapes successives de la lecture ;
– soit en s'inspirant des structures et de la composition même du texte.

III. Le 3ᵉ sujet sera :

● **UNE COMPOSITION FRANÇAISE SUR UN SUJET LITTÉRAIRE**
nourrie de lectures personnelles, d'expérience vraie demandant réflexion pertinente et juste.
Ce n'est donc plus la vénérable « dissertation », débat de doctrine ou de haute théorie littéraire.

AVERTIR aussi que, comme je n'ai été que tardivement mise au courant des renseignements fournis par le B.O., on trouvera seulement *un certain nombre de devoirs traités dans la nouvelle optique. Ils sont au début des pages réservées au 1ᵉʳ et au 2ᵉ sujet.* Les autres notions, plus traditionnelles, sont d'ailleurs toujours de mise,
– d'autant plus que les sujets de juin 1983 ont été choisis, eux, selon la circulaire précédente du 4 décembre 1978 ;
– et qu'il faudra détecter à l'usage plus clairement comment envisager les quatre modes de composition proposés pour le commentaire composé.

AIDER cependant en offrant **corrigés, plans détaillés, rapprochements** de sujet à sujet, ébauche de **bibliographie,** car il ne s'agit pas seulement d'atteindre une notation honorable à l'examen – ce qui aura lieu, souhaitons-le à tous – mais d'acquérir les rudiments de l'art de la lecture, de la composition..., et une certaine culture.

AIDER aussi, éventuellement, les étudiants [en Lettres...] qui, après le Baccalauréat veulent se remémorer quelques règles de composition et structure.

BON TRAVAIL maintenant.

Yvonne-France FERRO

premier sujet

résumé / questions / discussion

instructions ministérielles sur les nouvelles modalités de ce type de sujet

MODALITÉS DE L'EXERCICE

L'exercice comprend trois démarches liées et complémentaires.

A. – *La première consiste à **résumer** le texte.*
– *Le résumé suit le fil du développement. Il donne du texte, dans le même ordre, une version condensée mais fidèle. Il ne change pas le système de l'énonciation : il reformule le discours du texte initial sans prendre de distance (c'est-à-dire en s'abstenant d'indications telles que : « l'auteur déclare que..., montre que... »). Il s'interdit un montage de citations : le candidat exprime dans son propre langage les assertions du texte. Il peut cependant, lorsqu'il s'agit de mots clefs qu'il serait absurde de remplacer par de mauvais équivalents, reprendre les mots du texte et, par exception, citer entre guillemets une formule particulièrement significative.*
– *Le libellé du sujet **précisera le nombre de mots fixé,** selon la nature du texte, pour le résumé. Il rappellera aux candidats qu'une marge de 10 % en plus ou en moins est admise et qu'ils ont à indiquer eux-mêmes à la fin de leur résumé le nombre de mots employés.*

– *Un bon résumé ne saurait être le résultat d'une opération mécanique de réduction.* **Il implique une lecture et une analyse intelligentes.** *Il transmet sans le fausser le contenu du texte initial. Il met en lumière les articulations de la pensée. Sous une forme réduite, il restitue dans sa force le sens du texte.*

● **Méthode conseillée**

– Avant tout *repenser le texte* pour bien le *dominer.*
– Relever dans la page, en les soulignant au crayon, les *formules essentielles* du texte.
– *Les reformuler* en une suite repensée et logiquement enchaînée.
– *Respecter l'ordre* du texte.
– *Relier* soigneusement chacun des points du texte (maintenant très réduit). Soigner les *mots de liaison.*
– *Supprimer petits détails et exemples,* sauf s'ils sont nécessaires à l'enchaînement logique ou à la compréhension.

B. – *Quelques* ***questions de vocabulaire*** *permettent de vérifier sur des points précis la qualité de la lecture que le candidat a faite.*
– *On lui demande d'expliquer le sens, dans le texte, de deux ou trois mots (ou expressions), choisis de préférence parmi ceux qui constituent des jalons importants de la lecture et en éclairent la signification.*
– *Il s'agit de mots (ou d'expressions) d'usage courant, dont un raisonnement sur le contexte et, éventuellement, sur la syntaxe de la phrase, permet de préciser la valeur dans le texte. Ainsi conçues, ces questions mettent la sémantique et la syntaxe au service de la lecture. Elles aident le candidat à affiner sa compréhension du texte. Par là, il se trouve mieux armé pour la discussion qui suit.*

C. – *L'exercice s'achève par une* ***discussion.***
A propos du texte qu'il étudie, le candidat est invité à présenter une réflexion critique.

Le libellé formule, à partir du texte, une question. Cette question pose un problème dont le texte éclaire au moins un aspect et pour l'examen duquel il offre des éléments. On demande au candidat d'exprimer, en se référant à son expérience personnelle et à ses lectures, un avis argumenté.

Le candidat n'est aucunement jugé sur l'opinion qu'il soutient ni sur les convictions dont il peut s'inspirer. L'exercice permet d'apprécier – outre la correction de l'expression – la validité du raisonnement et l'aptitude à discuter, c'est-à-dire à comprendre et à confronter des points de vue différents.

● Méthode conseillée

– *Lire* très attentivement la question posée et en *dégager le problème* qu'elle contient sous forme de phrase de synthèse.
– *Découvrir* dans le texte *les éléments* qui éclairent et vont permettre de *bien comprendre le problème* soumis à réflexion.
– *Classer* ces éléments, *en trouver d'autres* personnels, et aussi littéraires, artistiques, historiques, vécus...
– *Dissocier* clairement les points de vue différents, les *confronter,* en constituer de deux à quatre grandes parties dans le développement.
– *Structurer* aussi soigneusement toutes les nuances à l'intérieur de chaque partie.
– Surtout *pas de petite rédaction confuse* appuyée sur une pseudo-expérience.

1

RÉSUMÉ AVEC REMARQUE
QUESTIONS DE SENS
PLAN
Lille/1ʳᵉ

Sans trop simplifier les choses, il semble que l'on puisse distinguer trois dispositions psychologiques du lecteur; plus simplement, trois façons de lire.

La première est d'y chercher une diversion de la vie : on prend un livre, le soir, quand on est fatigué d'une journée de travail, pour y trouver un agrément de l'imagination, une pente facile de l'intelligence vers des objets qui l'amusent, vers des problèmes artificiels propres à la détourner des questions concrètes que lui posent durement le travail professionnel, l'action sociale ou la méditation morale. Ainsi fait, par exemple, le lecteur de romans policiers – et je ne vais pas commencer par dire du mal des romans policiers, et par me brouiller avec ceux qui en usent, je me ferais du premier coup trop d'ennemis ! J'admets parfaitement que l'on pratique cette méthode de lecture récréative, que l'on cherche à l'étendre à beaucoup d'autres ouvrages, dont certains ne sont pas sans mérites : je ne conteste nullement le talent de Georges Simenon, ou de Marcel Pagnol, ou de Pierre Benoit (...).

Une seconde façon de lire, analogue à la première, mais plus raffinée, est de demander à l'œuvre littéraire une pure jouissance esthétique : par conséquent, encore, une diversion de la vie, mais à un niveau plus relevé, où le plaisir est de goûter une belle musique de la phrase, de subtiles consonances d'images, un ordre parfait de la pensée, quelles que soient d'ailleurs la signification morale ou la tendance spirituelle des textes. Ainsi lit le dilettante, le fin lettré, et de préférence dans de beaux volumes, dont il caresse amoureusement les reliures de plein cuir et dont il collectionne les éditions de prix. J'ai trop de bons amis qui pratiquent cette liturgie pour contester ce qu'elle implique de distinction réelle, ce qu'elle produit de rare et de charmant dans les esprits. Je remarque seulement – et je ne pense pas que des jeunes gens d'aujourd'hui me contredisent – qu'elle convient mieux à des périodes de calme et de bonheur qu'à des époques de crise et d'inquiétude. Que nos grands-pères, avant 1914, aient savouré avec amour la prose d'Anatole France ou de Pierre Louÿs, que nos pères et ceux d'entre nous qui avons assez d'âge nous soyons complus, après 1920, aux raffinements d'un Valery Larbaud, aux prouesses d'un Cocteau, aux jeux précieux d'un Morand ou d'un Giraudoux, cela était naturel; mais il est naturel aussi qu'en ce milieu tragique du XXᵉ siècle, à moins d'imiter les patriciens de la décadence qui composaient des acrostiches en attendant que passent les grands barbares blancs, nous ayons, à l'égard des livres, des exigences plus dramatiques. D'où la troisième façon de lire : celle qui nous met devant l'œuvre comme devant une expression singulièrement réfléchie et parlante des mouvements de la conscience humaine et des questions que nous ne pouvons manquer de nous poser, quand nous voulons trouver des raisons de vivre et un style moral.

Je remarque en passant que les auteurs qui supportent ce genre de lecture sérieuse sont ceux qui finissent par demeurer au faîte de l'histoire des lettres : Montaigne, Pascal, Montesquieu, Voltaire, Rousseau, Chateaubriand, Balzac, Renan, Barrès, Péguy, pour ne parler que de la France. (...)

Certes, il ne m'échappe pas que cette méthode a ses limites et ses périls. Elle expose notamment à ne s'attacher, dans les œuvres littéraires, qu'au contenu moral, à des idées, à une doctrine, à un « message », pour employer un mot dont on abuse quelque peu aujourd'hui ; et ainsi, à omettre l'aspect purement artistique, les réussites formelles, les vertus du style. (...) Mais c'est ici qu'il convient de distinguer les choses et d'éviter les malentendus. Je parlais tout à l'heure de ces qualités de la forme pure, de ces réussites ou de ces virtuosités verbales qui intéressent, en dehors de la chose signifiée, le dilettante et l'esthète : valeurs qu'il est beau de sentir, mais légitime aussi de peu considérer, car elles ne sont pas encore le style. Le style, chez un authentique écrivain, n'est pas un vernis plus ou moins brillant jeté sur la pensée, un ornement extérieur à elle, une rhétorique indépendante de la logique : le style est le mouvement même de la pensée, l'expression de ce qu'il y a en elle de plus profond, de plus subtil et de plus singulier.

Pierre-Henri SIMON, *Témoins de l'homme.*

Vous ferez de ce texte un résumé *ou une* analyse *en indiquant nettement votre choix au début de la copie.*
Puis vous choisirez un problème étudié ou abordé dans le texte ; vous en préciserez les données, et vous exposerez, en le justifiant, votre point de vue personnel.

résumé

● Texte de 751 mots. Résumé au 1/5 = 150 mots environ.

● Trois approches [possibles] de lecture ?
Premièrement : évasion, divertissement, repos des tracas quotidiens, des fatigues intellectuelles. Évitant toute critique de cette conception distrayante, acceptons-en l'existence, étendue à bien des types de livres.
Deuxièmement : échappée dans esthétisme, art pour l'art, subtilité et plaisir artistiques, raffinement (distinction) (1)

même dans la présentation des volumes. Mais est-ce bien de saison? Crise et angoisse du XXe siècle laissent-elles place au dilettantisme (à l'amateurisme) (1) ? Les recherches rares doivent céder le pas à réflexion, approfondissement, méditations morales même.
Troisième méthode de lecture : rigoureuse et attentive, celle qui s'applique aux chefs-d'œuvre. Peut-être incomplète et aléatoire, car privilégiant l'aspect conceptuel ou moral aux dépens de l'esthétique? Mais il faut se garder des excès formels, des « écriture artiste » qui ne sont pas vraiment *le style,* d'où toute superficialité est bannie, car il n'est pas ornement, il est l'essence même du créateur (le créateur même) (1).

- **Résumé de 148 ou 152 mots.**

remarque

Le résumé du texte ci-dessus a, cette fois-ci, suivi la division en paragraphes.
Noter cependant que **rien ne doit être pris strictement à la lettre :** le texte est de 5 paragraphes, le résumé en a 4, le très bref 4e paragraphe (presque entièrement constitué d'exemples) ayant été adjoint au 3e dans le résumé.

questions de sens éventuelles

– *« de subtiles consonances d'images »*
- *« consonance »*
– **1er sens :** chez les Anciens : rapport de certains sons, calculés d'après la longueur des cordes, assez simple pour flatter oreille et esprit.
– **2e sens :** sons qui, entendus ensemble, sont agréables à l'oreille. Ex. : une tierce, une quinte...
Ce dernier sens, toujours musical, est transposé ici à la stylistique de la phrase. Il s'agit d'une harmonie recherchée d'association ou d'addition d'images.

---

(1) Au choix

– « *le dilettante... qui pratique cette liturgie* »
- « *dilettante* »
– √ italien : *dilettante* = qui se délecte.
– amateur de musique, surtout de musique italienne.
– **par extension** : celui qui s'occupe d'une chose en amateur.
- « *liturgie* »
Ordre et cérémonies du service divin. Il s'agit ici de ces amateurs raffinés, amoureux des beaux livres et reliures rares au point de leur vouer un véritable culte.
– « *acrostiche* »
– simple jeu poétique : les lettres initiales des vers de la pièce reproduisent dans leur ordre celles qui composent le nom d'une personne.

sujet qui pourrait être imposé

Expliquer à l'aide de votre propre expérience la première phrase (et le premier paragraphe) du texte de P.-H. SIMON.

plan

Introduction.

- P. Lepape dans *Télérama* (octobre 1982) affirme : « Il paraît que pour la 1re fois depuis très, très longtemps, les Français cette année, ont acheté moins de livres. »

- Ce qui signifie qu'ils en achètent d'habitude beaucoup.

- Image et T.V. ne sont donc pas parvenues à tuer la lecture.

- « Dis-moi ce que tu lis, je te dirai qui tu es. » **Mauriac.**
- Peut-on compléter par : « Dis-moi comment tu lis, je te dirai qui tu es » ?

- Trois manières de lire ?

- Annonce du plan.

I. Lecture = évasion.

- Peut-être la façon la plus répandue.

- **Raisons :**
— oubli des soucis, du travail, de la vie grise du quotidien ;
— oubli du moi, de ses insuffisances, de ses déceptions ;
— « divertissement » pascalien = aveuglement sur la condition humaine ;
— paresse d'esprit ; ou modestie, respect d'une tradition... ;
— donc livre consolateur.

- **Satisfactions et désirs :**
— recherche de l'extraordinaire, exotique, merveilleux, fantastique... ;
— désir d'une « happy end » ;
— donc satisfait l'imagination : on sécurise (on est sûr que le héros gagne...) ;
— *catharsis* (= défoulement) : ainsi les nains gagnent sur les géants !... ;
— identification valorisante avec le héros.

- **Risques :**
— assimilation trop complète à la fiction ;
— fuite de la réalité quotidienne ;
— aliénation de son être propre ;
— passivité qui peut atteindre : abdication, atrophie même du moi ;
— déception violente quand retombée dans vie terne et médiocre. Ex. lecteurs de *René* (**Chateaubriand**), de *Werther* (**Goethe**) ; Don Quichotte ; Mme Bovary...

II. Lecture = esthétisme.

- Autre type d'évasion — [Voir Ire **Partie** : évasion de quoi]

- **Raisons :**
— un certain élitisme ;
— amour et recherche du Beau, mais du Beau seul, pour lui-même — *cf.* « écriture artiste » des Goncourt ;
— art pour l'art — *cf.* Parnassiens ;
— hermétisme — ex. Mallarmé ;

Résumé, questions, discussion

– esprit de « chapelle » – ex. poésie actuelle ;
– mépris des foules et du vulgaire, supériorité de l'artiste. Ex. la Pléiade, Baudelaire... ;
– recherche de la difficulté technique ;
– exigence, sens de perfection formelle ; *cf.* **Baudelaire** (il annonce 100 *Petits Poèmes en prose,* il n'en écrira que 50).

● **Satisfactions et désirs :**
– un culte = la Beauté. Elle seule peut fixer rêve, apaiser inquiétude ;
– quête d'un absolu ;
– quête de la pureté, même éthérée ;
– art désintéressé ;
– essentielles recherches techniques de langue (syntaxe, vocabulaire, tournures...) ;
– vaincre les difficultés formelles ;
– travail minutieux des sonorités, musicalités, arabesques...
cf. Emaux et camées. **Th. Gautier.**
– impassibilité; rejet de toute sensiblerie. *cf.* **Leconte de Lisle ;**
– rigueur ;
– raffinement et distinction aristocratique ;
– libération totale de l'art « sublime » ;
– transposition d'arts.

● **Risques :**
– limites ;
– virtuosité ;
– froideur ;
– excès de pudeur ;
– parfois miévrerie à force de pureté éthérée – exemple : symbolisme finissant ;
– détail prend plus d'importance qu'essentiel ;
– indifférence excessive aux grands problèmes humains ;
– détachement trop hautain des conditions terrestres, du groupe humain ;
– mépris du profane.

III. Lecture = réflexion.

● Lecteur actif, « suffisant » (**Montaigne**).

- **Raisons :**
- – un esprit jamais en repos ;
- – se poser de continuels « points d'interrogation » (**Cocteau**) ;
- – besoin de s'instruire, de dépasser ses connaissances, de se dépasser ;
- – besoin de réflexion, de méditation ;
- – curiosité d'esprit ;
- – exigence sur soi : modestie et honnêteté intellectuelles : « Tout ce que je sais, c'est que je ne sais rien. » **Montaigne.**

- **Satisfactions et désirs :**
- – bonheur d'éprouver les sensations intellectuelles puissantes (très haute qualité de joie dans découvertes de l'esprit) ;
- – créer à deux – *cf.* **Voltaire** : « Les livres les plus utiles sont ceux dont les lecteurs font eux-mêmes la moitié. »
- – discipline sur soi ;
- – éveil de conscience et d'inquiétude d'âme, génératrice d'autres questions ;
- – espoir de discerner en soi-même ce que, sans la lecture, on aurait eu du mal ou plus de mal à voir ;
- – de la Culture à la Connaissance authentique ;
- – constitution d'une vie spirituelle, morale... ;
- – enrichissement ; car lecture – tremplin ;
- – part active **du** jugement et **pour** le jugement ;
- – ouverture des horizons de la pensée « en perpétuelle transformation et usance » (**Montaigne**) ;
- – parallélisme entre une telle lecture, l'essence du créateur et celle même du lecteur : atteinte d'une trilogie parfaite, idéale.

- **Peu de risques,**
- – si ce n'est une certaine tendance à l'abstraction,
- – car une lecture réfléchie et de jugement rapproche plus souvent des autres qu'elle ne risque de pousser à la course à l'élitisme intellectuel ;
- – si par hasard on se laisse tenter par ce risque, on obtient : manque d'équilibre, de sagesse ; → orgueil, affectation, désir de se replier sur soi, de se retirer dans sa « tour d'ivoire » (**Vigny**).

Conclusion.

- « Chaque lecture n'est jamais qu'un parcours possible. » **J.-P. Richard.**

- De toute façon, chaque lecture est plus ou moins gymnastique d'esprit ;

- De plus il n'y a pas d'exclusive à ce que certains intellectuels exigeants aiment aussi l'évasion et le repos dans la lecture facile.

- D'ailleurs certaines évasions sont constructives : concept doit se doubler d'imaginaire et recherche du beau. *cf.* **Bettelheim.**

- Mais toujours savoir dominer lecture, ne pas devenir « insensible au monde réel... en proie à des fantômes terribles ou charmants ». **Proust.**

- Rester « **inquiet** », au sens étymologique, i.e. jamais en repos, donc prendre livre pour terrain de recherche, y combler son ardeur, sa curiosité.

- Donc **savoir lire.**

quelques formules

- « Tout homme qui sait lire a en lui le pouvoir de se magnifier, de multiplier ses modes d'existence, de rendre sa vie pleine, intéressante, significative. » **Huxley.**

- « Il n'y a de vraiment beau que ce qui ne peut servir à rien ; tout ce qui est utile est laid. » **Th. Gautier.**

- « Fi du rythme commode... » *Idem.*

- « Tout passe. – L'art robuste
Seul a l'éternité... » *Idem.*

- « Le livre, c'est un moyen de dépassement ; aucun homme n'a assez d'expérience personnelle pour bien comprendre les autres, ni pour bien se comprendre soi-même. » **Mauriac.**

• « Je ne veux plus lire que les livres qui me font travailler. Sur les autres ma pensée glisse comme une charrue sur du marbre. » **A. Vigny**.

bibliographie

- **J. Leenhart** et **P. Józsa**, *Lire la lecture,* Le Sycomore/arguments critiques, 1982.
- **F. Furet** et **J. Ozouf**, *Lire et écrire,* Edit. de Minuit, 1977.
- **Ouvrage collectif**, *Le Livre et la lecture en France,* Editions Ouvrières/« Vivre son temps », 1968.
- *Entretien* avec **Michel Tournier**, Magazine littéraire/décembre 1981.
- *Entretiens sur la lecture,* Le Monde de l'Éducation/octobre 1981.
- **E. M. Cioran**, *Ecartèlement,* Gallimard.
- **Maurice Laugaa**, *Lectures de Mme de La Fayette,* Colin/Coll. U, 1971.
- **Henry Miller**, *Les Livres de ma vie,* Gallimard/NRF, 1957.

| **2** | **REMARQUE** *Dijon/Terminale* |

Mon plaisir de lire

Deux cents romans français nouveaux, la moitié d'étrangers, des buissons épais de biographies, de récits historiques, d'analyses politiques ou de recueils de poèmes. La rentrée des livres présente tous les signes extérieurs de bonne santé solide.

On se plaindrait plutôt de suralimentation que de famine. Quand les étalages croulent sous autant de produits divers, il est bien difficile de faire son choix et de repérer dans les amoncellements le fruit rare. Celui qu'on attendait sans savoir, conforme à notre goût ancien et révélateur d'un goût nouveau.

C'est ici que le critique peut servir à quelque chose. A aider tout d'abord au premier tri. A repérer les bouquins surgelés, calibrés, programmés, à la saveur standard. Des livres pour fast food (1). Il en faut, il n'en manque pas. Ils permettent souvent aux éditeurs de gagner assez d'argent pour supporter les pertes des autres, de ceux qui ne répondent pas aux normes, qui ont la peau rugueuse, la couleur étrange. Ceux qu'on ne consommera pas mais qu'on risque d'aimer.

A cet endroit, le critique se sent frôlé par l'aile de l'imposture : il a bûché comme un âne, pioché dans ses piles de livres, il est gavé de phrases inutiles, de confidences autobiographiques dont il n'a que faire, de passions totalement étrangères et de mots sans grâce, et il lui faut encore aimer et pire : faire aimer. Trouver, comme le disait Gracq, « cette inflexion de voix juste qui me fera sentir que vous êtes amoureux, et amoureux de la même manière que moi : je n'ai besoin que de la confirmation et de l'orgueil que procure à l'amoureux l'amour parallèle et lucide d'un tiers bien disant ».

Pour descendre des hauteurs où respire – si fort, si libre ! – Julien Gracq, admettons que le critique se trouve dans la situation d'un buveur, soûlé de piquette, abruti de mélanges inavouables et qui devrait, dans sa morne ivresse et de sa gueule pâteuse, célébrer les beautés secrètes d'un cru rare.

Mais revenons à l'amour, puisqu'il ne s'agit jamais que de ça. Puisque la lecture me paraît encore, à ce jour et sans espérer qu'on trouvera mieux, le plaisir le plus comparable au plaisir amoureux. Question de temps, de rythme d'abord. La musique, les spectacles vous imposent le leur, le livre vous accompagne. Libre à vous de galoper sur ses lignes jusqu'à la page finale, de vous exalter de sa vitesse ou bien au contraire de vous en imprégner lentement, de revenir en arrière, de laisser vibrer en vous jusqu'au silence la corde qui a trouvé l'ébranlement juste, d'engager des conversations, d'ébaucher des complicités, d'allumer des fâcheries et de susciter des réconciliations.

On n'y gagne rien ? Non, précisément. Un livre ne rend ni plus intelligent, ni plus riche, ni plus cultivé, malgré la légende. Rien à voir avec les cours du soir et la formation permanente. Un livre ne rend ni meilleur, ni pire, ni plus ni moins apte à affronter les difficultés de l'existence. Rien à voir avec l'édification morale ou les recettes de savoir-vivre. C'est pure dépense. Simplement, lorsqu'un livre, comme une passion, donne l'illusion que l'on a multiplié sa vie, il se trouve que cette illusion est vraie.

Le genre littéraire est indifférent, je veux dire qu'il diffère selon les personnes, voire, chez une même personne, selon les époques et les humeurs. Barthes m'empourpre sensuellement autant que Stendhal ou Chateaubriand, et la Méditerranée de Fernand Braudel me paraît aussi chargée de poésie que les *Mille et Une Nuits*. L'amour des livres est fatal, polymorphe et infidèle. Seule compte la perdition du moment.

Il paraît que, pour la première fois depuis très, très longtemps, les Français, cette année, ont acheté moins de livres. Signe de crise passager, restriction des budgets ou bien première manifestation de cette extinction de la Galaxie Gutenberg annoncée par les prophètes de l'audiovisuel (2) ? Les civilisations meurent : tant mieux, tant pis, on n'y peut rien. Mais la perte du plaisir serait irréparable. Quand j'en sens, de plus en plus insistante, la menace, je résiste, je prends le maquis : je lis Gracq, par exemple, qu'on ne lit jamais assez : « Une histoire de la littérature, contrairement à l'Histoire tout court, ne devrait comporter que des noms de victoires, puisque les défaites n'y sont une victoire pour personne. »

Pierre LEPAPE, *Télérama*, n° 1708, 6 octobre 1982.

L'épreuve comprend deux parties :
1. Vous ferez d'abord de ce texte, à votre gré, un résumé *(en suivant le fil du texte) ou une* analyse *(en reconstituant la structure logique de la pensée, c'est-à-dire en mettant en relief l'idée principale et les rapports qu'entretiennent avec elle les idées secondaires). Vous indiquerez nettement votre choix au début de la copie.*
2. Dans une seconde partie que vous intitulerez discussion, *vous dégagerez du texte un problème qui offre une réelle consistance et qui vous aura intéressé(e). Vous en préciserez les éléments et vous exposerez vos vues personnelles sous la forme d'une argumentation ordonnée, étayée sur des faits et menant à une conclusion.*

remarque

● Pour traiter la « discussion » qui doit accompagner le résumé de ce texte, se reporter au plan donné dans le devoir précédent.

---

(1) Fast food : désigne aujourd'hui des lieux de restauration rapide.
(2) La Galaxie Gutenberg : l'univers de l'imprimerie et des livres, selon la formule de McLuhan.

3 RÉSUMÉ AVEC REMARQUE
QUESTIONS DE SENS
PLAN
Besançon/Terminale

Littérature et passé culturel

On voit des auteurs qui font de très beaux livres pour nous dire qu'il faut se méfier des livres, les jeter au feu et préférer la vivante Vie, la Vie mangée crue sans sel et sans poivre, aux illusions pâlies et moroses de la littérature. Whitman, Nietzsche, Gide, D. H. Lawrence se sont assis à une table pour nous dire qu'il était très malsain de rester assis à une table, et ils ont fait imprimer d'éloquentes déclamations contre les hommes qui se nourrissent d'imprimés au lieu de se nourrir de chair fraîche. Les gens dont le plaisir et le métier est de faire de la littérature nous expliquent parfois, très gravement, qu'il y a une chose dont ils ont horreur par-dessus tout, c'est la littérature. Le papier souffre tout, et notamment qu'on dise du mal du papier. Mais il y a quelque chose d'un peu comique dans ces écrits qui prétendent nous dégoûter des écrits, comme dans les systèmes savamment abstraits qui veulent nous démontrer que toute abstraction est mensongère. Pourtant on n'a pas envie de sourire quand Pascal oppose aux artifices de la rhétorique ce qu'il nomme « le style naturel : on est tout étonné et ravi, car on s'attendait de voir un auteur, et on trouve un homme ». La culture n'est véritable que lorsqu'elle permet de « trouver un homme », que lorsqu'elle est un des moyens d'établir la communication. Certains voudraient que celle-ci ne puisse s'établir qu'avec ceux qui sont les habitants d'un même temps. Ils affirment volontiers leur ennui des classiques, leur dédain des précurseurs, et leur ignorance des émules. Ils se veulent intacts, vierges, toujours à eux-mêmes naissant, préservés d'influences, originels, originaux. Ils entretiennent jalousement en eux le culte attentif de la table rase. Ils ne veulent rien devoir à personne. Comme les frileux ont peur des courants d'air, ils craignent les courants d'esprit, les précédents ou les parallèles. Ils vivent dans l'appréhension d'une contagion qui menacerait leur personnalité, d'une irruption d'autrui qui les contaminerait. Ceux-là ne relisent pas. Ils ne lisent pas non plus. Ils ne consentent à se servir de la table de multiplication que s'ils l'ont d'abord inventée. C'est une étrange folie. Le commerce suivi de quelques vivants que je crois proches du génie (et probablement plus que proches) me persuade que cette culture de l'ignorance est une niaiserie. Il n'est pas nécessaire d'ignorer pour entreprendre, ni de méconnaître les autres pour persévérer dans son être. C'est probablement même tout le contraire, et André Malraux a raison : « selon les biographies légendaires, Cimabue (1) admire Giotto (2) berger qui dessine des moutons; selon les biographies véridiques, ce ne sont pas les moutons qui donnent aux Giotto l'amour de la peinture, ce sont précisément les tableaux de Cimabue. » Personne ne naît de la dernière pluie. On naît des autres hommes. Des morts. Et des vivants.

Claude ROY, *Défense de la littérature*, 1968.

Vous ferez de ce texte un résumé *ou une* analyse, *en indiquant clairement votre choix.*
Dans une seconde partie, que vous intitulerez discussion, *vous dégagerez du texte un problème qui offre une réelle consistance et qui vous aura intéressé. Vous en préciserez soigneusement les données et vous exposerez vos vues personnelles sous la forme d'une argumentation ordonnée, menant à une conclusion.*

remarque

- Autre type de texte à résumer : aucun paragraphe... !

- Pour éviter un déséquilibré à l'intérieur de la contraction de texte, il est recommandé, après lecture très attentive, de subdiviser pour soi – au brouillon – selon le plan du texte. Ensuite on peut organiser son résumé en fonction de ce plan et éviter de s'étendre trop au début et insuffisamment à la fin – comme souvent – ou de laisser passer une nuance importante. Les scientifiques – ou les inquiets – peuvent, au brouillon, compter aussi les mots de chaque partie et en faire contraction au 1/5 au lieu de se contenter d'un ensemble chiffré. Ici on pourrait avoir :

1ᵉʳ subdivision : jusqu'à « *abstraction mensongère* » ;
2ᵉ subdivision : de « *Pourtant...* à ...*établir la communication* »
3ᵉ subdivision : de « *Certains...* à ...*étrange folie* »
4ᵉ subdivision : de « *Le commerce...* à ...*Et des vivants.* »

---

(1) Cimabue : peintre italien, né à Florence (1240-1302). Il fut le maître de Giotto.
(2) Giotto : peintre, mosaïste et architecte italien (1266-1337), considéré comme l'un des créateurs de la peinture moderne.

résumé

- Texte de 502 mots (D.H. de D.H. Lawrence n'étant pas compté). Résumé au 1/5ᵉ = 100 mots environ.

- Certains écrivains emploient toute leur éloquence pour démontrer qu'il ne faut pas écrire, foudroient la littérature dont ils sont membres. Attitude assez ridicule dans sa contradiction même. – Cependant rhétorique est bien mauvaise littérature. Est écriture celle qui révèle et transmet l'écrivain dans sa véracité. – Quant à établir contact uniquement avec son époque, rejeter tout initiateur, se croire authentique, pouvoir et devoir rompre tout lien avec les devanciers (maîtres), c'est orgueil stérile. – Autonomie et novation à tout prix? Les vrais génies démontrent qu'elles sont illusoires, car nous dépendons tous de chacun, mort ou vivant.

- Résumé de **96 mots**.

questions de sens éventuelles

Expliquer :

– « *La vie mangée crue sans sel et sans poivre* »
Expression ironique – comme tout le texte –, il faut donc tenir compte de ce niveau pour expliquer, puisque *Cl. Roy* apporte volontairement une certaine exagération à ses tournures qui font images comiques.
Il veut dire ici que de tels littérateurs réclament la réalité absolue, sans la moindre fioriture. Notons qu'on ne peut faire de bonne littérature sans un certain choix, une certaine distanciation et *Cl. Roy* reproche à ces littérateurs de vouloir ignorer cette vérité artistique.

– « *artifices de la rhétorique* »

- « rhétorique »
– *grec* : ρητωρ : *rhétôr* = orateur – art de bien dire, puis : art de parler de manière à persuader; d'où pour « Socrate, Platon... » « art de tromper et de flatter » (**Montaigne**).
Souvent pris avec un sens péjoratif : figures et règles pour un certain art d'écrire vain et pompeux ;

l'alliance de termes avec « *artifices :* accentue cette intention de dénigrement.

- « *artifice* »
- **1ᵉʳ sens :** habile et ingénieuse combinaison de moyens; souvent utilisé à propos de l'éloquence et de l'industrieuse façon d'y placer images et tours stylistiques;
- d'où glisse rapidement au sens de : combinaison artificielle de moyens; i.e. qui se fait par art, donc opposé au naturel.

« culte attentif de la table rase ».
- Toujours très ironique ; « *attentif* » en particulier qui souligne l'effort méticuleux de ces littérateurs qui se veulent les premiers, rejettent tout ce qui a existé avant eux, jugé mort, désuet, donc en font « *table rase* » i.e. suppression absolue (comme si le dessus de la table était rasé de tout ce qui peut en dépasser). Très ironique aussi bien sûr le mot « *culte* » désignant la passion avec laquelle ils exécutent religieusement cette suppression, destruction de tout le passé, devanciers et modèles.

sujet qui pourrait être imposé

Expliquer et discuter en un développement composé cette formule de Cl. ROY à propos des littérateurs qui recherchent novation à tout prix : « Ils se veulent intacts, vierges, toujours à eux-mêmes naissant, préservés d'influences, originels, originaux. Ils entretiennent jalousement en eux le culte attentif de la table rase. Ils ne veulent rien devoir à personne ».
Note : la phrase citée pourrait se réduire à « *Ils ne veulent rien devoir à personne* ».

plan

Introduction

- Le créateur peut-il ignorer et rejeter les apports du passé?
- Problème de l'imitation, de l'originalité à tout prix.
- Annonce du plan.

I. « Culte de la table rase »

- Presque toutes les écoles artistiques ont tendance à attaquer le mouvement précédent.

- On désire innover totalement...

- ... être original, inventer.

- Exemple : Renaissance pour qui Moyen Age est le siècle des « goths » = barbares.

- Idem **Malherbe** rejette pratiquement tout **Ronsard.**

- Romantiques font fi du classicisme. *cf.* Bataille d'*Hernani*. « Il n'y a ni règle ni modèle ». **V. Hugo.**

- Surréalistes et plus encore Dadaïstes réclament rupture absolue.

- Il en est de même en peinture, musique, cinéma (exemple : mépris du « parlant » face au « muet »).

- Certains auteurs sont particulièrement marquants, tel **J.J. Rousseau** qui veut une œuvre « à paradoxes » plutôt qu'« à préjugés », ou **Ch. Baudelaire**, cet artiste qui « crée un frisson nouveau » (l'expression est de **V. Hugo**).

- Un des phénomènes les plus typiques est celui de la **querelle des Anciens et des Modernes** (fin XVIIe siècle ; *cf.* **Saint-Evremond** : « Il serait ridicule de vouloir toujours régler des ouvrages nouveaux par des lois éteintes »...; *cf.* **Ch. Perrault** : *Le Siècle de Louis le Grand*, en faveur totale des Modernes.

- Cette querelle littéraire est un véritable symbole de ce qui – à toute époque – oppose avec plus ou moins de hargne « défenseurs des traditions et amateurs du progrès ».

II. « On naît des autres hommes ».

- **Renan** remarque avec pertinence : « Tout ce que nous faisons, tout ce que nous sommes, est l'aboutissement d'un travail séculaire. »

- Bien peu de créations artistiques demeurent réellement telles qu'avait été le sentiment premier, primitif et spontané.

- Imitation bien conçue n'est pas esclavage.

- Tirer parti de ce qui a été déjà pensé et dit = tremplin de sa propre réflexion. C'est ce qu'accomplit **Montaigne** à partir de ses lectures.

- Certaines écoles revendiquent même cette utilisation de l'héritage culturel.
Ex. : Pléiade, imprégnée d'Antiquité;
Classicisme = respect de tradition antique, recherche de toutes les influences pour les assimiler : « L'art n'est pas innover »...

- Ainsi **Molière** se fait gloire de devoir à ses prédécesseurs : « Je prends mon bien où je le trouve ». *Idem:* **La Fontaine, Racine...**

- De plus ceux qui croient rejeter ne peuvent vraiment faire « table rase ».

- Si **V. Hugo** ou **A. Rimbaud** sont poètes prodiges, c'est qu'ils ont lu passionnément. Ainsi le très jeune **Rimbaud** imite d'abord **V. Hugo, Leconte de Lisle, Musset,** avant de parvenir à cette originalité qui est sa caractéristique.

- Tout artiste garde du passé – même s'il s'en libère en partie, particulièrement au début – dans sa forme : style, métrique, langue.

- Même si **V. Hugo** clame :
    « J'ai mis un bonnet rouge au vieux dictionnaire » (révolution en vocabulaire) et :
    « J'ai désarticulé ce grand niais d'alexandrin » (révolution en métrique), il est bien moins révolutionnaire qu'il ne le prétend, car il conserve le « vieux dictionnaire » même s'il lui met « un bonnet rouge » et l'alexandrin, même s'il le désarticule ! On bâtit, mais pas sur sables mouvants.

Conclusion.

- Certes imitation, inconsciente ou non, et utilisation latente des acquis passés jouent toujours un rôle dans création.

- Artiste ne s'en coupe pas tout de suite... ni jamais complètement.

- Elles sont d'ailleurs nécessaires et profitables pour inspirer ce qui sera ensuite vision personnelle.
- Mais tout artiste digne de ce nom ne doit pas laisser dissoudre sa personnalité dans époques passées, modèles et maîtres, ou, pire, style, forme, qui deviennent surannés, morts...
- Il lui faut dégager son originalité propre, mais disons bien « dégager », i.e. construire du nouveau à partir d'existant.
- Pas de conformisme, mais une connaissance de la tradition, d'où s'érigera « un cœur mis à nu » (**Baudelaire**).

quelques formules

- « Le changement de religion, du gouvernement, des mœurs, des manières, en a fait un si grand dans le monde qu'il nous faut comme un nouvel art, pour entrer dans le goût et dans le génie du siècle où nous sommes. » **Saint Evremond.**

- « Tous les siècles d'une nation sont les feuillets d'un même livre. Les vrais hommes de progrès sont ceux qui ont pour point de départ un respect profond du passé. » **E. Renan.**

- « Quiconque n'a pas commencé par imiter ne sera jamais original. » **Th. Gautier.**

- « Il n'y a qu'une méthode pour inventer, qui est d'imiter. » **E. Alain.**

bibliographie

- **J. Fourastié**, *Idées majeures pour un humanisme de l'ère scientifique,* Gonthier/médiation, 1966.
- **J. Fourastié**, *Essais de morale prospective,* Gonthier, 1967.
- **P. Valéry**, *L'Idée fixe,* 1934 renouvelé en 1961, Gallimard/Idées n° 100.
- **J.P. Sartre**, *Critiques littéraires,* Gallimard/Idées n° 340.
- **A. Camus**, *Actuelles,* 1962, Gallimard/Idées n° 376.

4 RÉSUMÉ AVEC REMARQUE
QUESTIONS DE SENS
PLAN DÉTAILLÉ
Grenoble/1ʳᵉ

Préface d'un anthologie poétique

Pendant longtemps, il n'y eut de poèmes que musicaux. Jusqu'au XVIᵉ siècle, on n'imaginait pas de réciter des vers sans accompagnement musical. La poésie et la musique allaient de pair. Elles se séparèrent alors pour suivre chacune sa voie propre, sans pour autant renoncer à renouer, au passage et au gré des inspirations, certains liens intimes. Longtemps, chacune dans leur domaine, elles évoluèrent du même pas.

Soudain, à notre époque, en ce XXᵉ siècle où tout change, où la rupture avec le passé s'accentue au point de devenir angoissante, la poésie semble perdre du terrain. Devenue plus difficile, voire hermétique, beaucoup moins familière, et moins populaire aussi, elle cède la place à la musique, qui déferle sur nous comme marée d'équinoxe. Grâce aux disques, aux cassettes, aux radios de toutes sortes, la musique triomphe enfin de sa sœur, devenue sa rivale.

Elle règne à présent sans partage sur nos existences, nos pensées et nos lèvres.

Le rythme l'a emporté sur la rime.

Les livres de poésie se vendent mal, les émissions et les journaux littéraires ne laissent plus qu'une place modeste aux poèmes, et les poètes eux-mêmes, devenus des chercheurs de laboratoire ou des donneurs de messages, semblent avoir renoncé à plaire à Margot !

Et pourtant... qui ne garde, au fond de sa mémoire, quelques bribes de poèmes à demi oubliés, quelques vers perdus, quelque complainte, fable, rondeau, madrigal, sonnet, élégie ou stance, qui reviennent à l'esprit au moindre prétexte ?

En dépit des apparences, rares sont ceux qui ne se sont jamais réveillés poursuivis par l'écho de rimes tournant obstinément dans leur tête, ou endormis en se berçant de vers confusément ressurgis de la nuit et du souvenir.

Au fond, la poésie tient une place beaucoup plus importante dans nos vies que nous ne le croyons. Combien d'amants ont soupiré :

« O temps ! suspends ton vol, et vous, heures propices !
    Suspendez votre cours :
Laissez-nous savourer les rapides délices
    Des plus beaux de nos jours ! »

Mes parents répétaient à chaque occasion :
« Lorsque l'enfant paraît, le cercle de famille applaudit à grands cris. »

En traversant des forêts déboisées, on murmure :
« Écoute, bûcheron, arrête un peu le bras... »

En croisant une personne affligée d'un nez agressif, la tirade de Cyrano s'impose d'elle-même ; et la nostalgie souffle souvent en nous :
« Mais où sont les neiges d'antan? »

Certains vers sont devenus proverbes : La Fontaine n'a pas cessé de faire rimer bon sens avec harmonie poétique.

Des centaines d'alexandrins ont porté nos émois et nos découvertes théâtrales :

« Rome, l'unique objet de mon ressentiment. »
« C'est Vénus tout entière à sa proie attachée. »
« Le monde, chère Agnès, est une étrange chose. »
« Bon appétit, messieurs ! – O ministres intègres ! »
« Je t'aimais inconstant, qu'aurais-je fait fidèle? »
« Rentre en toi-même, Octave, et cesse de te plaindre. »

Des pièces qui nous ont enthousiasmés, les passages dont nous nous souvenons le mieux sont ceux dont les assonances heureuses continuent de chanter en nous bien longtemps après la chute du rideau.

La poésie, c'est beaucoup plus qu'une forme littéraire, c'est la traduction anoblie de nos émotions, de nos rêves, de nos peines, de nos désirs.

A travers le langage soudain magnifié, nous atteignons à la source même de ce qui nous fait agir, penser ou croire.

Il est de grands thèmes lyriques qu'on retrouve dans toutes les poésies du monde, mais on peut également y découvrir d'humbles vérités quotidiennes. Dieu, l'amour, la mort, le lait de la tendresse humaine, ou l'horreur, la peur, la misère et la douleur s'y rencontrent sans cesse, mais aussi le pain, la lampe, un chien, l'aiguille, le puits, une larme sur une joue d'enfant, un pommier en fleur ou un crapaud.

Tout est matière à poésie.

Le plus grave est de l'avoir oublié. Ou, tout au moins, de le croire. En réalité, nous le savons plus ou moins consciemment, car la mémoire collective des Français en est peuplée.

C'est là l'originalité d'un livre tel que celui-ci : redonner vie à cet héritage un peu oublié. Tout à coup, sous nos yeux, renaissent les mots ensorceleurs des poèmes, jadis appris, déjà lus, ou simplement feuilletés. Leurs accents ravivent des réminiscences endormies et nous projettent de nouveau dans le monde mystérieux où opère une étrange alchimie, celle des rimes et de la raison, des mots et des sensations, des accords qui nous bouleversent tout en nous faisant réfléchir.

Contrairement à ce qu'on a pu croire, Poésie n'est pas morte. Elle n'est qu'endormie et demeure indispensable à la pensée humaine, dont elle est une des formes d'expression les plus anciennes et les plus spontanées.

Nous redécouvrons que nous avons besoin d'elle pour rire et pour pleurer, pour maudire et pour aimer. Elle est notre amie et notre messagère. Un livre de poèmes n'est rien d'autre qu'un cœur ouvert, et il est grand temps qu'on redonne à un art qui a tenu une telle place dans l'histoire de la culture humaine le rôle qui lui revient dans la formation de nos sensibilités et de nos goûts : le premier.

Flaubert disait : « Lisez pour vivre ». En ce siècle matérialiste et technique où nous sommes, ne pourrait-on pas ajouter : Lisez des poèmes pour sauvegarder vos capacités de rêve, d'enthousiasme, d'imagination, pour conserver les possibilités d'évasion dont vous éprouvez un tel besoin, enfin pour vous réfugier ailleurs, dans le monde enchanté de l'harmonie poétique, là où tout est possible, là où il nous est donné d'enfourcher Pégase, le cheval ailé qui nous emporte, bien loin de la médiocrité de chaque jour, de nos soucis ou de nos angoisses, dans le « champ des étoiles » dont parlait Hugo dans un de ces vers admirables que nous n'avons pas le droit d'oublier.

Jeanne BOURIN, *Les Plus Belles Pages de la poésie française* 1982.

L'épreuve comprend deux parties :
1. Vous ferez d'abord de ce texte, à votre gré, un résumé (en suivant le fil du développement) ou une analyse (en mettant en relief la structure logique de la pensée). Vous indiquerez nettement votre choix au début de la copie.
2. Dans une seconde partie, que vous intitulerez discussion, vous dégagerez du texte un problème qui offre une réelle consistance et qui vous aura intéressé. Vous en préciserez les éléments et vous exposerez vos vues personnelles sous la forme d'une argumentation ordonnée menant à une conclusion.

remarque

- **Résumé délicat** d'un texte constitué de 24 petits paragraphes et contenant, en exemples, 13 vers cités d'auteurs classiques ou chevronnés (dans l'ordre : **Lamartine, V. Hugo, La Fontaine, F. Villon, Corneille, Racine, Molière, V. Hugo, Racine, Corneille**).

- Il est évident qu'il faut regrouper les paragraphes selon la nuance d'idée, pour lutter contre l'éparpillement apporté apparemment par une telle graphie.

• Compte tenu de la suppression volontaire des vers cités, le texte est de 887 mots. Résumé au 1/5 de 177 mots environ.

résumé

Longtemps poésie – musique furent associées indissolublement, puis, malgré une autonomie réciproque, leur alliance allait de soi. Mais parmi les bouleversements de civilisation contemporains voici (notons) : désaffection de la poésie, déferlement de la musique, favorisé en tous domaines par les techniques de diffusion. Ventes réduites, « chapelles » pour initiés : plus d'audience populaire apparemment... Mais non ! la poésie chante toujours dans nos mémoires en toutes circonstances : refrains [obsessionnellement](1) nostalgiques, références, souvenirs meublant l'esprit ou l'oreille, jalons de nos expériences et découvertes, elle martèle notre cœur, transfigure nos espoirs, rejoint par le truchement du mot (« verbe »)(2) les sources vives de l'être (notre essence même)(2). Le lyrisme? c'est grand mais aussi quotidien, émotions transcendantes ou familières, puisant à toutes les sources. Délaissons-nous la poésie ? Non..., elle vit (est) en sourdine (latente)(2) ; que la magie des mots et cadences, réveillée, nous enchante de nouveau, nous entraîne..., car c'est le langage inné, [premier](1) de l'homme. Elle est plus que jamais nécessaire car elle est sentiment, élan de cœur, idiome éternellement jeune, essence de merveilleux, notre médiatrice [mystérieuse communion](1), nous emportant dans les sphères étoilées loin de notre société matérialiste et des misères terrestres.

• **Résumé de 176 ou 184 mots.**

---

(1) Facultatif.
(2) Au choix.

questions de sens éventuelles

Expliquer :
— « *allaient de pair* »

● « *pair* »
— √ *latine : par* = égal = égal, semblable ; les « pairs » sont aussi de grands seigneurs du Moyen Age. Ceux du roi Arthur, assis à une table ronde, n'avaient aucune différence ni préséance, tous étaient d'égale puissance ;

● « *aller de pair* »
— être au même niveau, aller ensemble en pleine égalité.

— « *hermétique* »
— terme d'archéologie = colonne surmontée d'un Hermès (Dieu grec, au nom romain : Mercure), dieu très subtil, qui devient représentant de doctrines annonçant l'alchimie.
— aussi « hermétique » = réservé à des initiés, très subtil et fermé.
Ainsi Mallarmé (1842-1898) grand maître du symbolisme, pratique une poésie de plus en plus difficile, se coupe du grand public, jugeant que l'essence même de la poésie est mystérieuse, insaisissable, **hermétique.**

— « *avoir renoncé à plaire à Margot* »

— « Vive le mélodrame où Margot a pleuré ! » dit-on à l'époque romantique.
— Margot, que l'on retrouve dans des chansons populaires : « Margoton va-t-à l'iau... », représente la fille du peuple, simple, mais de bon sens.
— La poésie moderne semble faire peu d'efforts pour se rapprocher d'une audience populaire.

sujet qui pourrait être imposé

Que pensez-vous de cette formule de Jeanne BOURIN : « Nous avons besoin d'elle (la Poésie) pour rire et pour pleurer, pour maudire et pour aimer » ?

plan détaillé

Introduction.

- *Poésie :* expression littéraire qui apparaît avant toutes les autres en toutes civilisations.

- Souvent sorte d'art complet, car accompagnée de musique, de danse...

- ... exprimant sentiments (lyrisme), chantant héros (épopée), présentant mœurs et coutumes, flattant l'imaginaire, tout en étant observatrice de la réalité.

- Un des exemples les plus parfaits : Homère : *l'Iliade* et *l'Odyssée* – quelques siècles av. J.-C.

- Décline-t-elle à l'époque moderne ?

- Pourtant...

- Annonce du plan

Ire Partie : Poésie = expression de sentiments.

- « Pleurer » – « Aimer ».

- Élégie = poésie qui pleure. *cf.* **Lamartine,** *Harmonies poétiques et religieuses. Cf.* **A. de Musset,** *Les Nuits.*

- Lyrisme fraternel.
Sentiments les plus simples, que tous peuvent éprouver : « hypocrite lecteur, mon semblable, mon frère » (**Ch. Baudelaire**) – Ex. *Tableaux parisiens* dans *Les Fleurs du mal* et *Petits Poèmes en prose.*

- Épisodes de vie familière – *cf.* **V. Hugo** : *La Vache (Les Voix intérieures)* ou *Le Mendiant (Contemplations)* ou *Le Crapaud (La Légende des siècles)...*

- Poésie du cœur = pleurer et aimer s'y joignent. Ex. **A. de Musset :** « Sachez-le, – c'est le cœur qui parle et qui soupire Lorsque la main écrit, – c'est le cœur qui se fond ».
Et « Ah ! frappe-toi le cœur, c'est là qu'est le génie. »

- Rôle de la souffrance dans l'inspiration poétique.

- De : mélancolie, solitude, nostalgie...

- Sincérité et épanchement du moi.
« Les plus désespérés sont les chants les plus beaux
Et j'en sais d'immortels qui sont de purs sanglots » – **A. de Musset.**

- Amour, non seulement de la femme (ou vice versa si le créateur est une poétesse, ex. **M. Desbordes – Valmore,** romantique), mais aussi de la famille : *La Vigne et la maison* **(Lamartine),** de la nature et vie rustique (secrètes correspondances entre paysage et sentiments intimes). Ex. *L'Isolement* **(Lamartine).**

- Amour et mort vont souvent de pair. Exemples textes immortels de **V. Hugo** à propos de la mort de sa fille Léopoldine : *A. Villequier, Demain dès l'aube...* (*Contemplations*), ou bouleversants d'**Eluard** après la mort subite de sa femme Nusch (voir dans ce volume le commentaire de *Ma morte vivante (Le Temps déborde...)*

- Amour de la Beauté, également. Ex. : **A. de Vigny :** plaisir artistique devant de beaux spectacles : *La Maison du berger* ou **V. Hugo** : *Dicté en présence du glacier du Rhône (Feuilles d'automne)* et tous les Parnassiens, et Baudelaire... et tous les poètes ! *Cf.* **Valéry :** *Cimetière marin*...

- Ainsi émoi amoureux, angoisse du destin, rêve et idéal, admiration du Beau : bref expression imagée d'un sentiment individuel sur un thème commun.

IIe Partie : Poésie satirique, entraînante, engagée.

- « Rire », « Maudire ».

- Poésie active et engagée.

- Croquis et caricatures, moqueries; on fait rire aux dépens des ridicules, tel **V. Hugo,** véritable caricaturiste en vers. Ex. : portrait de Don César dans *Ruy Blas* ou tirade des nez dans *Cyrano de Bergerac* **(E. Rostand),** ou *A quoi rêvent les jeunes filles* **(A. de Musset),** ou *Ballade à la lune* **(A. de Musset).**

- On en arrive même à de véritables jeux poétiques et métriques, jeux de rimes par ex. avec écho :

> « Les ombres vont au clair de *lune*
> *L'une*
> En mitre et l'autre en chape*ron*
> *Rond.*

V. Hugo.

- Mais la poésie fait rire de façon plus profonde aussi à travers la satire de mœurs, ou de l'homme éternel. Ainsi : « Je tâche d'y tourner le vice en ridicule », signale **La Fontaine** ; et ses évocations croquent la société du XVIIe siècle, de la campagne *(La Laitière et le pot au lait)* à la ville *(L'Huître et les Plaideurs)* ou à la Cour *(Les Obsèques de la lionne, Les Animaux malades de la peste)*...

- Ou bien la poésie stigmatise, maudit... tel **A. Chénier** dans ses *Stances* ou **V. Hugo** dans *Les Châtiments* (contre Napoléon III qu'il appelle Napoléon le petit). Citons aussi **Ch. Péguy, P. Claudel, L. Aragon** et ses beaux vers sur *Robert le Diable* (Robert Desnos mort en camp de concentration), **P. Éluard** *(Guernica Liberté, Au rendez-vous allemand...)*.

- Bref, la poésie qui maudit et s'engage peut atteindre des sommets contrairement à la conception de **P. Valéry** qui traite d'impure une poésie qui veut convaincre.

- Enfin la poésie peut transmettre les convictions esthétiques du créateur et ce n'est pas la moins ardente. *Cf.* **V. Hugo** *Fonction du poète (Les Rayons et les Ombres)* ou **A. Rimbaud, J. Cocteau** qui placent dans leurs vers de véritables arts poétiques, ce que fait **P. Verlaine** : *Art poétique (Jadis et Naguère).*

- Poésie entraînante, éloquente et morale dans **Corneille** et même prêcheuse ou prophétique chez **V. Hugo**.

- Bref, pouvoir de conviction de la poésie qui va jusqu'au désir de transformer l'homme (surréalistes).

IIIe Partie : Poésie = chimères, magie, voyance...

● Pour beaucoup de poètes cependant *(cf.* **Ch. Baudelaire** : « hérésie de l'enseignement » par la poésie), poésie « n'a pas d'autre but qu'elle-même ».

● Quête de l'absolu.

● Poète = Initié. *Cf. Correspondances,* ou *L'Albatros,* ou *Élévation* (**Ch. Baudelaire**).

● Le poète est celui
« Qui plane sur la vie et comprend sans effort.
Le langage des fleurs et des choses muettes ».

● Poète = voyant, *cf.* **A. Rimbaud**, « plongeur d'inconnu », nouveau Prométhée qui voudrait « sortir des Nombres et des Êtres ».

● Recherche du *surréel. Cf.* **G. de Nerval** « demi-dément » qui a « deux fois vainqueur traversé l'Achéron ».

● Véritable poésie pure. « Je ne sais comment expliquer que, dans mes idées, les événements terrestres pouvaient coïncider avec ceux du monde *surnaturel,* cela est plus facile à *sentir* qu'à évoquer clairement. » **G. de Nerval** *(Aurélia).*

● La poésie surprend les signes et les symboles :
« La Nature est un temple où de vivants piliers
Laissent parfois sortir de confuses paroles :
L'homme y passe à travers des forêts de symboles »
(**Ch. Baudelaire.** *Correspondances).*

● Elle transforme, transpose « sur la lisière des saintes demeures » (**G. de Nerval**); ex. : *El Desdichado.*

● Hantises mystiques. Souvenirs « à demi rêvés ». Aspiration au paradis perdu *(cf. Fantaisie* de **G. de Nerval,** *cf.* le passage sur les jardins dans *Le Paysan de Paris.* **L. Aragon**).

● Subtile magie qui transporte hors espace et temps... « que, dans une autre existence, peut-être, j'ai déjà vue – et dont je me souviens » (**G. de Nerval** : *Fantaisie).*

● Vision – Mystère. Illuminations. *Cf.* Orphée grec.

- De telles plongées dans l'inconnu ou élévations vers l'absolu nécessitent la « Magie du verbe ».

- Le **mot** en lui seul est magique :
« Les mots sont les passants mystérieux de l'âme » (**V. Hugo**).

- Choc émotif des images, cadences, harmonies...

- Sorcellerie évocatoire, « alchimie du verbe » ; *cf.* **A. Rimbaud** : « j'expliquai mes sophismes magiques avec l'hallucination des mots ! »

- Ainsi exploration poétique ;
« Et j'ai vu quelquefois ce que l'homme a cru voir » (**A. Rimbaud** – *Le Bateau ivre*), sens cosmique :
« Et dès lors, je me suis baigné dans le Poème
De la Mer... » (**A. Rimbaud** – *Le Bateau ivre*).

- Avec langage neuf, incarné, illuminé :
« J'ai seul la clef de cette parade sauvage » (**A. Rimbaud** – *Illuminations*),
« J'ai tendu des cordes de clocher en clocher ; des guirlandes de fenêtre à fenêtre ; des chaînes d'or d'étoile à étoile, et je danse » (*Phrases* de **A. Rimbaud** dans *Illuminations*).

Conclusion.
- Poésie : communication d'un mystère...

- ... par le mystère même d'un langage spécifique.

- Arriver à l'inconnu et trouver une langue qui l'exprime.

- « Cette langue sera de l'âme pour l'âme, résumant tout, parfums, sons, couleurs, de la pensée accrochant la pensée et tirant. » **A. Rimbaud.**

- Mais poésie, c'est aussi gracieuse mélancolie musicale des rimes et rythmes...

- ... subtil agencement des mots et cadences...

- ... émotion et envoûtement peu à peu indéfinissable...

- ... l'expression aussi bien du mystère de la vie, des abîmes de l'être et de sa spontanéité, de l'« intime » : qui existe dans tout, de l'émotion artistique simple et vraie.

quelques formules

- « On vit, on parle, on a le ciel et les nuages
Sur la tête... » **V. Hugo.**

- « Toutes ces choses pensent par moi, ou je pense par elles. » **Baudelaire.**

- « J'eus un rêve : le mur des siècles m'apparut. » **V. Hugo.**

- « Car le mot, c'est le verbe et le verbe, c'est Dieu. » *Idem.*

- « C'est cet admirable, cet immortel instinct du Beau qui nous fait considérer la Terre et ses spectacles comme un aperçu, une *correspondance* du Ciel. » **Ch. Baudelaire.**

- Le poète « est une âme collective qui interroge, qui pleure, qui espère et qui devine quelquefois. » *Idem.*

- « Après avoir souffert, il faut souffrir encore;
Il faut aimer sans cesse, après avoir aimé. » **A. de Musset.**

bibliographie

- **R. Ronger et R. France,** *Nouvelle anthologie poétique,* Nathan, 1958.

- **Rimbaud,** *Œuvres complètes,* annotations et préface de **Rolland de Renéville** et **J. Mouquet,** Gallimard/NRF, Pléiade, 1963.

- **Etiemble et Y. Gauclère,** *Rimbaud,* Gallimard/NRF, 1950.

- **J. Monnerot,** *La poésie moderne et le sacré,* Gallimard/NRF, 1949.

- **P. Valéry,** *Tel quel,* Gallimard/NRF, 1941.

- **M. Arland,** *Anthologie de la poésie française,* Stock, 1950.

5 REMARQUE
Caen/Terminale

Les plaisirs dont on est redevable à l'art, c'est, pour les neuf dixièmes, au cours d'une vie, non le contact direct avec l'œuvre qui en est le véhicule, mais son seul souvenir. Comme on s'est peu préoccupé pourtant de la nature différente, de la fidélité différente, de l'intensité différente des formes que revêt ce souvenir, selon qu'il s'agit d'un tableau, d'une musique, ou d'un poème ! Pour ce dernier seul, le souvenir est présence absolue, résurrection intégrale, et peut-être même – c'est assez singulier – davantage encore : seul contact véritablement authentique, puisque l'aptitude à la mémorisation entre comme constituant essentiel dans le poème, par l'entremise du mètre et de la rime, lesquels font que, même entendu pour la première fois, réglé qu'il est sur un rythme et des retours de sonorité de nature mnémotechnique, il revêt déjà la tonalité propre au ressouvenir : c'est en quoi toute poésie, seule parmi les productions des muses, peut être dite fille de mémoire. Le souvenir d'un tableau est le souvenir d'une émotion, d'une surprise, ou d'un plaisir sensuel, rapporté mécaniquement, mais non lié affectivement, à la persistance dans la mémoire d'une vague répartition des masses et des couleurs à l'intérieur d'un cadre. En somme, aussi privé de vie, ou peu s'en faut, que le souvenir qu'on garde de l'ameublement d'une pièce. Le souvenir musical a presque la précision du souvenir d'un poème, mais ne conserve ni le volume et l'intensité sonore, ni la vigueur des timbres instrumentaux ou vocaux inséparables de la seule exécution.

Il est singulier qu'un art existe, la poésie, dont la substance est soluble tout entière dans la mémoire, et ne réside véritablement qu'en elle, auquel aucune réalisation, aucune exécution, aucune matérialisation ne peut ajouter quoi que ce soit. Car le poème, dont la lecture par un acteur sur une scène de théâtre a quelque chose, nécessairement, de grossier, et même de caricatural, parce que de superflu, [...] le poème qui déjà s'épure et gagne en puissance de suggestion s'il sort de la bouche d'ombre anonyme de la radio, n'atteint à toute sa plénitude expressive que lorsqu'il remonte à la conscience porté par la voix – même pas murmurante, même pas silencieusement mimée par la gorge, mais abstraite et comme dépouillée de toute sujétion charnelle – du seul souvenir.

Il y a des conséquences – à cette inégalité des différents arts devant la mémorisation. Elle retire toute consistance réelle à une culture qui prendrait pour base les seules œuvres plastiques. Une culture purement musicale, au contraire, apparaît possible, sans grandes fenêtres sur l'extérieur, étroitement bornée et liée à une imagination de l'oreille très rarement dispensée – de là la clôture presque complète à l'égard du profane des véritables cercles de musiciens. La dominante « littéraire », fondamentale dans toutes les cultures modernes de type occidental, tient sans doute certes à ce que la langue s'est constituée le véhicule privilégié de la pensée, mais presque autant peut-être au caractère éminemment intériorisé et entièrement portatif de sa production de base, qui a été d'abord la poésie lyrique, épique, ou gnomique (1), apprise par cœur.

J. GRACQ, *En lisant, en écrivant.*

Vous ferez d'abord de ce texte, selon votre préférence, un résumé *(en suivant le mouvement du développement), ou une* analyse *(en mettant en relief la structure logique de la pensée). Vous indiquerez nettement en tête de l'exercice le mot « résumé » ou le mot « analyse ».*
Vous choisirez ensuite dans le texte un thème qui offre une réelle consistance et auquel vous attachez un intérêt particulier. Vous en préciserez soigneusement les données et vous exposerez, en les justifiant, vos propres vues sur la question.

remarque

● Pour une discussion sur un sujet ayant trait à la poésie, utiliser le plan donné dans le devoir précédent.

---

(1) La poésie *gnomique* exprime, d'une manière sentencieuse, des vérités générales, des conseils pratiques.

---

6 · RÉSUMÉ QUESTIONS DE SENS PLAN
Reims/1ʳᵉ

S'il existait une femme séduite par la célébrité de l'esprit, et qui voulût chercher à l'obtenir, combien il serait aisé de l'en détourner s'il en était temps encore ! On lui montrerait à quelle affreuse destinée elle serait prête à se condamner. Examinez l'ordre social, lui dirait-on, et vous verrez bientôt qu'il est tout entier armé contre une femme qui veut s'élever à la hauteur de la réputation des hommes.

Dès qu'une femme est signalée comme une personne distinguée, le public en général est prévenu (1) contre elle. Le vulgaire ne juge jamais que d'après certaines règles communes, auxquelles on peut se tenir sans s'aventurer (2). Tout ce qui sort de ce cours habituel, déplaît d'abord à ceux qui considèrent la routine de la vie comme la sauvegarde de la médiocrité (3). Un homme supérieur déjà les effarouche; mais une femme supérieure, s'éloignant encore plus du chemin frayé, doit étonner, et par conséquent importuner davantage. Néanmoins un homme distingué ayant presque toujours une carrière importante à parcourir, ses talents peuvent devenir utiles aux intérêts de ceux mêmes qui attachent le moins de prix aux charmes de la pensée. L'homme de génie peut devenir un homme puissant, et, sous ce rapport, les envieux et les sots le ménagent; mais une femme spirituelle (4) n'est appelée à leur offrir que ce qui les intéresse le moins, des idées nouvelles ou des sentiments élevés : sa célébrité n'est qu'un bruit fatigant pour eux.

La gloire même peut être reprochée à une femme, parce qu'il y a contraste entre la gloire et sa destinée naturelle. L'austère vertu condamne jusqu'à la célébrité de ce qui est bien en soi, comme portant une sorte d'atteinte à la perfection de la modestie. Les hommes d'esprit, étonnés de rencontrer des rivaux parmi les femmes, ne savent les juger, ni avec la générosité d'un adversaire, ni avec l'indulgence d'un protecteur; et dans ce combat nouveau, ils ne suivent ni les lois de l'honneur, ni celles de la bonté. (...)

Ce n'est pas tout encore : l'opinion semble dégager les hommes de tous les devoirs envers une femme à laquelle un esprit supérieur serait reconnu : on peut être ingrat, perfide, méchant envers elle, sans que l'opinion se charge de la venger. *N'est-elle pas une femme extraordinaire?* Tout est dit alors; on l'abandonne à ses propres forces, on la laisse se débattre avec la douleur. L'intérêt qu'inspire une femme, la puissance qui garantit un homme, tout lui manque souvent à la fois : elle promène sa singulière existence, comme les Parias de l'Inde, entre toutes les classes dont elle ne peut être, toutes les classes qui la considèrent comme devant exister par elle seule, objet de la curiosité, peut-être de l'envie, et ne méritant en effet (5) que la pitié.

**Madame de STAËL, (1766-1817), *De la littérature,*
2ᵉ *partie, ch.* IV : « *Des femmes qui cultivent les lettres* »**

---

(1) Animé d'un préjugé défavorable.
(2) Courir des risques.
(3) « Sauvegarde de la médiocrité » : situation moyenne.
(4) Intelligente.
(5) En réalité.

Après avoir fait, en indiquant votre choix, le résumé ou l'analyse du texte, vous dégagerez de ce même texte un problème que vous jugez important, vous en préciserez les données et vous exposerez, en les justifiant, vos propres vues sur la question.

résumé

- Texte de 487 mots. Résumé au 1/5 = 97 mots environ.

- A une femme tentée par l'élévation spirituelle on démontrerait facilement ses ambitions vouées socialement à l'échec. L'être moyen se méfie de ce qui sort de l'ordinaire, s'inquiète déjà d'une supériorité intellectuelle masculine, à plus forte raison féminine, qui ne lui apporte rien, sinon une gêne. Une femme supérieure devient donc suspecte, en contradiction avec les exigences d'effacement réclamées de son sexe : les intellectuels (esprits avancés) (1), même, la traitent mal. Plus (Pire) (1) : tout manque d'égards semble permis; puisqu'elle est hors commun, qu'elle agisse seule – elle l'a voulu –, étonnante mais à l'index.

- **Résumé de 99 ou 100 mots.**

questions éventuelles de sens

Expliquer :
– « *Le vulgaire ne juge jamais que d'après certaines règles communes* »
– Le commun des mortels (la majorité, la foule) suit des jugements traditionnels, idées toutes faites, opinions d'autorité.

---

(1) Au choix

– Allusion à la tendance des gens moyens à se laisser conduire par préjugés et traditions. (paresse d'esprit ou timidité – instinct moutonnier.)
– ... *« une femme supérieure, s'éloignant encore plus du chemin frayé doit étonner, et par conséquent importuner davantage »*

● *« une femme supérieure »*
– qui a de la hauteur de vue, une ouverture libérale d'esprit, y compris culture, réflexion, jugement.

● *« un chemin frayé »*
– que l'on a rendu praticable, donc déjà emprunté auparavant par d'autres.
– terrain battu, connu, couramment utilisé.

Mme de Staël précise qu'une femme lettrée, de qualité, devient indépendante d'esprit, elle ne suit donc pas les jugements tout faits, ce qui surprend (*« étonner »* = frapper de surprise – sens très fort); elle en devient gênante, importune, car elle n'est pas comme tout le monde, ce que l'on exige particulièrement d'une femme qui doit ne pas se faire remarquer, rester dans l'ombre.

sujet qui pourrait être imposé

Au choix :

● *« Examinez l'ordre social et vous verrez bientôt qu'il est tout entier armé contre une femme qui veut s'élever à la hauteur de la réputation des hommes. »*

● Ou : *« Dès qu'une femme est signalée comme une personne distinguée le public en général est prévenu contre elle. »*

● Ou : *« Une femme spirituelle n'est appelée à offrir aux hommes [envieux et sots] que ce qui les intéresse le moins des idées nouvelles ou des sentiments élevés : sa célébrité n'est qu'un bruit fatigant pour eux. »*

Commenter l'une ou l'autre de ces phrases à la lumière de votre expérience personnelle.

plan

Introduction.

- Importance indéniable du problème de la femme pour l'homme.
- Présence constante par exemple dans toutes les créations artistiques masculines.
- Or elle est presque toujours vue *pour l'homme,* non pour elle-même.
- Annonce du plan.

I. Des millénaires d'infériorité sociale.

- Un antiféminisme latent ou sans vergogne.
- Pourquoi? parce que **autre.**
- Biologiquement, d'où inégalité sexuelle.
- D'où inquiétude, même peur chez l'homme...
- Peur codifiée très vite par religions (ex. péché originel – Eve et la pomme.).
- D'où provoque diverses attitudes masculines :
  - protection,
  - possession,
  - mépris (on lui prête défauts dits typiquement féminins : fourberie par exemple),
  - vision d'une femme-objet,
  - multiples interdits religieux et sociaux,
  - réduction aux activités et vertus maternelles et ménagères...
- Toutes ces attitudes partent d'un même sentiment masculin plus ou moins avoué : l'homme est supérieur (plus fort physiquement, mais aussi plus intelligent...).

Ex. : les expressions : « deuxième sexe » ou pire : « personne du sexe » = toujours péjoratif de façon latente.

- Véritable oppression d'un sexe par l'autre... car longtemps codifiée par les lois.

Ex. dans *Le Mariage de Figaro* de **Beaumarchais** « les femmes n'obtiennent qu'une considération dérisoire; leurrées de respects apparents, dans une servitude réelle ; traitées en mineures pour nos biens, punies en majeures pour nos fautes ! Ah ! sous tous les aspects, votre conduite avec nous fait horreur, ou pitié ! » (C'est **Marceline** qui parle.)

II. Féminisme.

- Tentatives depuis Antiquité. *cf. Lysistrata* (**Aristophane**).

- Mais surtout = XIIe/XIIIe siècle : Aliénor d'Aquitaine et les cours d'amour; XVIIe siècle. Précieuses... Girondins et libéraux révolutionnaires : Mme Roland.

- Puis période préromantique (ici Mme de Staël) et romantique : George Sand; suffragettes anglaises (noter à ce propos que les pays méditerranéens sont plus rétrogrades), féministes du XXe siècle (S. de Beauvoir), puis M.L.F. (= Mouvement de libération de la femme), loi Simone Veil sur l'I.V.G. (Interruption volontaire de grossesse).

- Mais habitudes de pensée et de vie subsistent, même en Occident – ne parlons pas des pays musulmans où condition féminine progresse peu ou même rétrograde (ex. Iran).

- Le parti pris naturel, universel du statut de maître pour l'homme est encore peu entamé.

- Femmes gardent sur elles le poids du qu'en-dira-t-on.

- De plus elles « traînent encore leur esclavage intérieur » (**M. Barbéris**), i.e. se mettent elles-mêmes par leurs paroles, leurs actes, en position d'inférieures.

- Certaines vont jusqu'à le revendiquer.

- Quand elles sont lettrées, intelligentes, libérales elles désirent évidemment l'égalité des sexes.

- Au cours des siècles, fréquentes furent ces femmes supérieures : si elles peuvent avoir un pouvoir politique, même si elles sont critiquées, elles obtiennent un résultat. Ex. Théodora – Elisabeth Ire d'Angleterre – Marie-Thérèse d'Autriche – Catherine II de Russie – Golda Meir.

● Mais tendance à les masculiniser ou à stigmatiser leur ambition (Agrippine-Athalie); on est plus sévère encore parce que femmes.

● Cependant leur fonction publique les aide presque. Comme elles les met déjà à part, le reproche d'être supérieures donc inquiétantes est autant attribué à la fonction qu'au sexe, donc au total moins au sexe qu'en d'autres cas.

● Car femmes supérieures en autres domaines ont plus de réticences encore à surmonter.

● Certes on les admet dans les arts : musique, théâtre (à partir du XVIe/XVIIe siècle), peinture ; mais déjà surprise plus ou moins scandalisée quand elles se hasardent dans arts dits masculins (ex. sculpture) et aussi dans littérature, à moins qu'elles aient des choix mineurs. Ex. : Mme de Sévigné.

● Rares sont celles comme Mme de La Fayette (1) qui, se faisant un nom exceptionnel en littérature (cependant le roman était encore un genre assez second et de plus elle était aidée par féminisme des salons précieux et baroques), n'ont pas été couvertes de calomnies et affabulations.

● Tant d'autres suscitent légendes vénimeuses : laideur de **Mme de Staël,** dévoreuse d'hommes pour **G. Sand** (scandale dû à ses pantalons et ses petits cigares), vie de demi-mondaine pour **Colette,** scandaleuse pour **S. de Beauvoir,** « mémère » pour **M. Yourcenar**...

● On ne pardonnera rien à une femme qui se mêle d'être supérieure. Mme Roland, militante féministe, y gagnera la guillotine. Robespierre demandera d'ailleurs au Comité de sûreté générale de faire fermer tous les clubs et sociétés populaires féminins, disant que les femmes doivent « se contenter de cultiver les vertus qui sont les leurs », hors toute politique.

---

(1) *La Princesse de Clèves.*

- Femme de tête aussi fut Germaine Necker devenue baronne de Staël-Holstein (ambassadeur de Suède), femme politique, romancière, ouvrant un salon sous la Révolution, puis le Directoire.

- Elle écrivit *Delphine* (1802), roman féministe et préromantique où elle plaide ardemment pour la liberté sentimentale des femmes, contre les préjugés étouffants de la société...

- ... puis *Corinne* (1807) : féministe encore et avec transposition autobiographique. On peut y voir sans doute allusion à Napoléon. Elle avait deviné le génie de Bonaparte, mais lui, resta toujours insensible à l'intelligence de la romancière, la considéra comme une intrigante envahissante, l'exila, la fit surveiller par la police.

- L'inégalité est encore trop souvent sensible en cette fin de XXe siècle. Ex. la première femme de l'Espace, Sally. Que d'années avant que les Américains se soient décidés à utiliser une femme ! De plus cette scientifique de haute qualité est moins payée que ses homologues masculins !

Conclusion.

- Progrès certains de la condition féminine en Occident.

- Libération par machinisme, lois (vote), ministère même (des Droits de la femme).

- Lutte pour traitement égal à travail égal.

- Libération de son corps et de son plaisir (en Occident).

- Mais la femme est toujours aliénée.

- Trop souvent l'homme commande, elle obéit.

- Ne pas penser d'ailleurs que les mouvements féministes trop agressifs sont une bonne solution.

- L'aliénation certaine est celle qui veut séparer les sexes et « face au pouvoir masculin, ériger un pouvoir féminin » (**Barbéris**).

- Bref, trop grande vérité encore de cette expression de **Mao** : « Les femmes représentent la moitié du ciel, il leur reste à le conquérir ».

quelques formules

- « Tout ce qui a été écrit par les hommes sur les femmes est suspect, car ils sont à la fois juge et partie. » **S. de Beauvoir.**

- « Le problème de la femme a toujours été un problème d'hommes. » **S. de Beauvoir.**

- « La femme est l'avenir de l'homme. » **L. Aragon.**

- « Nous ne sommes pas plus faites pour les hommes que les hommes ne sont faits pour nous. » **Mme de Puysieux,** XVIIIe siècle.

- « Au-dessus est le ciel, dessous la terre, et entre les deux est l'homme, avec la femme qui doit obéir à l'homme. » **Confucius.**

- « Un homme ne peut se flatter de connaître sa femme et de la rendre heureuse que quand il la voit souvent à ses genoux. » **Balzac**

bibliographie

- **Dumazedier** et **Clarisse,** *Femmes innovatrices,* Seuil, 1975.

- **S. de Beauvoir,** *Le Deuxième Sexe,* Gallimard/Idées, 2 vol, 1977.

- **P.L. Rey,** *La Femme, de la belle Hélène au mouvement de libération des femmes.* Univers des Lettres/Bordas, n° 715, 1972.

- **S. de Beauvoir,** *Mémoires d'une jeune fille rangée,* Gallimard/folio n° 786, 1980, paru chez Gallimard en 1958.

- **G. Menasseyre,** *Les Françaises aujourd'hui,* n° 407, Hatier/Profil-Dossier.

- **Maïté Albistur** et **Daniel Armogathe,** *Histoire du féminisme français,* Ed. des femmes, 1977.

- **G. de Diesbach,** *Madame de Staël,* Perrin, 1983.

7 REMARQUE
Bordeaux/1re

J'ai de fortes objections au féminisme tel qu'il se présente aujourd'hui. La plupart du temps, il est agressif, et ce n'est pas par l'agression qu'on parvient durablement à quelque chose. Ensuite, et ceci sans doute vous paraîtra paradoxal, il est conformiste, du point de vue de l'établissement social, en ce sens que la femme semble aspirer à la liberté et au bonheur du bureaucrate qui part chaque matin, une serviette sous le bras, ou de l'ouvrier qui pointe dans une usine. Cet homo sapiens (1) des sociétés bureaucratiques et technocratiques est l'idéal qu'elle semble vouloir imiter sans voir les frustrations et les dangers qu'il comporte, parce qu'en cela, pareille aux hommes, elle pense en termes de profit immédiat et de « succès » individuel. Je crois que l'important, pour la femme, est de participer le plus possible à toutes les causes utiles, et d'imposer cette participation par sa compétence. Même en plein XIXe siècle, les autorités anglaises se sont montrées brutales et grossières envers Florence Nightingale (2), à l'hôpital de Scutari : elles n'ont pas pu se passer d'elle. Tout gain obtenu par la femme dans la cause des droits civiques, de l'urbanisme, de l'environnement, de la protection de l'animal, de l'enfant, et des minorités humaines, toute victoire contre la guerre, contre la monstrueuse exploitation de la science en faveur de l'avidité et de la violence, est celle de la femme, sinon du féminisme, et ce sera celle du féminisme par surcroît. Je crois même la femme peut être plus à même de se charger de ce rôle que l'homme, à cause de son contact journalier avec les réalités de la vie, que l'homme ignore souvent plus qu'elle.

Je trouve aussi regrettable de voir la femme jouer sur les deux tableaux, de voir, par exemple, des revues, pour se conformer à la mode (car les opinions sont aussi des modes) qui publient des articles féministes supposés incendiaires, tout en offrant à leurs lectrices, qui les feuillettent distraitement chez le coiffeur, le même nombre de photographies de jolies filles, ou plutôt de filles qui seraient jolies si elles n'incarnaient trop évidemment des modèles publicitaires; la curieuse psychologie commerciale de notre temps impose ces expressions boudeuses, prétendument séduisantes, aguicheuses ou sensuelles, à moins qu'elles ne frôlent même l'érotisme de la demi-nudité, si l'occasion s'en présente.

Que les féministes acceptent ce peuple de femmes-objets m'étonne. Je m'étonne aussi qu'elles continuent de se livrer de façon grégaire à la mode, comme si la mode se confondait avec l'élégance, et que des millions d'entre elles acceptent, dans une inconscience complète, le supplice de tous ces animaux martyrisés pour essayer sur eux des produits cosmétiques, quand ils n'agonisent pas dans des pièges, ou assommés sur la glace, pour assurer à ces mêmes femmes des parures sanglantes. Qu'elles les acquièrent avec de l'argent librement gagné par elles dans une « carrière » ou offert par un mari ou un amant ne change rien au problème. Aux États-Unis, je crois que le jour où la femme aura réussi à interdire qu'un portrait de jeune fille qui fume d'un petit air de défi pousse le lecteur de magazines à s'acheter des cigarettes que trois lignes presque invisibles au bas de la page déclarent nocives et cancérigènes, la cause des femmes aura fait un grand pas.

Enfin, les femmes qui disent « les hommes » et les hommes qui disent « les femmes », généralement pour s'en plaindre dans un groupe comme dans l'autre, m'inspirent un immense ennui, comme tous ceux qui ânonnent toutes les formules conventionnelles. Il y a des vertus spécifiquement « féminines » que les féministes font mine de dédaigner, ce qui ne signifie pas d'ailleurs qu'elles aient été jamais l'apanage de toutes les femmes : la douceur, la bonté, la finesse, la délicatesse, vertus si importantes qu'un homme qui n'en posséderait pas au moins une petite part serait une brute et non un homme. Il y a des vertus dites « masculines », ce qui ne signifie pas plus que tous les hommes les possèdent : le courage, l'endurance, l'énergie physique, la maîtrise de soi, et la femme qui n'en détient pas au moins une partie n'est qu'un chiffon, pour ne pas dire une chiffe. J'aimerais que ces vertus complémentaires servent également au bien de tous. Mais supprimer les différences qui existent entre les sexes, si variables et si fluides que ces différences sociales et psychologiques puissent être, me paraît déplorable, comme tout ce qui pousse le genre humain, de notre temps, vers une morne uniformité.

M. YOURCENAR, *Les Yeux ouverts.*

Selon votre préférence, résumez le texte en suivant le fil du développement ou faites-en une analyse qui, distinguant et ordonnant les thèmes, s'attache à rendre compte de leurs rapports. Inscrivez nettement en tête de l'exercice le mot résumé *ou le mot* analyse.

Choisissez ensuite un problème qui ait dans ce texte une réelle consistance et auquel vous attachez un intérêt particulier; vous en préciserez les données et vous exposerez, en les justifiant, vos propres vues sur la question. Cette seconde partie sera précédée du titre : discussion.

---

(1) Homo sapiens : cette expression désigne, dans l'évolution de l'humanité, l'Homme parvenu au stade de la connaissance.
(2) Florence Nightingale : célèbre infirmière anglaise, symbole du féminisme.

remarque

● Pour la « **discussion** » qui constitue la seconde partie du devoir, utiliser le plan proposé dans le devoir précédent.

8 COMMENT FAIRE UN RÉSUMÉ ? PLAN DE DISCUSSION DÉTAILLÉ
Paris/1ʳᵉ

Dans la tragédie grecque, le chœur commentait l'action en vers lyriques, que déclamaient les choreutes tout en dansant. Quel commentaire entendrait-on aujourd'hui si l'on représentait, sur la scène d'un théâtre à l'antique, la récente épopée des sciences de la matière et des sciences de la vie ?

La conclusion la plus générale, l'idée commune, la règle universelle que découvre, année après année, l'effort scientifique de décryptage (1) du monde où nous vivons, c'est, me semble-t-il, que ce monde représente un ensemble indissociable. La roche solitaire comme l'animal ou la plante isolés n'ont de sens que par une abstraction analytique artificielle. Tout, matière inerte ou matière vivante, est fait des mêmes matériaux. Et chacun dépend rigoureusement des autres. Il n'y aurait pas de vie sans eau, sans air, sans soleil. Et, parmi les êtres vivants, il n'y aurait pas de lion sans troupeau d'antilopes, de gazelles et autres ruminants ; pas de ruminants sans savanes et prairies ; pas d'herbes sans sol productif et sans humus ; pas d'humus sans germes microbiens ; pas de microbes sans l'azote, le carbone ou les minéraux du sol de la terre. Les mêmes végétaux dont se nourrissent les animaux herbivores ou frugivores ont, à leur tour, besoin d'autres espèces animales pour se reproduire : la pollinisation se fait par une sorte de mariage entre la fleur et un animal transporteur : insecte, oiseau ou chauve-souris. On raconte même que certaines de ces unions sont si nécessaires que la plante peut disparaître si elle est transplantée en un lieu où manque son partenaire du règne animal : la vanille du Mexique fut frappée de stérilité lorsqu'on l'introduisit à l'île de la Réunion, car la vanille, pour être fécondée, a besoin d'un insecte, le mélipone, et dans l'île cet insecte manquait.

L'homme aussi ne vit que grâce à l'harmonie du royaume qui l'entoure, objets inertes et êtres vivants. Il faut même, pour que l'homme vive, que ce royaume regorge de vies visibles ou cachées. Pour ne parler que de la vie végétale, on aurait calculé que, sous nos climats européens par exemple, vingt-sept mille grains de pollen aériens se déposent en moyenne chaque année sur un centimètre carré de sol. Au sein même de notre appareil intestinal vit une flore microbienne innombrable et nécessaire : bousculant cette flore par certains antibiotiques, on est allé jusqu'à entraîner dans quelques cas des accidents mortels. En découvrant les lois du monde et les mécanismes de la vie, l'homme a découvert en vérité qu'il dépendait des autres, de la terre, du soleil, des fleurs, des fruits et des colibacilles.

Et l'homme dépend aussi des autres hommes. Je l'ai dit à propos du langage : ce qui fait un homme, c'est un mélange inextricable du bagage inné dont il hérite et de l'apport acquis dont le dotent les femmes et les hommes qui l'entourent depuis le jour de sa naissance. Les preuves de cette empreinte humaine, que j'ai rappelées à propos du développement du langage et de l'intelligence au cours des jeunes années, peuvent à l'évidence s'étendre à presque tous les autres domaines de l'activité de l'homme. De même que l'harmonie des êtres vivants est fondée sur un mélange singulier d'intérêts communs et contraires, de voisins propices et de voisins ennemis, d'êtres qu'on mangera et d'êtres à qui on servira de nourriture, de même l'homme est cerné d'hommes nécessaires et d'hommes nuisibles. Sa vie est en équilibre entre ces forces tiraillantes. Bénéfiques ou maléfiques soient les hommes, les liens sont là. L'homme isolé apparaît comme un être fictif sans réalité possible. Il n'a de vie que collective et cette collectivité s'étend de la matière inanimée à la flore et à la faune du monde, hommes compris.

Ayant dit ces évidences, le chœur de notre théâtre antique ne pourrait manquer de proclamer sur un ton de surprise que les hommes paraissent les oublier complètement dans leur vie quotidienne. Ils font semblant d'ignorer que leur vie n'a de sens que comme partie d'un ensemble, visible ou invisible, bien élucidé par l'enquête scientifique des derniers siècles. Un ensemble férocement interdépendant.

Et pourtant les scientifiques ne sont pas les seuls pour qui cette interdépendance est sensible. De plus en plus, les hommes d'aujourd'hui découvrent en eux-mêmes les racines profondes de ce sentiment. Dans une civilisation qui a magnifiquement glorifié l'individu, commençaient à s'atrophier la connivence avec le décor où les hommes évoluent, la complicité avec les autres habitants de ce décor, la magie de la pierre, de l'arbre et de l'oiseau, le sens du lien secret qui nous unit au reste du monde. Ce sens suscite à nouveau aujourd'hui, me semble-t-il, des élans passionnels, presque esthétiques, qui naissent peut-être en réaction contre la sécheresse des systèmes voués au seul culte de l'individu : le fait scientifique rejoint ici le sentiment intuitif.

Jean HAMBURGER, *Un jour, un homme*, 1980.

---

(1) Le décryptage : le déchiffrage, l'explication.

Résumé, questions, discussion

L'épreuve comporte deux parties :
1. Dans une première partie, vous présenterez un résumé *ou une* analyse *de ce texte, en indiquant nettement votre choix au début de la copie.*
2. Dans une deuxième partie, intitulée discussion, *vous dégagerez du texte un problème auquel vous attachez un intérêt particulier ; vous en préciserez les données et vous exposerez, sous forme d'une argumentation ordonnée, en vous appuyant sur des exemples, vos propres vues sur la question.*

comment procéder pour élaborer le résumé ?

- Un résumé doit être **condensé** et **équilibré**.

- Se souvenir de toute façon qu'aucun résumé ne peut être bien mené, sans que l'on ait d'abord lu plusieurs fois le texte TRÈS ATTENTIVEMENT pour en dominer le sens et éviter toute interprétation.

- Ici texte de **857 mots** qui au 1/5 donne un résumé de **171 mots**. Le résumé peut être aussi du 1/4.

résumé

Méthode et procédés	Texte rédigé
1. Le résumé utilise un **style qui lui est propre** et qui consiste en premier à **éviter toute fioriture**. Cependant quelques méthodes — on pourrait presque dire trucs de métier ! — sont à signaler : — *la phrase infinitive condensée* comme ici (à la place de : « quel commentaire *serait à* élaborer, ou *faudrait-il*	Du théâtre épique constitué par les exploits scientifiques, quel commentaire élaborer(1) ? Le thème primordial n'en est-il pas l'union intime de tous les éléments des do-

élaborer » (deux mots de moins donc) ;
– *la phrase nominale* basée sur un nom et souvent exclamative, telle « Évidence » ou « quelle évidence ! »
– certaines *graphies* : points de suspension à la place d'un mot de liaison ou forme interjective.
Ne pas employer cependant tous les procédés en même temps, car le résumé se doit aussi d'être bien rédigé.
2. Noter aussi certaines suppressions de noms, pronoms ou articles quand la phrase est bien nette sans leur emploi.
3. Le style de **synthèse** est une nécessité du résumé. Celui-ci se caractérise donc par une certaine tendance à l'**abstraction** donc à la suppression (ou grande diminution) des tournures imagées ou pittoresques.
4. Ne pas oublier non plus une charpente claire et logique où les arguments s'imbriquent bien les uns dans les autres, ce que l'on soutient et souligne par des **mots de liaison,** entre certaines phrases, et même à l'intérieur de certaines.
5. Il faut préciser le total des mots du résumé, qui sera comparé facilement ainsi au chiffre idéal.

maines (règnes) (a) de la matière, du végétal, de l'animal, qui s'interpénètrent, dépendent l'un de l'autre au point de disparaître quand privé (2) d'un double complémentaire. L'homme a d'évidence sa place dans cet équilibre naturel (3). S'il le contrecarre, il en pâtit, [même en meurt] (b), car (4) sa grande découverte scientifique est sa dépendance de ce tout homogène [*ou* : car sa dépendance de ce tout (Tout) (a) homogène est totale – c'est la grande découverte scientifique].
Or (4) le milieu humain, même le plus lointain dans le passé est aussi un ensemble harmonique où les accords mélodieux ou discordants tiennent place (2) égale et nécessaire, car il n'est pas d'individu isolé mais une chaîne ininterrompue. C'est pourquoi (4), à l'homme qui est demeuré individualiste, trop oublieux de cette loi associative naturelle sans rémission, se révèle l'urgence [indiscutable] (b) de tenir compte même culturellement de cette osmose, de redécouvrir intuitivement cette richesse créatrice desséchée (rejetée) (a) trop longtemps.

● **Résumé de 165 ou 169 mots (5).**

(a) *Au choix, mais le candidat, lui, aura choisi avant de recopier...*
(b) *Facultatif.*

sujet de discussion proposé

« *Et l'homme dépend aussi des autres hommes.* » Explication et discussion de cette phrase lapidaire de Jean HAMBURGER.

plan détaillé

Introduction.

● Comment les nouvelles générations doivent-elles aborder l'avenir?

● Les générations qui suivent la guerre 1940/1945 et correspondent à la montée délirante de société de consommation et développement particulièrement fort d'économie mondiale et d'augmentation du niveau de vie dans nos sociétés occidentales ne sont-elles pas devenues très individualistes et fort égoïstes?

● L'échec de certains collectivismes ne va-t-il pas ancrer l'homme dans cette négative attitude morale?

● Ou bien, au contraire, les prises de conscience dues à la crise, la mutation qui conduit à une autre civilisation, devinée mais non encore réellement perçue, au lieu d'exacerber les peurs, ne vont-elles pas pousser l'être humain à se rendre compte qu'il est un être collectif et que seul le sens de la collectivité peut redonner à la condition de l'homme une dimension optimiste?

I. Individualisme et solitude.

● Homme = *être autonome; conscience inviolable,* dignité d'homme?

● ou bien homme = *chose dont on peut disposer,* élément d'un tout communautaire?

● On a attaqué depuis un siècle :
– taylorisme,
– homme-rouage,

— uniformisation de mœurs,
— disparition des folklores, coutumes locales...
— mode (costumes par exemple) identique partout (répandue par médias),
— soumission aux commandements de la mode...

● Véritable peur d'une collectivité qui deviendrait vite contraignante.

● On se sent étouffé par les autres

● **P. Valéry** écrit déjà dans *Variété IV* : « Mais voici maintenant que notre idée de la valeur infinie de l'individu, idée que la méditation exalte, cependant que l'observation et la vie même la réfutent à chaque instant, la voici aujourd'hui en contraste et en conflit ouvert avec la conception de la collectivité et celle de l'État qui la représente. » (1934.)

● Crainte du despotisme et du totalitarisme.

● D'où désir de se replier sur soi, ou de se différencier des autres, même : de les ignorer ou rejeter.

● D'où ces « asiles » loin des hommes tant recherchés de **J.-J. Rousseau,** où l'on peut « se livrer tout le jour sans obstacle aux occupations de son goût ».

● La foule donne souvent une sensation
— de désert (*cf.* fin des *Enfants du paradis*)
— d'écrasement, d'incompréhension (*cf.* le poète incompris à la Baudelaire : *L'Albatros*),
— de mépris ou moquerie pénible (*cf. L'Albatros* encore),
— de bassesse due à l'absence de sens de responsabilité de chacun, à la contagion du mal dans le nombre ; *cf.* « la fête servile », formule de **Ch. Baudelaire** *(Recueillement).*
— de méchanceté contre les faibles. Cruauté des masses. *Cf.* lynchages.
— attitude grégaire. Les êtres qui constituent une foule se sentent protégés par leur anonymat et se laissent aller volontiers impunément à leur instinct de violence. Tel est doux chez lui qui commettra des exactions au milieu de la foule.
— excitation d'ailleurs simplement d'être en foule : phénomène du grégarisme.

- D'où désir de sauvegarder valeurs individuelles,
- pour être libre : « ce grand malheur de ne pouvoir être seul ! » (**Ch. Baudelaire**) ;
- pour être à soi : celui qui ne parvient pas à supporter d'être seul, n'est-ce pas parce qu'il s'étourdit pour se fuir lui-même ? n'est-ce pas compromission, paresse d'esprit, laisser-aller que de se noyer dans la multitude ?
- tranquillité et meilleures conditions accordées à réflexion, méditation, fécondité du silence, écho interne et notre être, rêve, rêverie, et même existentielle – *cf.* « promeneur solitaire », **J.-J. Rousseau** écrit dans la *3ᵉ Lettre à M. de Malesherbes :* « J'allais [...] chercher [...] quelque asile où je pusse croire avoir pénétré le premier et où nul tiers importun ne vînt s'interposer entre la nature et moi » ;
- possibilité de fuir ce « divertissement » (1) dont s'étourdissent les hommes pour éviter de penser. « ... Avant une heure [...] je partais par le grand soleil, pressant le pas dans la crainte que quelqu'un ne vînt s'emparer de moi avant que j'eusse pu m'esquiver ; mais quand une fois j'avais pu doubler un certain coin, avec quel battement de cœur, avec quel pétillement de joie je commençais à respirer, en me sentant sauvé, me disant : Me voilà maître de moi pour le reste du jour ! » (**J.-J. Rousseau :** *3ᵉ Lettre à M. de Malesherbes.*)

• Vie collective disperse ; elle fait perdre bien des richesses, temps et liberté surtout.

• Tandis que solitude peut être source féconde, nécessité pour le penseur, l'artiste, le créateur...

• Solitude nécessaire à la pensée, la « paix des rides que l'alchimie imprime aux grands fronts studieux. » (**A. Rimbaud,** *Voyelles*).

• Certains même en arrivent à ériger cette solitude en système ou en éthique. *Cf.* **Pascal :**
« Tout le malheur des hommes vient d'une seule chose qui est de ne pas savoir demeurer en repos dans une chambre. »

---

(1) Au sens pascalien du terme = dispersion d'esprit et de cœur.

Quant à **J.-J. Rousseau,** pour lui la solitude est un phénomène originel. La retrouver est à la fois retrouver les possibilités de bonté de l'homme naturel, et à défaut celles de créer « le pays des chimères, le seul digne d'être habité », depuis que la civilisation a corrompu l'homme.

II. L'homme et la collectivité.

● Cependant l'homme « dépend [...] des autres hommes » (**Hamburger**).

● A-t-il d'abord apparu isolé (c'est peu probable), ou tout de suite vécu en hordes et en société familiale ou tribale?... de toute façon il a très vite éprouvé le besoin d'un groupe, d'une vie sociale pour se protéger des fauves, des autres tribus ennemies, mais aussi de la maladie, de la faim, des peurs...

● A travers les besoins vitaux plus facilement remplis en société, dans la prolification de ces sociétés qui, se multipliant, s'imbriquaient les unes dans les autres, il a pris conscience de la communauté humaine. *Cf. La Guerre du feu,* de **Rosny Aîné.**

● On se rend compte peu à peu de la nécessité d'une réciprocité des services.

● « Je suis homme et rien de ce qui est humain ne m'est étranger », constatait le dramaturge romain **Térence,** de même que **Confucius** en Chine au Ve siècle av. J.-C., puis le christianisme en Occident affirmaient que tous les hommes sont frères. Une fraternité spirituelle, de condition face au destin, ou à la Providence, une fraternité d'intelligence, de compréhension de l'univers, d'espèce – tout simplement...

● Elle se tisse à travers les nécessités matérielles; mais aussi intellectuellement à travers les balbutiements des recherches de la pensée puis de l'édification des doctrines philosophiques et du système scientifique; et moralement dans l'entraide, la charité, la solidarité...

● Affirmation de cette prise de conscience après les grandes découvertes de la Renaissance d'une part par l'élargissement dans l'espace et la géographie. L'homme connaît enfin les véritables dimensions et forme de la Terre, il y trouve peuples et civilisations de types nouveaux.

● Cette naissance du cosmopolitisme va le pousser à reconnaître que « chacun doit incomparablement [...] au genre humain » (**Fénelon**).

● Une solidarité réelle, qu'il le veuille ou non, unit l'homme à ses semblables. Le culte du moi semble maintenant hors siècle, car notre XXe siècle à la suite de la montée de la civilisation du machinisme, de l'industrie, de la science (formée lentement fin XVIIIe siècle, et XIXe siècle) est comme pressé par la communauté humaine :
– du travail (usines, chaînes...),
– de la nation (traditions, réalités historiques),
– de l'Europe (qui s'affirme, malgré problèmes),
– de la planète où évolution politique et économique, moyens de transport et d'information resserrent liens et rapports.

● Après les droits de l'homme en 1789, après la Société des Nations, c'est l'O.N.U., l'U.N.E.S.C.O. puis Amnesty International qui montrent la réalité des efforts des hommes de bonne volonté pour faire reconnaître ces liens qui unissent chacun à la communauté des hommes donc notre responsabilité envers l'humanité.

● Être homme, c'est se sentir impliqué dans tout acte de persécution, violence, avilissement, torture, racisme perpétré contre un autre homme, si lointain ou étranger soit-il, « c'est connaître la honte en face d'une misère qui ne semblait pas dépendre de soi » (**A. de Saint-Exupéry**).

● D'autre part l'homme se sert de l'homme (mais pas seulement comme le clament les détracteurs des collectivités pour l'aliéner ou le meurtrir).

● L'intelligence ne peut se façonner seule.

● Elle repose sur un acquis à travers les siècles, les œuvres d'autrui, les échanges. « Il faut frotter et limer sa cervelle à celle d'autrui. » (**Montaigne.**)

- C'est une longue chaîne de savants et de philosophes qui se perpétue à travers siècles et peuples. Chacun doit ce qu'il sait, qu'il apprend ou qu'il ignore encore à tous les hommes qui l'ont précédé et l'entourent.

- Quant aux applications techniques !... depuis l'*homo faber,* doublé de l'*homo sapiens,* depuis Prométhée ou l'homme qui trouva le premier l'idée du lit ou du fauteuil, depuis l'inventeur du pain, la domestication du cheval, la découverte du bateau, de la voiture, ou plus près de nous de l'électricité, de la matière plastique, du téléphone, de la machine à laver, du réfrigérateur... C'est l'histoire de l'humanité entière à partir de l'âge de pierre qui en tisse les diverses démarches.

- Quand nous dégustons un mets recherché, nous pouvons nous dire qu'il est le résultat des touches multiples qui l'ont perfectionné à travers les siècles.

- Quant aux échanges commerciaux, ils nous lient et relient à toutes les parties du globe.

- **Lewis Munford,** puis **Toynbee** (*Guerre et Civilisation,* traduction française, 1953), ils vont jusqu'à affirmer que « retrouvant le sens de l'humain en surmontant la civilisation mécanique, [l'homme moderne] remettra la technique au service de l'homme pour le bien de l'humanité entière ».

- N'oublions pas non plus que l'homme a besoin de l'homme *socialement.* « Désormais l'homme est conçu par bien des hommes comme élément qui ne vaut que dans le système social, qui ne vit que par ce système et pour lui; il n'est qu'un moyen de la vie collective et toute valeur séparée lui est refusée car il ne peut rien recevoir que de la communauté et ne peut rien donner qu'à elle. » (**P. Valéry.**)

- Mais au lieu de s'en aigrir, il faut non seulement le savoir : « Nous sommes embarqués », disait **Pascal,** mais s'en grandir : « Pour faire de grandes choses, il ne faut pas être au-dessus des hommes, il faut être avec eux. » (**Montesquieu.**)

- Enfin même dans les rapports immédiats, l'homme dépend de l'homme; il faut être fort pour supporter la solitude qui n'est pas un état naturel; s'il y est trop longtemps astreint, il risque de devenir fou ou de retourner à l'état bestial. *Cf.* **Michel Tournier,** *Vendredi ou les limbes du Pacifique :* « La solitude [...] est un milieu corrosif qui agit sur moi lentement, mais sans relâche et dans un sens purement destructif. »

● C'est pourquoi l'homme a grande difficulté à supporter :
– prison ex. suicides, même dans prisons modèles;
– exil, ex. *Les Regrets* de Du Bellay;
– solitude morale, ex. *Thérèse Desqueyroux,* **Mauriac.**
– solitude artistique, ex. **A. de Vigny** *(Moïse)* :
« J'ai marché devant tous, triste et seul dans ma gloire »,
ou **Baudelaire :**
« Exilé sur le sol au milieu des huées,
Ses ailes de géant l'empêchent de marcher. » *(L'Albatros);*
– incommunicabilité = « Quelles solitudes que ces cœurs humains ! » **A. de Musset** *(Fantasio);*
– solitude sentimentale : ex. **La Fontaine :**
« Voulez-vous quitter votre frère? » *(Les Deux Pigeons).*

● Là encore se reporter au très beau livre de **Michel Tournier** qui analyse si bien l'effroi devant les méfaits de la solitude : « ... l'île s'est révélée déserte. [...] Dès lors je suis avec une horrible fascination le processus de *déshumanisation* dont je sens en moi l'inexorable travail. » *(Vendredi ou les limbes du Pacifique.)*

Conclusion.

● Certes il ne s'agit pas de nier les valeurs individuelles ni de cesser de cultiver en soi harmonieusement les facultés humaines.

● Certes grandeur et dignité sont à et en chaque être.

● Mais le monde actuel rappelle opportunément – par les forces immenses et anonymes qui pèsent sur tout individu, par la monstruosité des conséquences techniques de notre société-de-la-science-et-des-machines, qui échappe à notre domination trop souvent – que « nous en savons trop pour qu'un seul homme puisse en savoir beaucoup ». **(Oppenheimer.)**

● Car « ce qu'il y a de nouveau, c'est que le progrès technique nous permette de connaître les peuples les plus lointains et nous oblige à les considérer comme nos frères. »

● Le monde est en effet de plus en plus ouvert aux cultures et peuples les plus divers, ce qui multiplie liaisons et cohésion obligatoires.

● Ainsi l'individu peut être sauvegardé pleinement s'il acquiert vraiment le sens de la collectivité, si son humanisme est solidaire de tous, comme le rappelaient déjà quelques décennies plus tôt **P. Eluard, A. Camus** et **J.-P. Sartre**, ou, en le parodiant, **L. Aragon** : « L'homme est l'avenir de l'homme. »

quelques formules

● « Être homme, c'est précisément être responsable. [...] C'est être fier d'une victoire que les camarades ont remportée. C'est sentir, en posant sa pierre, que l'on contribue à bâtir le monde. » **A. de Saint-Exupéry.**

● « Quel bien avez-vous fait aux hommes? [...] C'est ce qui jugera chacun. » **Voltaire.**

● « Lorsque je vins pour la première fois parmi les hommes, je fis la folie du solitaire, la grande folie; je me mis sur la place publique. [...] Devant la populace, cependant, nous ne voulons pas être égaux. Hommes supérieurs, éloignez-vous de la place publique ! » **Nietzsche**, *Ainsi parlait Zarathoustra.*

● « Les plus belles vies sont, à mon gré, celles qui se rangent au modèle commun et humain, avec ordre, mais sans miracle et sans extravagance. » **Montaigne.**

bibliographie

● **A. Maurois**, *Lettre ouverte à un jeune homme sur la conduite de la vie,* Albin Michel, 1966.

- **Teilhard de Chardin,** *L'Avenir de l'homme,* Seuil, 1957.
- **L. Armand** et **M. Drancourt,** *Plaidoyer pour l'avenir,* Calmann-Lévy.
- **P. Valéry,** *Œuvres I,* Pléiade/Gallimard, 1957.
- **Montesquieu,** *Lettres persanes,* Garnier-Flammarion, 1964.
- **Teilhard de Chardin,** *Apparition de l'homme,* Seuil, 1956.
- **Oppenheimer :** *La Science et le bon sens,* Gallimard/Idées, n° 55.

9 PLAN DÉTAILLÉ DE DISCUSSION
Aix-Marseille/1re – Session de remplacement

L'alcoolisme nous offre un exemple frappant de réaction irrationnelle de la société face à une impasse sociale. Confrontés au problème, les États-Unis décidèrent de le supprimer à l'aide de la loi. Comme pour la répression au niveau individuel, le refus de reconnaître la complexité du phénomène et la tentative de le supprimer, loin d'y remédier, l'aggravèrent. Le corps social, affaibli par la manœuvre répressive, fut envahi par la criminalité, la violence et parfois des formes encore plus nocives d'alcoolisme. Bien que la prohibition ait été abolie, nous ne sommes pas encore débarrassés des séquelles de cette tentative de répression à l'échelle nationale, puisque les syndicats du crime existent encore.

Cet exemple est très insuffisant pour illustrer la complexité des problèmes que nous pose la machine. Personne n'a encore sérieusement demandé qu'on en interdise l'usage, bien que certains auteurs imaginatifs l'aient suggéré. On se contente en général de nier l'existence du problème. Parfois, notre société, comme une personne atteinte de toxicomanie, semble fuir en avant vers une mécanisation accrue avec l'espoir qu'un surcroît de technologie résoudra les conflits qui en résultent. Nous agissons comme l'alcoolique qui, pour échapper à la gueule de bois, se lance dans une nouvelle bordée.

Un autre exemple de fuite, l'évasion dans le primitivisme, nous est donné par ceux de nos contemporains qui cherchent un réconfort dans des types plus simples de civilisation. Centrées sur des activités sociales différentes, ces civilisations ignorent les insatisfactions de la culture née du machinisme. Les transfuges ne voient que cela, sans tenir compte des frustrations inhérentes à ce mode d'existence plus primitif.

Beaucoup d'intellectuels, de nos jours, cherchent un réconfort dans les croyances apparemment simples de leurs ancêtres. Ce faisant, ils risquent de contracter la peur de l'enfer et de la damnation sans pour autant y trouver le soulagement affectif que procurait l'affirmation d'une foi collective.

Il ne faut pas supposer non plus qu'un homme du vingtième siècle se sentirait à l'aise dans un cadre du dix-huitième. Affligés comme nous le sommes par les conséquences névrosantes d'un apprentissage de la propreté qui nous a donné l'horreur de la saleté et des mauvaises odeurs, nous serions fort malheureux de vivre dans la puanteur des tas de fumier et des latrines primitives d'une petite ville américaine de l'époque coloniale.

Considérer avec nostalgie les douceurs d'autres civilisations ne fera que déformer la vision que nous avons de la nôtre et rendre plus difficile la découverte d'une solution viable aux problèmes de notre culture. Les plaisirs de la chasse, si agréables qu'ils soient, ne guériront pas les frustrations auxquelles nous expose la technologie. Les activités de loisirs ne supprimeront pas davantage les inconvénients du machinisme; au mieux, elles nous les feront provisoirement oublier, ou nous séduiront au point de nous interdire d'y trouver des remèdes. Des voyages de noces répétés ne sauveront pas un mauvais mariage en améliorant ce qui ne va pas, mais aboutiront à le perpétuer sans but, dans un malaise croissant.

On n'évite pas la domination de la machine sur l'homme en prenant des vacances plus longues loin d'une vie dominée par les machines ou d'une existence réglée par elles. Il s'agit de trouver les moyens qui permettent à l'homme de dominer les machines tout en bénéficiant pleinement de leurs avantages. Chaque civilisation engendre ses propres malaises et les troubles affectifs qui en résultent; elle doit aussi inventer des solutions conformes aux besoins réels de l'homme et aux besoins névrotiques caractéristiques de l'époque considérée. Faute de garder à l'esprit cette vérité élémentaire, nous risquons de préconiser des remèdes qui seront sans rapport avec les besoins et les tensions dont souffrent l'homme et la société à un moment donné de leur évolution.

Pour résister à la menace du feu éternel et de la damnation, l'homme a besoin de son corollaire, la croyance dans la résurrection et le salut. Le problème que nous, nous avons à résoudre, c'est comment survivre à l'époque du machinisme qui a coupé l'homme de l'homme et l'être humain de la nature.

Bruno BETTELHEIM, *Le Cœur conscient*, 1960.

L'épreuve comprend deux parties :
1. Vous ferez d'abord de ce texte un résumé *(en suivant le fil du texte) ou une* analyse *(en reconstituant la structure logique*

de la pensée, c'est-à-dire en mettant en relief l'idée principale et les rapports qu'entretiennent avec elle les idées secondaires). Vous indiquerez nettement votre choix au début de la copie.
2. Dans une seconde partie, que vous intitulerez discussion, *vous dégagerez du texte un problème qui offre une réelle consistance et qui vous aura intéressé(e). Vous le préciserez et vous exposerez vos propres vues sous la forme d'une argumentation ordonnée, appuyée sur des faits et menant à une conclusion.*

sujet de discussion proposé

Bruno BETTELHEIM *précise :* « *Il s'agit de trouver les moyens qui permettent à l'homme de dominer les machines tout en bénéficiant pleinement de leurs avantages.* » *Explication et discussion ou* « *Complexité des problèmes posés par la machine* ».

plan détaillé

Introduction.

- Attaques contre machines : relativement récentes.

- Correspondent à l'évolution de la société industrielle où machines se développent tant qu'elles suppléent homme et surtout provoquent phénomène du *machinisme*.

- Pourtant la machine n'est jamais qu'héritière des premiers outils de l'homme de pierre, et de bronze...

- *Homo faber.* Mais devient-il apprenti sorcier? Suit-il la pente de Frankenstein?

- Au contraire les machines ne sont-elles pas un tel progrès qu'il est non seulement vain mais néfaste de vouloir seulement diminuer, à plus forte raison « en interdi[re] l'usage » ?

I. La machine maîtresse.

- Certes, abondance, multiplicité des machines.
- Depuis les premières machines à vapeur de Denis Papin et autres..., variétés et perfectionnements tels que véritable ère du machinisme.
- Mais en réalité cent à deux cents ans pour l'histoire de la machine face aux milliers d'années de l'histoire humaine.
- D'où hommes mal adaptés.
- Progrès trop rapides qui ont changé :
– **manière de travailler** (d'abord mécanisation de l'ouvrier non qualifié. *Cf.* Charles Chaplin dans *Les Temps modernes;* puis meilleure adaptation de l'homme à la machine depuis quelques années, mais organisation du temps de travail, automatisation, robotique...) ; d'où changements de catégories de travailleurs. Il faudrait beaucoup plus de spécialistes. Diminution – disparition? – du O.S. (1) à la Charlot? Ex. nouvelle usine Citroën vide d'ouvriers – tout est robotisé –, mais aux bureaux pleins de techniciens qui organisent les programmations;
– ont changé donc **rythme de vie.** Un certain manque de liberté : horaires précis; aliénation due à rapidité, et structuration de temps; due à la recherche du meilleur rendement; due aux facilités mêmes que la machine apporte, tels biens de consommation, donc besoins ainsi créés ;
– changé aussi **rapports humains :** individualisme, indifférence, égoïsme – on croit dépendre moins des autres (puisque machines) – ; instinct possessif à l'égard de tous ces objets souvent passionnément chéris (ex. chaînes hi-fi, vidéo, automobile, moto surtout !) qui devient féroce... ;
– **coutumes** mêmes qui se sont modifiées avec transformation des horaires de vie dus au machinisme : ainsi à horaires de travail réglementé correspondent des horaires de non-travail ; d'où la société de loisir est née de la société des machines.

---

(1) Ouvrier dit « spécialisé », en réalité manœuvre.

- « Notre psychologie a été bousculée dans ses bases les plus intimes ; les notions de séparation, d'absence, de distance, de retour, si les mots sont restés les mêmes, ils ne contiennent plus les mêmes réalités. » (**A. de Saint-Exupéry**, *Terre des hommes*, 1939.)

- Bien plus vrai encore en 1983. Décalage entre traditions et habitudes de langage (face à la réalité, aux modes de vie), devenu si fort que la mode passéiste, écologiste...

- C'est la manière de protester contre le machinisme en le fuyant.

- Bref : révolte, rejet, parce que **peur**.

- Peur de ne plus être maître de ce que l'on a créé ; d'être chassé de son emploi par machine ; de ne pas évoluer aussi vite que découvertes du machinisme (ex. automatisation) ; de ne plus savoir faire marcher ces nouveaux appareils ; d'être rejeté donc de plus en plus tôt dans le clan des vieux...

- Une certaine lassitude, ou dégoût, même **effroi** en découlent...

- ... d'autant plus que les machines sont aussi des machines de guerre de plus en plus perfectionnées ; d'où les guerres de plus en plus destructrices et démentielles (ex. bombe atomique. Exocet...).

II. La machine domestiquée.

- Ainsi l'homme ne domine plus toujours la machine avec ses nerfs comme, lorsqu'il vieillit, il a l'impression de ne plus la dominer physiquement (ou intellectuellement), car sa progression a été trop rapide pour lui.

- Ex. : **A. de St-Exupéry** dès le début guerre 1940 se sent vieilli face à perfectionnement des « zincs » (= avions) qu'il aimait si passionnément piloter...

- Idem : **Montesquieu** dans *Lettre persane CV* va jusqu'à affirmer : « Que nous a servi l'invention de la boussole et la découverte de tant de peuples qu'à nous communiquer leurs maladies plutôt que leurs richesses », attaquant ainsi, non les découvertes de la science – dont machines –, mais leurs mauvaises applications.

• Car ce grand expérimentateur a entière confiance dans vérité scientifique, et ses trouvailles, et ses machines... *(cf. Lettre persane XCVII).* Ce qu'il demande, c'est **un équilibre raisonnable.**

• Il est sans conteste que la machine a élargi notre espace et notre temps.

• Elle a rendu bien plus agréable et confortable la vie quotidienne :
– **vitesse** et facilités de déplacement : c'est auto, moto, avion... fusée..., autant de machines... ;
– **chaleur** avec chauffage central, appareils électriques, au gaz, turbines... qui rendent la vie quiète et tiède quelles que soient les intempéries (penser au contraire combien on gelait dans les belles galeries de Versailles. Quant au Louvre !... Bien plus de confort dans la moindre petite maison de banlieue actuelle !...) ;
– **lumière** et toutes les utilisations mécanisées de l'électricité (*cf.* ces difficultés d'étude, autrefois, à la lueur du four à pain... ex. général Drouot... ou kilomètres à pied pour joindre l'école... ex. président Doumer...).
– **distractions,** qu'il n'est même plus besoin d'aller chercher ; elles viennent à nous avec radio, T.V., hi-fi, vidéo, jeux électroniques... ;
– **confort,** du matelas aux robots de cuisine ou machines à laver (linge, vaisselle...), à repasser, tondeuses... ; chaque détail de la vie quotidienne a sa machine...

• Attrait certain d'ailleurs des jeunes – dès l'enfance – pour tout ce qui est machine, depuis la bicyclette jusqu'à la caméra, ou le meccano jusqu'au robot..., selon âge.

• Bonheur aussi de l'adulte menant la machine. *Cf.* automobiliste et motocycliste par ex. Véritable vague passionnelle pour sa machine.

• Bonheur enfin du savant qui trouve, puis dirige, maîtrisant la matière, utilisant les nouveautés, rejoignant pour les réaliser les rêves des alchimistes, rêves qui, eux, étaient restés utopiques.

- L'homme peut souvent se sentir *maître*.

- Les penseurs et savants – comme déjà Montesquieu au XVIIIᵉ siècle, pourtant siècle très optimiste et souvent utopiste – savent que la machine n'est bonne que *si elle est toujours dominée par l'esprit*.

- Sa puissance redouble les risques; or ceux-ci sont grisants, mais il ne faut pas justement se laisser griser.

- Ne pas laisser échapper la machine, mais la dompter, donc se dompter soi-même. *Cf.* conduite d'auto et de moto...

- Ne pas la prendre comme but, mais comme moyen. « Si à l'âge de pierre l'idéal le plus élevé s'était fixé sur une hache de silex ou d'obsidienne, l'*homo sapiens* serait encore dans le domaine ignoré du possible. » (**Angué.**)

- La machine ne doit pas être aimée pour elle-même. Il ne faut en aucun cas s'agenouiller devant elle, sinon elle devient possessive, envahissante. Elle ne doit en aucun cas constituer un idéal.

- Les idéaux de l'homme ne peuvent être uniquement matériels; mais placer toujours les valeurs morales et spirituelles (amour – charité – bonheur de tous) et les idéaux humanistes (dépassement de soi – solidarité – égalité) ou esthétiques (beauté) au-dessus de ce qui n'est que matière.

- Bien-être matériel, perfectionnements de vie dus aux machines ne sont ni à dédaigner ni à rejeter; ce serait mépriser sottement les recherches de l'homme au cours des siècles pour obtenir une partie du bonheur.

- Mais ce n'est pas tout. Sans satisfactions morales, humaines, esthétiques, posséder une belle voiture, ou la plus à la pointe des chaînes hi-fi, ou le confort domestique en tous détails, apporte une joie provisoire mais risque bien de laisser au cœur et à l'existence un goût de vide, même de néant, d'où une certaine angoisse latente, même si elle est niée.

- « La possession (collective ou individuelle) des outils, des instruments offerts par la technique ne résout pas les problèmes posés par la vie qui mène à la mort ou par le désir de justice que contrarie l'amour du privilège. » (**Angué.**)

Conclusion.

- Certes les progrès scientifique et technique (donc des machines) ne signifient pas forcément : homme heureux.

- Certes les multiples cris d'alarme poussés par les penseurs qui vont jusqu'à dire que « l'humanité parvient au seuil de l'apocalypse ». (**J. Fourastié.**)

- Mais se méfier de tout excès, y compris celui des attaques de ces excès.

- Ne pas oublier que nous sommes en période transitoire, en gestation de civilisation.

- **Bettelheim** en 1960 n'a pu encore voir l'envahissement d'automation et de robotique, mais il met déjà en garde devant le ridicule de rejeter ce qui est à la fois produit et producteur d'une société.

- La sagesse est, comme il le conseille, de « trouver les moyens qui permettent à l'homme de dominer les machines tout en bénéficiant pleinement de leurs avantages ».

- Il est difficile de « faire bien l'homme », écrivait déjà **Montaigne** à une autre période de grande mutation (XVIe siècle).

- Il est difficile de rester pleinement homme en jouissant des avantages que la machine apporte. Mais « de nos maladies la plus sauvage c'est mépriser notre être » (**Montaigne**). Il faut donc rester optimiste en pensant aux exceptionnelles facilités d'adaptation de l'homme ; garder confiance dans l'avenir de la raison humaine, mais confiance « nourrie d'acceptation forcée » (**Armogathe**), n'est-ce pas la solution ?

quelques formules

- « Nous ne pouvons pas arrêter le Progrès dans sa course folle et les risques sont grands, inévitables : c'est l'homme qui doit être éduqué. » **Armogathe.**

- « Il me semble qu'ils confondent but et moyen, ceux qui s'effraient par trop de nos progrès techniques. Quiconque lutte dans l'unique espoir de biens matériels, en effet, ne récolte rien qui vaille de vivre. Mais la machine n'est pas un but, c'est un outil comme la charrue. » **Saint-Exupéry.**

- « Chaque progrès nous a chassés un peu plus loin hors d'habitudes que nous avions à peine acquises, et nous sommes véritablement des émigrants qui n'ont pas fondé encore leur patrie. » ***Idem.***

- « Oh ! le bon temps que ce siècle de fer !
Le superflu, chose très nécessaire,
A réuni l'un et l'autre hémisphère. » **Voltaire.**

- ... « Il n'est pas possible que des esprits dégradés par une multitude de soins futiles s'élèvent jamais à rien de grand... » **J.-J. Rousseau.**

bibliographie

- **Louis de Broglie**, *Physique et Microphysique*, Albin Michel, 1947.

- **D. Huisman** et **G. Patrix**, *L'Esthétique industrielle*, P.U.F., « Que sais-je ? », 1961.

- **J. Fourastié**, *Machinisme et Bien-être*, Éditions de Minuit, 1951.

- **Saint-Exupéry**, *Terre des hommes*, Pléiade, 1939.

- **J. Fourastié**, *Le Grand Espoir du XXe siècle*, Gallimard/Idées, 1963.

- **J. Dumazedier** et **Imbert**, *Espoir et loisir dans la société française*, 2 vol., Centre de recherche sur l'urbanisme, 1967.

10 REMARQUE
Strasbourg/1re

Depuis la deuxième moitié de la Renaissance, la conception de la science est celle d'une étude dont l'objet est placé hors du bien et du mal, surtout hors du bien, considéré sans aucune relation ni au bien ni au mal, plus particulièrement sans aucune relation au bien. La science n'étudie que les faits comme tels, et les mathématiciens eux-mêmes regardent les relations mathématiques comme des faits de l'esprit. Les faits, la force, la matière, isolés, considérés en eux-mêmes, sans relation avec rien d'autre, il n'y a rien là qu'une pensée humaine puisse aimer.

Dès lors l'acquisition de connaissances nouvelles n'est pas un stimulant suffisant à l'effort des savants. Il en faut d'autres.

Ils ont d'abord le stimulant contenu dans la chasse, dans le sport, dans le jeu. On entend souvent des mathématiciens comparer leur spécialité au jeu d'échecs. Quelques-uns la comparent aux activités où il faut du flair, de l'intuition psychologique, parce qu'ils disent qu'il faut deviner d'avance quelles conceptions mathématiques seront, si on s'y attache, stériles ou fécondes. C'est encore du jeu, et presque du jeu de hasard. Très peu de savants pénètrent assez profondément dans la science pour avoir le cœur pris par de la beauté. Il y a un mathématicien qui compare volontiers la mathématique à une sculpture dans une pierre particulièrement dure. Des gens qui se donnent au public comme des prêtres de la vérité dégradent singulièrement le rôle qu'ils assument en se comparant à des joueurs d'échecs; la comparaison avec un sculpteur est plus honorable. Mais si l'on a la vocation d'être sculpteur, il vaut mieux être sculpteur que mathématicien. En l'examinant de près, cette comparaison, dans la conception actuelle de la science, n'a pas de sens. Elle est un pressentiment très confus d'une autre conception.

La technique est pour une si grande part dans le prestige de la science qu'on inclinerait à supposer que la pensée des applications est un stimulant puissant pour les savants. En fait, ce qui est un stimulant, ce n'est pas la pensée des applications, c'est le prestige même que les applications donnent à la science. Comme les hommes politiques qui sont enivrés de faire de l'histoire, les savants sont enivrés de se sentir dans une grande chose. Grande au sens de la fausse grandeur; une grandeur indépendante de toute considération du bien.

En même temps certains d'entre eux, ceux dont les recherches sont surtout théoriques, tout en goûtant cette ivresse, sont fiers de se dire indifférents aux applications techniques. Ils jouissent ainsi de deux avantages en réalité incompatibles, mais compatibles dans l'illusion; ce qui est toujours une situation extrêmement agréable. Ils sont au nombre de ceux qui font le destin des hommes, et dès lors leur indifférence à ce destin réduit l'humanité aux proportions d'une race de fourmis; c'est une situation de dieux. Ils ne se rendent pas compte que dans la conception actuelle de la science, si l'on retranche les applications techniques, il ne reste plus rien qui soit susceptible d'être regardé comme un bien. L'habileté à un jeu analogue aux échecs est une chose de valeur nulle. Sans la technique, personne aujourd'hui dans le public ne s'intéresserait à la science ; et si le public ne s'intéressait pas à la science, ceux qui suivent une carrière scientifique en auraient choisi une autre. Ils n'ont pas droit à l'attitude de détachement qu'ils assument. Mais, quoiqu'elle ne soit pas légitime, elle est un stimulant.

Pour d'autres, la pensée des applications, au contraire, sert de stimulant. Mais ils ne sont sensibles qu'à l'importance, non au bien et au mal. Un savant qui se sent sur le point de faire une découverte susceptible de bouleverser la vie humaine tend toutes ses forces pour y parvenir. Il n'arrive guère ou jamais, semble-t-il, qu'il s'arrête pour supputer les effets probables du bouleversement en bien et en mal, et renonce à ses recherches si le mal paraît plus probable. Un tel héroïsme semble même impossible ; il devrait pourtant aller de soi. Mais là comme ailleurs la fausse grandeur domine, celle qui se définit par la quantité et non par le bien.

Enfin les savants sont perpétuellement piqués par des mobiles sociaux qui sont presque inavouables tant ils sont mesquins, et ne jouent pas un grand rôle apparent, mais qui sont extrêmement forts. (...) Le premier mobile social des savants, c'est purement et simplement le devoir professionnel. Les savants sont des gens qu'on paie pour fabriquer de la science ; on attend d'eux qu'ils en fabriquent ; ils se sentent obligés d'en fabriquer. Mais c'est insuffisant comme excitant. L'avancement, les chaires, les récompenses de toute espèce, honneurs et argent, les réceptions à l'étranger, l'estime ou l'admiration des collègues, la réputation, la célébrité, les titres, tout cela compte pour beaucoup.

Simone WEIL (1909-1943), *L'Enracinement*.

*Vous ferez de ce texte soit un **résumé**, soit une **analyse**. Vous indiquerez nettement en tête de l'exercice le mot **résumé** ou le mot **analyse**.*
Vous choisirez ensuite dans le texte un problème qui offre une réelle consistance et auquel vous attachez un intérêt particulier. Vous en formulerez l'énoncé et vous exposerez, en les justifiant, vos propres vues sur la question.

remarque

Pour traiter un sujet de discussion, se reporter au devoir précédent.

11 RÉSUMÉ
COMMENT COMPOSER L'ESSAI/DISCUSSION À PARTIR DE LA RECHERCHE DES IDÉES? PLAN DÉTAILLÉ
Montpellier/1re

[...] La plupart des pays capitalistes n'ont jamais sérieusement envisagé « une politique du cinéma ». Dans ces conditions, il était naturel que la destination du cinéma soit déviée dans le sens d'un simple divertissement disposant de capacités de séduction exceptionnelles et permettant de garantir l'existence d'un réseau industriel fort complexe. Le cinéma, moyen de culture et d'enrichissement spirituel, était voué à s'effacer devant le cinéma-magie ou le cinéma-opium. Les responsables n'avaient plus qu'à tout mettre en œuvre pour flatter les besoins inconscients de l'infantilisme collectif : oubli de la vie quotidienne, désir d'évasion, recherche d'une détente et d'une euphorie facile. Ils étaient servis par les conditions matérielles du spectacle : obscurité, grégarisme (1), processus d'identification aux stars, grossissement des sensations, écoulement ininterrompu des images favorable à la passivité.

Ces facteurs d'hébétement ont été largement utilisés par la production internationale pour imposer au public une imagerie d'Épinal qui flatte ses instincts les plus grossiers ou sa sentimentalité la plus romanesque. Films d'amour, films érotiques avoués ou déguisés, films de dépaysement, films de cruauté et thrillers (2), et surtout films axés sur l'exhibition d'une vedette, représentent depuis soixante ans les deux tiers de la production. Ils ont créé une véritable mythologie du cinéma.

Ainsi, dans les deux tiers des cas, les conditions de passivité du spectateur moyen, jointes aux conditions commerciales de la production des films, aboutissent à une véritable mystification de la conscience livrée dans un état de non-résistance absolue à ce que le grand cinéaste français Jean Grémillon appelait « un instrument de stupeur ». Hypnose, envoûtement, vide psychologique : les éducateurs et les psychiatres ont multiplié les termes les plus rigoureux pour définir cette intoxication provoquée par la drogue cinématographique.

Mais c'est là se limiter à un constat partiel et provisoire, car deux circonstances permettent de modifier sensiblement cette optique par trop pessimiste. Tout d'abord, c'est qu'il reste un tiers de la production mondiale qui s'inspire d'une indéniable recherche psychologique, esthétique et spirituelle; en second lieu, c'est qu'une partie notable du public de cinéma, au moins depuis une dizaine d'années, est passée d'une attitude passive à une attitude vigilante, soumettant les films au criblage d'un esprit critique averti et se souciant d'extraire d'un film tout son coefficient culturel.

La filmologie, l'Institut des hautes études cinématographiques, la création de plusieurs fédérations de ciné-clubs, l'existence d'un nombre important de publications et de collections consacrées au septième art, l'intégration partielle du cinéma dans les études secondaires, sont autant d'indices d'un mode d'existence nouveau pris par ce phénomène si complexe. Une partie du public a déjà compris que les moyens d'expression exceptionnels dont dispose le cinéma ont pour effet de pouvoir conférer à tout ce qui existe et à tout ce qui peut être concrétisé en images une modalité d'être privilégiée.

La technique même du cinéma entre les mains d'artisans amoureux de leur métier élève tous les caractères du créé à leur plus haut point de signification : elle fond dans une harmonie singulière réalisme et poésie, puisque, au moment même où elle capte les reflets ou les échos du monde réel, elle les transpose par l'exercice même de l'enregistrement visuel et sonore sur un autre plan et les dote ainsi d'une existence seconde. On a dit souvent de la poésie qu'elle était au sens chimique du terme un « révélateur » de la réalité; c'est encore bien plus vrai du cinéma. Le simple fait de capter le réel, de l'enfermer dans une caméra, de le projeter sur un écran, que ce soit en noir ou en couleur, en vision normale ou en cinémascope, donne à ce réel une dimension, une consistance et une gamme de prolongements privilégiées.

H. et G. AGEL, *Précis d'initiation au cinéma*, 1957.

Selon votre préférence, résumez le texte en suivant le fil du développement, ou faites-en une analyse qui, distinguant et ordonnant les thèmes, s'attache à rendre compte de leurs rapports. Inscrivez nettement en tête de l'exercice le mot résumé *ou le mot* analyse.
Choisissez ensuite un problème qui ait dans ce texte une réelle consistance et auquel vous attachez un intérêt particulier; vous en préciserez les données et vous exposerez, en les justifiant, vos propres vues sur la question. Cette seconde partie sera précédée du titre discussion.

résumé

- Texte de 643 mots. Résumé au 1/5 = 128 mots.

---

(1) Grégarisme : instinct qui pousse les hommes à s'assembler à la manière de certains animaux.
(2) Thrillers : films qui provoquent des sensations fortes (anglicisme).

● **Résumé rédigé.**
Privé de directives [générales], presque trop riche de moyens, entraîné dans des circuits commerciaux, le cinéma, oubliant ses dimensions artistiques, culturelles, a démagogiquement cédé à une facilité médiocre, lénifiante (1). Devenu facteur d'abêtissement pour l'opinion publique, marqué (victime) aussi par (de) sa légende, il intoxiquerait le public, endormirait, au dire des critiques, toute réaction [d'esprit] indépendante. Conclusion hâtive, omettant les efforts intellectuels et artistiques d'un nombre certain de films, une lucidité en progrès des spectateurs (1). De plus études, réunions, publications prolifèrent autour du phénomène cinéma, confortant spécialistes et amateurs en ses possibilités, ouvertures, révélations hors commun (1). Sa spécificité même lui offre des champs particuliers puisque l'image, aidée des techniques filmiques, transpose poétiquement, surréellement la réalité qui la nourrit mais qu'elle dévoile, élargit, transcende...

● **Résumé de 123 ou 126 mots.**

● **Remarque :** il serait possible d'établir des alinéas, soit correspondant à chaque alinéa du texte, ce qui peut être contraignant inutilement; soit aux endroits marqués (1). Mais ce n'est pas nécessaire.

comment composer l'essai/discussion à partir de la recherche des idées ? plan détaillé

sujet choisi

Cinéma : « instrument de stupeur » (Grémillon) ou pouvoir de « conférer à tout ce qui existe et à tout ce qui peut être concrétisé en images une modalité d'être privilégiée » (Agel)? Que penser de ces deux assertions?

Introduction.

● Vives oppositions ou nets mépris contre cinéma à ses débuts.

- *Cf.* **Duhamel** : « un passe-temps d'illettrés ».
- Pour quelques grands littérateurs qui prévoient son destin (**P. Claudel, A. Gide**), la plupart l'ignorent ou le stigmatisent, jusqu'au surréalisme.
- Puis merveilleuse montée du cinéma dans l'entre-deux guerres, soutenu par des poètes comme **J. Cocteau** ou de grands acteurs/metteurs en scène de théâtre comme **L. Jouvet.**
- Il se confirme donc lentement comme le *7ᵉ Art* et un véritable instrument de culture, ce qui se marque dans la création de la cinémathèque de **Langlois** ou d'un centre d'études cinématographiques : l'I.D.H.E.C.
- Annonce du plan.

Iʳᵉ Partie (avec remarques explicatives) : Difficultés du cinéma à s'affirmer comme un art et un instrument de culture (1).

Remarques et procédés	Plan
1. Dégager le sens profond de chaque partie du développement (deux au moins, trois au plus) qui ont été annoncées en fin d'introduction en reprenant – dès le début de la partie en question, et en une **phrase de synthèse,** comme une sorte de **titre,** mais non en style télégraphique comme la construction en plan y oblige ici –, ce qui va **centrer** fermement la structure de cette	• Le cinéma a besoin de technique, de machines... • Il est dépendant de ce fait plus qu'un autre spectacle, le théâtre, qui peut se passer de machinerie (ainsi **Francisque Sarcey** affirme : « Je suis convaincu qu'un drame excellent doit se pouvoir jouer (2) dans une grange, et y réussir... »). • Certaines contraintes mécaniques – donc d'argent, absolument incompressibles; et avec le cinéma parlant, beaucoup plus exigeant en machineries, c'est bien pire... • Les budgets cinématographiques se chiffrent par centaines de millions. • D'où, obligé souvent de céder aux exigences des producteurs et à démagogie face au public pour

grande subdivision de développement. Ce sera en même temps une **phrase de liaison** avec l'introduction, ce qu'il faut **toujours** veiller à écrire.

2. Chaque fois que possible – mais sans en abuser – utiliser de brèves **citations,** avec le nom de leur auteur. Elles viennent confirmer et imager agréablement la rédaction personnelle, à condition de ne pas les multiplier abusivement. Faire en sorte que la citation s'intègre naturellement dans le fil de la rédaction personnelle.

3. Appuyer les raisonnements d'**exemples** tantôt généraux, tantôt plus précis...

4. Ne pas oublier de soutenir les nuances du développement de **mots de liaison** qui charpentent **la logique** de la pensée.

5. Ne jamais omettre non plus de dégager régulièrement des conséquences du raisonnement qui se bâtit au cours du développement et de les présenter en **formules de synthèse** bien fermes.

faire recette; pas d'argent pas de film. (Ex. **Orson Welles**) (3).

● C'est actuellement une des raisons qui fait que le cinéma se prostitue trop souvent.

● C'est aussi (4) cette attache irrémédiable à la technique et la mécanique (produit privilégié de la société du machinisme?) qui a, dès l'abord, écarté de lui les représentants de la culture traditionnelle.

● D'abord il est muet, il n'utilise pas le **langage** (5), cet instrument de choix de l'homme cultivé qui pense en premier : littérature !

● De plus (4), les films muets utilisent beaucoup le burlesque et les gags reposant sur ce « mécanique plaqué sur du vivant » (2) (**Bergson**) = rire, particulièrement bien adapté à la révélation de l'utilisation de ce mouvement sans langage, qu'est le premier cinéma.

● C'est pourquoi (4) les lettrés l'assimilent à guignolades, clowneries, donc à grand guignol, ou aussi au « mélo », (6) tout ce qui est bon pour le populaire (d'autant plus que trames romanesques sont souvent à grands points ! Voir les histoires d'amour où Gloria Swanson est héroïne) (3).

● **Véritable légende** (5) à la fois envieuse et péjorative se forme autour du cinéma, multipliée par le phénomène des « stars » avec leurs excès publicitaires, leurs humeurs tapageuses, les débordements d'amour des foules pour ces idoles (ex. Rudolph Valentino) (3), leurs divorces, les sommes énormes qu'elles engloutissent, ou simplement leur mystère (*cf.* Greta Garbo)(3).

6. Dans chaque subdivision ou nuance, constituer une liste de faits ou précisions, bien classés. Il faut qu'ils ressortent avec autant de netteté que s'ils étaient – comme dans un plan – dégagés en nomenclature. Mais dans le devoir proprement dit, leur rédaction doit être soignée et suivie.

7. Réserver pour la fin les arguments les plus forts, ainsi pourra mieux se dégager l'opposition de **l'antithèse** qui constituera la deuxième partie du développement. Au niveau du baccalauréat, la traditionnelle **synthèse** est souvent « ramassée » seulement en conclusion.

● Or (4) si le culte des idoles (a) a bien pâli (noter cependant James Dean, Elvis Presley, etc.) (3), en cette seconde moitié de XXᵉ siècle l'attitude péjorative contre le cinéma est alimentée par d'autres excès :
– l'érotisme et même la pornographie (avec films de bas étage) ;
– la violence et la terreur (6) : à grand spectacle (*cf. Les Dents de la mer*) (3), avec les recherches tapageuses (ex. lunettes à plusieurs dimensions pour voir tel film, fauteuils qui s'agitent lors de tel autre...)

● Ligues de décence (7) et autres s'élèvent contre l'influence du cinéma (de violence par ex. (3), trop gratuitement et fréquemment choisie pour thèmes de hold-up, bandes, racket, assassinats...) (6)

● On en arrive donc (4) vite à parler d'abêtissement du spectateur, des solutions de facilité pour lui plaire au mépris des exigences artistiques et culturelles, bref d'instrument de passivité.

IIᵉ Partie : Cinéma = art privilégié.

● « Moyen de culture et d'enrichissement spirituel. »

● Pour les surréalistes c'est un miroir du merveilleux. *Cf.* la réussite exceptionnelle du cinéma surréaliste = *Un chien andalou* de **Bunuel**.

● Mais surtout il doit devenir accessible à tous; c'est ce que désire **J. Cocteau**. Ex. *Orphée*.

(a)... de cinéma, chanteurs et chanteuses les remplacent... [*ceci peut être ou non intégré dans la rédaction*]

- **J. Cocteau** à la fois romancier, dessinateur, danseur, homme de théâtre et en premier poète, ne se voit complet qu'en étant aussi cinéaste, là où tous les arts ci-dessus forment un tout.

- S'il reprend par ses truquages les « farces et attrapes » à la Méliès du muet – et qu'on lui reprochera ! –, n'est-ce pas pour mieux démontrer qu'ils sont l'apanage d'un art exceptionnel qui en les utilisant fait œuvre poétique ? Ainsi *Le Testament d'Orphée*, « film de poète, c'est-à-dire [...] indispensable bien que je ne sache à quoi » (**J. Cocteau**).

- Car quel art possède les moyens d'expression permettant à la fois de « profite[r] du réalisme de lieux, de personnes, de gestes, de paroles, de la musique [... et de] procurer à l'abstraction de la pensée un moule [...] pour construire un château sans lequel on imagine mal un fantôme » (**J. Cocteau**).

- Créateur autonome, il a son **langage** propre : image en mouvement ; - ses **tournures** personnelles : cadrage (1), contretype (2), contreplongée (3), ou champ contre champ (4) ; il a trouvé sa *syntaxe* particulière, du flash-back (5) au panoramique (6), du plan de coupe (7) à la plongée (8), du travelling (9) au zoom (10), pour ne citer que ce qui est le plus fréquent et le plus connu.

- Sans atteindre toujours – loin de là – à de tels sommets et si complets, le cinéma a, des décennies avec ce février 1960

---

(1) Met en valeur une partie du plan.
(2) Reproduction d'après un positif.
(3) Le spectateur voit la scène d'en bas, la caméra ayant été placée en dessous de l'objet à filmer.
(4) Scène saisie avec deux caméras, l'une la prend de face, l'autre de dos. Au montage les plans de chacune des vues sont utilisés alternativement.
(5) Retour en arrière, saut dans le temps, souvent truquage illustrant un effort de remémorisation.
(6) A partir d'un point fixe, la caméra balaie un champ soit verticalement, soit horizontalement.
(7) Plan intercalé à l'intérieur d'une séquence, généralement court et qui provient d'un autre document.
(8) Le spectateur voit la scène d'en haut, la caméra ayant été placée au-dessus de l'objet à filmer.
(9) La caméra se rapproche ou s'éloigne de la scène à filmer, ou encore elle accompagne personnages ou objets en déplacement.
(10) Travelling optique, sans déplacement de la caméra. (**Marc Ferro** – *Analyse de film. Analyse de sociétés.*)

où sortit *Le Testament d'Orphée,* obtenu son brevet d'art à part entière.

● Plaisir des yeux, discrètement accompagné de celui des oreilles (musique : complément obligatoire) mais reposant – depuis le parlant – sur l'obligation d'un scénario de qualité (d'où valeur littéraire aussi).

● C'est donc **un tout.**

● Structure de fresque ou de symphonie qui ne sera vraiment bonne que si elle est spécifiquement cinématographique, i.e. une addition de tous les arts...,

● ... plus : mouvement du spectateur au spectacle, parce que changement d'espace et distance instantanés...,

● ... différence de cadrage qui rend l'image toute proche ou à l'infini...,

● ... accommodation variable, changement de temporalité : on n'est pas visuellement au même endroit par rapport à l'action (on est derrière et devant en même temps)...,

● ... enfin, processus d'identification favorisé par le noir de la salle.

● Ainsi le cinéma est une recherche, un « instrument de connaissance » (**Grémillon**) mais aussi – corollaire – un moyen de culture, à forte portée car il est plus facile de suivre l'image que de faire effort de lire (revers de la médaille cependant : si l'image frappe plus vite, elle n'est pas toujours bien retenue, du moins dans son contexte. On a tendance très souvent à retenir l'image isolée).

● Grâce à sa technique particulière, le film a plusieurs niveaux :
– il révèle par ex. la **réalité à l'état brut** (réclames, affiches, inscriptions filmées souvent sans le vouloir).
– une prise de conscience, grâce au montage, de **ce que cache cette réalité ;**
– une **méditation,** souvent, par l'intermédiaire d'un ou des personnages, **sur la notion même de réalité.** (*Cf.* **Marc Ferro,** *idem.*)

- Le langage du cinéma est donc tout à fait original et étendu et l'émotion esthétique (image = souvent symbole) suscitée peut être plus profonde que toute autre à cause de la force de ces images.

- Ils contribuent à la constitution d'un système intellectuel ; et, de simple spectacle, le cinéma devient narratif mais avec l'utilisation du mouvement, élément essentiel de la vie, ce qui lui permet d'extraire du réel toute sa portée. Ex. Charlot dans *La Ruée vers l'or*.

- Quel autre art pourrait nous livrer plus parfaitement la poésie du fantastique, hors du monde, hors du temps, tout en la rendant accessible, familière, en y intégrant des éléments réels ? Ex : *King Kong* de **Schoedsack** et **Cooper** (1933) ou *Dark Crystal* de **Jim Henson** (1983 : Grand Prix à l'unanimité au Festival d'Avoriaz).

- Quel art peut avoir ainsi truquages et effets spéciaux (à condition bien sûr de ne pas les faire tourner au Grand Guignol) ?

Conclusion.

- documentaire, cinéma-vérité ;
- transpositions littéraires ;
- problèmes politiques, sociaux, films engagés ;
- angoisses de l'homme moderne ou de l'éternel humain ;
- poésie ou satire du dérisoire ou de l'absurde ;
- lyrisme ou épopée, fantaisie et mélancolie ;
- fantastique et expressionnisme ;
- visions tendres, grinçantes, amères ;
- dénonciation des poncifs et des injustices ;
- exploration de l'homme et de la société moderne...
- ... le cinéma voit tout, pénètre tout...

- Ainsi prouve-t-il ses dimensions humaines, l'extrême variété de ses possibilités et de ses domaines, incitant aussi bien au rêve qu'à la réflexion, au savoir qu'à l'imaginaire.

- Avec des moyens mécaniques qui décuplent ses possibilités et son impact, il se situe dans son originalité et son essence par rapport aux autres arts ou instruments de culture lorsqu'il sait répondre à sa déontologie.

- Il est devenu un terrain exceptionnel pour la connaissance et sa transmission, car sa « technique même [...] élève tous les éléments du créé à leur plus haut point de signification ».

quelques formules

- Le cinéma « participe aussi bien de la vision du rêve que de la perception de veille [...] cumulant [...] la qualité magique et la qualité objective. » **E. Morin.**

- « Le cinéma donne l'éternité à l'éphémère. » **Agel.**

- « L'écran n'arrive jamais à imiter le roman, ni le roman à imiter l'écran, non pas même un petit peu. » **E. Alain.**

- « Le cinéma est fort peu (ou pas du tout) un spectacle ; il est beaucoup plus – comme le roman – un récit. » **E. Magny.**

- « Il faut admettre en fait qu'un aveugle au théâtre et qu'un sourd au cinéma, s'ils perdent une part importante du spectacle, en conservent pourtant l'essentiel. » **René Clair.**

bibliographie

- **Marc Ferro**, *Analyse de film. Analyse de sociétés*, Hachette, 1975.

- **H. Agel**, *Esthétique du cinéma*, P.U.F./« Que sais-je ? » 1971.

- **B. Amengual**, *Clefs pour le cinéma*, Seghers, 1971.

- **Ch. Metz**, *Essais sur la signification au cinéma*, Klincksieck, 2 volumes.

12 PLAN DE DISCUSSION DÉTAILLÉ
Paris/Terminale

C'est la photographie qui avait fait naître en 1839 le mot de photogénie. Il y est toujours utilisé. Nous nous découvrons, devant nos clichés, « photogéniques » ou non, selon une mystérieuse majoration ou péjoration. La photographie nous flatte ou nous trahit ; elle nous donne ou nous dénie un je-ne-sais-quoi.

Certes la photogénie du cinématographe ne peut se réduire à celle de la photographie. Mais c'est dans l'image photographique que réside leur source commune. Pour éclairer le problème il est de bonne méthode de partir de cette source même.

Quoique immobile, l'image photographique n'est pas morte. La preuve en est que nous aimons des photos, les regardons. Pourtant elles ne sont pas animées. Cette remarque faussement naïve nous éclaire. Au cinématographe nous pourrions croire que la présence des personnages vient de la vie – le mouvement – qui leur est donnée. *Dans la photographie, c'est évidemment la présence qui donne vie. La première et étrange qualité de la photographie est la présence de la personne ou de la chose pourtant absente.* Cette présence n'a nullement besoin, pour être assurée, de la subjectivité médiatrice d'un artiste. Le génie de la photo est d'abord chimique. La plus objective, la plus mécanique de toutes les photographies, celle du photomaton, peut nous transmettre une émotion, une tendresse, comme si d'une certaine façon, selon le mot de Sartre, l'original s'était incarné dans l'image. Et du reste, le maître mot de la photographie « Souriez » implique une communication subjective de personne à personne par le truchement de la pellicule, porteuse du message d'âme. La plus banale des photographies recèle ou appelle une certaine présence. Nous le savons, nous le sentons, puisque nous conservons les photographies sur nous, chez nous, nous les exhibons, (en omettant significativement d'indiquer qu'il s'agit d'une image « voici ma mère, ma femme, mes enfants »), non seulement pour satisfaire une curiosité étrangère, mais pour le plaisir évident de les contempler nous-mêmes une fois de plus, nous réchauffer à leur présence, les sentir près de nous, avec nous, en nous, petites présences de poche ou d'appartement, attachées à notre personne ou notre foyer.

Les pères et mères défunts, le frère tué à la guerre, regardent au milieu de leur grand cadre, veillent et protègent la maison campagnarde comme des dieux lares. Partout où il y a foyer, les photographies prennent la succession des statuettes ou objets autour desquels s'entretenait le culte des morts. Elles jouent, de façon atténuée parce que le culte des morts est lui-même atténué, le même rôle que les tablettes chinoises, ces points d'attache d'où les chers disparus sont toujours disponibles à l'appel.

La diffusion de la photographie n'a-t-elle pas en partie ranimé les formes archaïques de la dévotion familiale? Ou plutôt les besoins du culte familial n'ont-ils pas trouvé, dans la photographie, la représentation exacte de ce qu'amulettes et objets réalisaient d'une façon imparfaitement symbolique : la présence de l'absence?

La photographie, dans ce sens, peut être exactement nommée, et cette identification va loin : souvenir. Le souvenir peut lui-même être nommé vie retrouvée, présence perpétuée.

Photo-souvenir, les deux termes sont accolés, mieux interchangeables. Écoutons ces commères : « Quels beaux souvenirs ça vous fait, quels beaux souvenirs ça vous fera. » La photographie fait fonction de souvenir et cette fonction peut jouer un rôle déterminant comme dans le tourisme moderne qui se prépare et s'effectue en expédition destinée à rapporter un butin de souvenirs, photographies et cartes postales au premier chef. On peut se demander quel est le but profond de ces voyages de vacances, où l'on part admirer monuments et paysages que l'on se garderait bien de visiter chez soi. Le même Parisien qui ignore le Louvre, n'a jamais franchi le porche d'une église, et ne détournera pas son chemin pour contempler Paris du haut du Sacré-Cœur, ne manquera pas une chapelle de Florence, arpentera les Musées, s'épuisera à grimper aux Campaniles ou à atteindre les jardins suspendus de Ravello. On veut voir bien sûr, et pas seulement prendre des photos. Mais ce que l'on cherche, ce que l'on voit est un univers qui, à l'abri du temps ou du moins supportant victorieusement son érosion, est déjà lui-même souvenir. Montagnes éternelles, îles du bonheur où s'abritent milliardaires, vedettes, « grands écrivains », et bien entendu, surtout, les sites et monuments « historiques », royaume de statues et de colonnades, champs Élysées des civilisations défuntes... C'est-à-dire royaume de la mort, mais où la mort est transfigurée dans les ruines, où une sorte d'éternité vibre dans l'air, celle du souvenir transmis d'âge en âge. C'est pourquoi les guides et baedekers (1) méprisent l'industrie et le travail d'un pays pour n'en présenter que sa momie embaumée au sein d'une immobile nature. Ce qu'on appelle l'étranger apparaît finalement dans une étrangeté extrême, une fantomalité accrue par la bizarrerie des mœurs et de la langue inconnue (abondante récolte de « souvenirs » toujours). Et de même que pour les archaïques l'étranger est un esprit en puissance, et le monde étranger une marche avancée du séjour des esprits, de même le touriste va comme dans un monde peuplé d'esprits. L'appareil gainé de cuir est comme son talisman (2) qu'il porte en bandoulière. Et alors, pour certains frénétiques, le tourisme est une chevauchée itinérante entrecoupée de multiples déclics. On ne regarde pas le monument, on le photographie. On se photographie soi-même aux

---

(1) Baedekers : série de guides célèbres du XIXe siècle.
(2) Talisman : objet auquel on attribue la vertu de protéger celui qui en est porteur.

pieds des géants de pierre. **La photographie devient l'acte touristique lui-même, comme si l'émotion cherchée n'avait de prix que pour le souvenir futur : l'image sur pellicule, riche d'une puissance de souvenir au carré.**

Edgar MORIN, *Le Cinéma ou l'Homme imaginaire*, 1956.

L'épreuve comporte deux parties :
1. Dans une première partie, vous présenterez un résumé *ou une* analyse *de ce texte, en indiquant nettement votre choix au début de la copie.*
2. Dans une deuxième partie, intitulée discussion, *vous dégagerez du texte un problème auquel vous attachez un intérêt particulier ; vous en préciserez les données et vous exposerez, sous forme d'une argumentation ordonnée, en vous appuyant sur des exemples, vos propres vues sur la question.*

sujet de discussion proposé

« *Photo-souvenir* » ? *Qu'entend signifier E. MORIN par ces* « *deux termes accolés* » ?

Introduction.

- Même de très bons critiques, d'esprit moderne, souvent en avance sur leur siècle, comme **Baudelaire** par ex., marquent réticence face à la photographie.

- Jugeaient trop sur la seule technique en établissant un parallèle avec la création picturale.

- « ... l'industrie photographique [est] le refuge de tous les peintres manqués, trop mal doués ou trop paresseux pour achever leurs études... » (**Baudelaire**, *Salon de 1859.*)

- Sans doute de tels jugements expliquent-ils en partie que Nicéphore Niepce, l'inventeur de la photographie, ne parvint pas de son vivant, malgré ses efforts désespérés, à ce qu'on se rende vraiment compte de la valeur de son invention.

- Or, au contraire, la photo est très goûtée et très répandue au XXe siècle.

- Est-ce pour sa commodité, sa technicité, sa facilité et son exactitude de reproduction ?
- N'est-elle pas davantage ?

Ire Partie : Photo : document.

- Engouement du XXe siècle pour les photos.
- Matérialisation des souvenirs. Grande exactitude technique.
- Ex. : les Japonais promènent à travers le monde leurs superbes appareils de précision...
- Voir aussi toutes les réclames T.V. sur les photos immédiatement développées.
- De toutes les industries modernes, c'est celle de la photo qui s'est développée le plus vite.
- Elle fait désormais partie de notre vie courante au point que nous ne nous en rendons même plus compte.
- C'est que la **vue** est actuellement le sens le plus sollicité. Importance primordiale de *l'image*.
- Véritable civilisation de l'image.
- D'où technique soit perfectionnée, soit simplifiée, donc la photo à la portée de tous. Photo d'ailleurs utilisée dans toutes les classes sociales.
- Elle correspond à un besoin de reproduction et même de création individuelle, d'extériorisation mais autonome.
- D'où multiplication des photographes amateurs.
- Ainsi enrichit-elle les albums et fichiers du voyageur, car elle « rend à ses yeux la précision qui manquerait à sa mémoire ».
- « Qu'elle sauve de l'oubli les ruines pendantes, les livres, les estampes et les manuscrits que le temps dévore, les choses précieuses dont la forme va disparaître et qui demandent une

place dans les archives de notre mémoire, elle sera remerciée et applaudie. » (**Baudelaire**.)

● Donc la photo fixe et conserve avec précision.

● Même : valeur scientifique car absolue exactitude. « Qu'elle orne la bibliothèque du naturaliste, exagère les animaux microscopiques, soit enfin le secrétaire et le garde-note de quiconque a besoin dans sa profession d'une absolue exactitude matérielle, [...] rien de mieux. » *(Idem.)*

● Ainsi de par sa technique, elle semble *objective* et *impartiale ;* elle est l'instrument par excellence du **documentaire.**

● Noter le **réalisme** inhérent à la photo. Ex. : les cartes postales.

IIe Partie : Photo : la présence de l'absence.

● Mais la photo n'est pas que document de qualité. Elle est plus et moins.

● **Moins** dans la mesure où son exactitude ne peut être aussi objective qu'elle le laisserait croire car elle est obligatoirement **orientée,** à la fois par **l'exécutant** (intentions, choix...), par le **photographe** lui-même (qui joue un certain rôle inconsciemment ou non devant objectif et prend la pose), par le fait qu'**une seconde** est fixée au détriment de toutes les autres (et une seule attitude, celle saisie alors).

● La fidélité parfaite est ainsi plus apparente que complètement exacte.

● Elle est donc aussi interprétation et va jusqu'à l'œuvre d'art (véritables compositions. Ex. : **Man Ray,** 1980. **Dada** et ses collages et montages photographiques).

● Or, en notre société, dominée par une structure de techniques anonymes, l'homme éprouve de plus en plus le besoin de s'exprimer, de créer. Si peu que ce soit, de façon indépendante, de satisfaire son esprit inventif.

- Il va alors choisir (forme de création) de fixer tel ou tel être ou objet et de lui donner, de toute éternité, une présence à jamais fixée, telle qu'il l'avait vue ou désiré la voir.

- La photographie, au maniement relativement simple, donne à l'homme le sentiment exaltant de se croire maître de reproduire le réel, d'éterniser l'instant, de faire renaître ce qui est devenu absent.

- Moyen de réaliser bien des vieux rêves humains :
– *création,* même à bon marché. Reproductions photographiques sont les peintures qu'on n'a pu fixer sur toile car on n'en a pas le talent ;
– *langage* informulé, celui inclus dans l'image qui fait ressurgir le passé sans effort à tout moment présent ou futur, abolition d'une forme du temps.

- Ce sont : photos de ce qu'on avait vu; témoignage de sa propre vie; de tranches heureuses; attaché à mémoire affective.

- Photo/souvenirs de voyage = total de petites **confessions** (sens de Rousseau), de petits « monuments » (sens étymologique latin : « tout ce qui rappelle un souvenir »).

- On en obtient une **forme d'affirmation** de soi devant et aux yeux d'autrui : « voyez on a bien vu le Parthénon... on est photographié à côté... »

- C'est ainsi la consolation d'une quête toujours incomplète (imperfection étriquée et superficialité totale des « tours » touristiques).

- C'est alors l'utilisation assez grossière de certaines facilités mécaniques (celles de l'appareil photographique), mais c'est surtout **un réconfort :** trace du passage, des efforts pour avoir vu...; **un mensonge** aussi, en partie, car si on fixe un point précis sur la pellicule, c'est pour qu'on puisse mieux dire et finir par croire qu'on a tout vu...

- Mais mensonge est songe. Photo devient élément de cette partie fictive faite de chimères non accomplies, propre à toutes ces évasions (comme tous ces voyages touristiques), pâle reflet, reproduction médiocre de cette quête du Saint-Graal dont tous rêvent, mais que seul le très pur (symboliquement) ou très grand mène à bien : celui qui réfléchit, qui vit vraiment avec les habitants, partage les coutumes par ex., dans le cas ci-dessus...

● La photo devient donc un trompe-l'œil, mais en cela elle est pourtant élément de rêve.

● Elle berce (**mémoire affective**) les bonheurs vécus et qui redeviennent alors bonheurs **vivants** (se doublant de la tranche de temps qui s'est écoulée dans l'intervalle), quand ils sont revus sur pellicules.

● Plus purs encore, sans doute, sont les souvenirs attachés aux êtres, la photo qui rend vivants, actuels tel mouvement, tel sourire qui correspondaient à tel épisode précis redevenu en la seconde présente ce qu'il fut en une seconde passée... :
– photos à travers sa propre existence; se retrouver à tous les âges; véritable valeur magique ;
– photos familiales ; comme la re-création de la cellule fermée, protectrice qu'est la famille ;
– photos des êtres chers disparus. *Cf.* même office que portraits et peintures, mais multiplié par facilités techniques abordables par le plus moyen d'entre nous. Photos permettent de les et de se retrouver.

● D'où attendrissement, sensibilité (un peu proche souvent de sensiblerie) car photo ne fixe pas seulement les traits, mais les expressions, donc le caractère, l'âme.

● Valeur révélatrice des photos. *Cf.* leur utilisation comme document historique.

● Ainsi la photo peut aller très loin, elle peut faire découvrir ce que ni le photographié, ni l'exécutant n'avaient songé qui puisse être atteint.

Conclusion.
● Photo donne l'illusion de supprimer le temps.

● Lutte contre la fuite du temps, écoulement d'existence, donc contre finitude de destinée humaine.

● D'où **charme** presque magique.

- Comme elle est doublée d'une technicité de plus en plus perfectionnée, la photo répond au vieux rêve d'être maître de vie et de mort – quelques secondes au moins –, d'être démiurge.

- Grande valeur de persuasion de la photo, car elle s'adresse à la sensibilité.

- « Dans son immédiateté réside sa force », (**Gisèle Freund**) même si elle peut être dangereuse (instrument politique) ou envahissante (publicité).

- Elle sera, tout compte fait, surtout touchante, preuve de notre indéfectible besoin des autres, de « les contempler [...] une fois de plus, en nous, petites présences de poche ou d'appartement, attachées à notre personne ou notre foyer ». (**E. Morin.**)

- Ainsi sera-t-elle source de plaisir, de brefs, de timides bonheurs quotidiens...

quelques formules

- « La photographie représente la réalité, tandis qu'un dessin est moins crédible. » **Ogilvy.**

- « La manière de photographier une sculpture ou une peinture dépend de celui qui se trouve derrière l'appareil. » **Gisèle Freund.**

- « L'œil photographique voit l'infiniment grand, il arrête le mouvement, perce la nuit, saisit les moindres sentiments. Il nous fait voir un monde merveilleux que nous traversons en aveugles. » **Seghers.**

- « La photographie : l'œil qui voit pour vous... » *Idem.*

- « Subjectivité plus ou moins consciente, selon le photographe, mais dont une part échappe toujours au contrôle. » **M. Duc.**

- « L'évolution de la photographie n'a-t-elle pas été autant influencée par la psychologie que par la technique ? » *Idem.*

bibliographie

- **G. Bléry** et **M. Duc**, *Présence de la photographie*, Kodak-Pathé, 1969.

- **Seghers**, *La France à livre ouvert*, (Photographies et textes poétiques), Marabout-Scope, 1970.

- *Photographie, 2ᵉ étape, Mensuel,* Cahiers de l'éducation permanente, (Ligue Française de l'Enseignement).

- **Gisèle Freund**, *Photographie et Société*, Seuil/Points, 1974.

- **Bourdieu-Castel**, *Un art moyen, essai sur les usages sociaux de la photographie*, Éditions de Minuit, 1965.

- **D. Ogilvy**, *Les Confessions d'un homme de publicité*, Hachette, 1964.

13 RÉSUMÉ
PLAN DE DISCUSSION DÉTAILLÉ
Besançon-Polynésie française/1ʳᵉ

Notre époque peut apparaître comme celle de la reconquête des corps. Une chance a été offerte à la réconciliation de l'être dans sa totalité; redécouverte du sport et libération sexuelle ont été mises à sa portée. Pendant des siècles, l'activité physique avait été exclusivement tournée vers le travail, la guerre et la reproduction de l'espèce; désormais, elle peut, dans une certaine mesure, se déployer librement et concourir à l'expression personnelle de chacun. Si l'on considère que le développement culturel consiste précisément à propager la capacité et l'occasion de cette expression singulière, la manière dont nos sociétés vivent cet affranchissement des corps revêt une signification culturelle éminente.

Dans cette perspective, il faut souligner l'importance du développement de l'éducation physique et du sport de pratique. Depuis deux générations, des progrès considérables ont été accomplis. La « culture physique » – l'expression est révélatrice – est, pour un grand nombre, une véritable activité culturelle; le sport est souvent une activité collective qui transcende les distinctions sociales, suscite l'esprit d'équipe, la solidarité, le sens de la compétition organisée et du respect des règles; il a son langage, son code, ses rites; il est de quelque façon théâtre, mime, chorégraphie; en outre, il met souvent l'homme au contact de la nature et l'enrichit, contribue à l'équilibrer, à lui enseigner le dépassement de soi et la maîtrise du réel. Ce sont là des faits majeurs.

Pourtant, le sport est encore loin d'être vécu comme il l'était aux moments privilégiés de l'Antiquité, grecque plutôt que romaine, d'ailleurs, car à Rome le sport se pervertit déjà en jeu et en spectacle. Dans les cités grecques, le sport, lié au culte comme la danse, était l'une des expressions majeures de la communauté et prenait sa place dans une symbolique de la vie collective. Art religieux et guerrier, il était intégré dans une totalité signifiante. Aujourd'hui, il est écartelé entre un amateurisme dont on a dit les immenses bienfaits – mais qui semble assez mal perçu, dans son importance et surtout dans son développement, par l'opinion et même par l'État – et un sport de compétition professionnelle qui, lui, mobilise toute l'attention.

Pour l'opinion publique, le sport, en effet, c'est cela. Les grandes manifestations sportives qui ont sa faveur sont les cérémonies collectives les plus caractéristiques de notre temps. Elles ont leur beauté propre, qui tient à l'effet de masse. Mais l'esprit de lucre, le culte de la vedette, la recherche du spectaculaire, tirent la compétition vers le sordide et la privent de tout contenu moral et social. La professionnalisation, plus ou moins hypocritement masquée, rend flou, ambigu et comme honteux le statut du sportif dans la société. Les liens entre le sport et l'argent, le chauvinisme étroit qui se donne libre cours, le commerce d'hommes auquel on se livre de ville en ville, ne contribuent pas à assainir l'atmosphère. Les moyens de communication modernes, qui se mettent avec empressement au service de ces spectacles tout faits, travaillent de leur côté à faire du sport, pour le plus grand nombre, un effort par procuration et une célébration sans contenu.

Ainsi, quels que soient sa dignité propre et l'effort qu'il exige de ceux qui s'y consacrent vraiment, le sport ne se relie à la vie sociale qu'au niveau le plus bas de l'activité commerciale, de la publicité clinquante, de la politique de clocher et de la passivité des médias. Les dieux du stade ne sont guère que des esclaves manipulés. On est plus près des jeux du Bas-Empire que de la mystique d'Olympie.

Jacques RIGAUD, *La culture pour vivre, 1975.*

L'épreuve comprend deux parties :
1. Vous ferez de ce texte, à votre gré, un résumé *(en suivant le fil du développement) ou une* analyse *(en mettant en relief la structure logique de la pensée). Vous indiquerez nettement votre choix au début de la copie.*

2. Dans une seconde partie, que vous intitulerez discussion, *vous dégagerez du texte un problème qui offre une réelle consistance et qui vous aura intéressé. Vous en préciserez les éléments et vous exposerez vos vues personnelles sous la forme d'une argumentation ordonnée menant à une conclusion.*

résumé

- Texte de 609 mots. Résumé au 1/5 = 121 mots.

- **Résumé rédigé**

L'éducation physique moderne rejetant les buts utilitaires précédents apporte au corps un épanouissement qui est autre forme de culture. Incitant donc ses adaptes à acquérir responsabilités individuelles et collectives, se rattachant à d'autres arts d'expression corporelle, la culture sportive élargit le champ moral et social humains. Mais loin de retrouver l'idéale conception antique où il était partie intégrante de la vie politique et religieuse grecques, le sport contemporain hésite encore entre deux tendances : amateurisme – professionnalisme. Cette dernière plus goûtée des foules, car procurant de véritables fêtes (spectacles), est malheureusement pervertie par l'appât du gain, le chauvinisme, les âpres rivalités de clubs, même les médias. Donc malgré dévouements et valeurs intrinsèques, le sport moderne demeure trop souvent vénal, publicitaire, aliéné.

- **Résumé de 123 mots.**

sujet de discussion choisi :

« *Signification culturelle éminente* » *du sport : que penser d'une telle formule de J. RIGAUD ?*

plan

Introduction.

- « **Sport** » mot anglais (1) se rapportant d'abord à certaines activités de plein air : chasse à courre, courses de chevaux...

- Sens qui se généralise : recouvre toute activité physique, souvent avec compétition.

- ≠ donc, en nuances (puisque le sport se spécialise et s'oriente vers sens de « rivaliser avec » et avec professionnalisme), ≠ de **gymnastique,** d'origine grecque : γυμναsιον = lieu public pour exercices du corps (>γυμνός = nu); prend sens de « exercice pour former l'âme, pour la pratique des vertus »;

- A notre époque, le terme plus général est utilisé : **« éducation physique »** avec but éducatif; ce terme voudrait englober à la fois la gymnastique et le sport.

- Ainsi le sport est-il devenu élément de l'éducation?

- Sa tendance compétitive ne risque-t-elle pas au contraire de fausser l'apport moral qu'il pourrait fournir?

I. Valeur morale, donc éducative du sport.

- Équilibre : *« mens sana in corpore sano »* = « un esprit sain dans un corps sain », adage romain.

- Épanouissement : être un but, et en avoir un.

- Échapper à la routine.

- Oser risquer → un certain courage → discipline et maîtrise de **et** sur soi.

- Battre un record = se dépasser soi-même. Une certaine grandeur → saine exaltation du moi, satisfaction personnelle gratuite.

- Développe esprit de décision, rapidité de coup d'œil, goût de l'effort.

- Force attention, endurance, volonté, loyauté.

- Recule les limites de l'homme → amélioration de l'être et de l'espèce.

---

(1) Lui-même venu de l'ancien français *« desport »* = amusement, jeu.

- Valorise la notion de « mérite » – Réussit celui qui paie de sa personne, se sacrifie à son entraînement → qui **mérite** cette réussite.

- Développe le désir de se perfectionner, d'aller toujours plus loin...

- ... mais aussi de savoir perdre. Le *fair-play* est : sens de ses reponsabilités, de la lucidité sur soi, de modestie, de bonnes relations avec autrui, de bonne humeur...

- De plus atmosphère tonique (plein air) rejaillit sur le moral qu'elle tonifie.

- Ainsi le sport bien conçu joue son rôle dans la société moderne...

- ... car l'exploit sportif n'est pas seulement satisfaction personnelle, mais il enrichit être humain, donc l'humanité et élargit le monde.

- « Aujourd'hui le développement du corps est considéré comme une des conditions de celui de l'esprit, car la vie de l'âme n'est possible que si elle a pour support une vie physique robuste et saine. » (**Joseph-Gabriel.**)

- *Donner des exemples pour chaque point.*

II. Pourquoi alors tant de critiques, tant d'adversaires du sport moderne, qui en dénoncent défauts et dangers ?

- Tous ces perfectionnements, bénéfices physiques et moraux, donc culturels, sous-entendent une éducation physique bien comprise.

- Or l'activité sportive n'est plus – trop souvent –, à notre époque, conçue comme dans les cités grecques antiques, prenant « sa place dans une symbolique de la vie collective ». (**Rigaud.**)

- Passant de la conception de concours à celle de confrontation, où chauvinisme et argent jouent un rôle fâcheux mais très important – parfois essentiel –, le sport développe alors chez chaque sportif des pulsions discutables :
— une certaine tendance au risque inutile (automobilisme de formule I, motocyclisme, alpinisme, spéléologie...);

– tentation de se préoccuper du développement des muscles au détriment des autres formes de culture (nécessité même, à cause des entraînements intensifs);
– vanité qui fausse le caractère (battre record à tout prix...), vedettariat...
– chauvinisme exacerbé (multiplié par public et médias...);
– violence (*cf.* au *Mundial* 1982);
– vénalité (sommes énormes mises en jeu : ex. Internationaux de tennis...);
– hargne face aux autres sportifs, journalistes, public..., ou repli sur soi, fuite... (à cause de l'envahissement des médias qui atteignent vie privée).

● Où est passé **l'équilibre,** tant du corps avec esprit, que d'individu avec la société ? C'est le contraire.

● Pire : le sport qui devrait devenir un loisir privilégié, une évasion de choix, devient **aliénation.**

● Le « *forcing* » compromet la santé.

● Certains pays qui veulent réussir à tout prix dans la compétition internationale transforment leurs sportifs en machines (ex. pays de l'Est : patinage artistique, course, basket...). Citer aussi le « *dopping* ». Donc tricher !

● Le sport devient le terrain de l'extraordinaire, du sensationnel, du danger spectaculaire, même de la mort (boxe, formule I, avion...).

● Le public rejoint la foule romaine assoiffée du sang de celui qui ne réussit pas, on désire faire perdre celui qui réussit et qui n'est pas de son bord (*cf.* foule espagnole contre Hinault au Tour d'Espagne cycliste 1983, ou le public des matchs de foot-ball, blessant, lapidant même, arbitres ou joueurs...).

● Au lieu de fête collective, devient hystérie et agressivité déchaînées.

● Dégénère en culte ou haine du héros sportif, en exploitation ou **mercantilisme.**

● Sportif = esclave de sa réussite, des médias, de sa gloire, de son public → souvent de lui-même.

- Le sport devient alors véritable anti-culture *(donner de multiples exemples)*.

Conclusion.

- Le sport bien compris devient, certes, « la plus belle expression du corps humain et de la volonté humaine ». **(M. Joseph-Gabriel.)**
- Car, bien conçus, l'éducation physique et son développement le plus poussé sont sources d'épanouissement, d'enrichissement, de culture donc, physique comme morale.
- Mais il faut qu'ils soient désintéressés...
- ... qu'ils ne soient pas faussés par le spectaculaire et encore moins par l'argent,...
- ... sinon ils demeurent, selon l'expression de **P. Valéry** – et ceci donc dès l'entre-deux guerres – « la plus étonnante école de vanité, la plus avantageuse entreprise de spectacles ».
- C'est que le sport doit intervenir dans la conscience morale personnelle, individuelle, autant que dans celle des sociétés.
- Il doit donner à l'homme le sentiment qu'il est un être respectable et non manipulé.
- Autrement, il risque fort d'être plus un mal qu'un bien.

quelques formules (1)

- « L'homme est une âme qui se sert d'un corps. » **Platon.**
- L'homme? « une substance intelligente née pour vivre dans un corps et lui être intimement unie. » **Bossuet.**
- « Plus le corps est faible, plus il commande; plus il est fort, plus il obéit. » **Bacon.**

- « Être sport, c'est accepter les désillusions avec courage, sans désespoir, et les succès avec une joie modeste et calme. » **H. Cochet.**

- « Dans notre vie moderne, être sport pourrait devenir le mot de ralliement d'une nouvelle philosophie, qui élèverait à la hauteur d'une institution le courage, la persévérance, le goût de l'aventure, la bonne camaraderie. » **H. Cochet.**

bibliographie

- **Andrivet, Leclercq, Chignon,** *Physiologie du sport,* P.U.F./« Que sais-je? » n° 133, 1E.

- **Monsenergue,** *Le Sport automobile,* P.U.F./« Que sais-je? » n° 183, 1E.

- **J. Dumazedier,** *Loisirs et culture,* Seuil, 1966.

- **J. Dumazedier,** *Société éducative et pouvoir culturel,* Seuil, 1976.

- **J. Dumazedier,** *Sociologie empirique du loisir,* Seuil, 1974.

14 PLAN DE DISCUSSION / DISCUSSION RÉDIGÉE
Poitiers – Amérique du Sud/1re

Tout enseignement implique une certaine idée de l'avenir et une certaine conception des êtres qui vivront ce lendemain.

C'est ici que les choses s'obscurcissent. Votre situation, je vous le dis sans joie et sans ménagements, est bien plus difficile que ne le fut la nôtre. Votre destin personnel, d'une part; le destin de la culture d'autre part, sont aujourd'hui des énigmes plus obscures qu'ils ne le furent jamais.

Les études, jadis, conduisaient assez régulièrement à des carrières où la plupart arrivaient à s'établir. Entreprendre ses études, c'était, en quelque sorte, prendre un train qui menait quelque part (sauf accidents). On faisait ses classes; on passait, quitte à s'y reprendre, ses examens ou ses concours. On devenait notaire, médecin, artilleur, avocat ou fonctionnaire, et les perspectives offraient à qui prenait quelqu'une de ces voies, déjà bien tracées et jalonnées, un sort à peu près sûr. Les diplômes, en ce temps-là, représentaient une manière de valeur-or. On pouvait compter sur le milieu social, dont les changements étaient lents, et s'effectuaient, d'ailleurs, dans un sens assez facile à pressentir. Il était possible, alors, de perdre un peu de temps aux dépens des études : ce n'était point toujours du temps perdu pour l'esprit, car l'esprit se nourrit de tout, et même de loisir, pourvu qu'il ait cet appétit où je vois sa vertu principale.

Hélas ! Jamais l'avenir ne fut si difficile à imaginer. A peine le traitons-nous en esquisse, les traits se brouillent, les idées s'opposent aux idées et nous nous perdons dans le désordre caractéristique du monde moderne. Vous savez que les plus savants, les plus subtils ne peuvent rien en dire qu'ils ne se sentent aussitôt tentés de se rétracter; qu'il n'est de philosophe, ni de politique, ni d'économiste qui puisse se flatter d'assigner à ce chaos un terme dans la durée, et un état final dans l'ordre de la stabilité. Cette phase critique est l'effet composé de l'activité de l'esprit humain : nous avons, en effet, en quelques dizaines d'années, créé et bouleversé tant de choses aux dépens du passé – en le réfutant, en le désorganisant, en refaisant les idées, les méthodes, les institutions – que le présent nous apparaît comme une conjoncture sans précédent et sans exemple, un conflit sans issue entre les choses « qui ne savent pas mourir » et des « choses qui ne peuvent pas vivre ». C'est pourquoi il m'arrive parfois de dire sous forme de paradoxe : que la tradition et le progrès sont les deux grands ennemis du genre humain.

Le monde est devenu, en quelques années, entièrement méconnaissable aux yeux de ceux qui ont assez vécu pour l'avoir vu bien différent. Songez à tous les faits nouveaux – entièrement nouveaux –, prodigieusement nouveaux qui se sont révélés à partir du commencement du siècle dernier...

Songez quel effort d'adaptation s'impose à une race si longtemps enfermée dans la contemplation, l'explication et l'utilisation des MÊMES PHÉNOMÈNES IMMÉDIATEMENT OBSERVABLES depuis l'origine !

En somme, nous avons le privilège – ou le grand malheur – d'assister à une transformation profonde, rapide, irrésistible, totale de toutes les conditions de la vie et de l'action humaines. Elle amorce sans doute un certain avenir, mais un avenir que nous ne pouvons absolument pas imaginer. C'est là, entre autres nouveautés, la plus grande, sans doute. Nous ne pouvons plus déduire de ce que nous savons, quelque figure du futur à laquelle nous puissions attacher la moindre créance. Nous ne voyons, de toutes parts, sur cette terre, que tentatives, expériences, plans et tâtonnements précipités dans tous les ordres. La Russie, l'Allemagne, l'Italie, les États-Unis sont comme de vastes laboratoires où se poursuivent des essais d'une ampleur jusqu'ici inconnue; où l'on tente de façonner un homme nouveau; de faire une économie, des mœurs, des lois et jusqu'à des croyances nouvelles. On voit partout que l'action de l'esprit créant ou détruisant furieusement, multipliant des moyens matériels d'énorme puissance, a engendré des modifications d'échelle mondiale du monde humain, et ces modifications inouïes se sont imposées sans ordre, sans frein; et surtout sans égard à la nature vivante, à sa lenteur d'adaptation, à ses limites originelles. En un mot on peut dire que l'homme, s'éloignant de plus en plus, et bien plus rapidement que jamais, de ses conditions primitives d'existence, il arrive que TOUT CE QU'IL SAIT, c'est-à-dire TOUT CE QU'IL PEUT, s'oppose fortement à ce QU'IL EST.

Et alors, que voit-on à présent? Que constate chacun de nous dans sa propre existence, dans les difficultés qu'il trouve à la soutenir, dans l'incertitude croissante du lendemain? Chacun de nous sent bien que les conditions se font de plus en plus étroites, de plus en plus brutales, de plus en plus instables, – tellement que, au sein de la civilisation la plus puissamment équipée, la plus riche en matière utilisable et en énergie, la plus savante en fait d'organisation et de distribution des idées et des choses, voici que la vie individuelle tend à redevenir aussi précaire, aussi inquiète, aussi harcelée, et plus anxieuse, que l'était la vie des lointains primitifs. Les nations elles-mêmes ne se comportent-elles point comme des tribus étrangement fermées, naïvement égoïstes?

Tout ceci rend poignante et pleine de dangers la contradiction qui existe à présent entre les diverses activités de l'homme; la nature matérielle lui est de plus en plus soumise : il a profondément transformé ses notions du temps, de l'espace, de la matière et de l'énergie. Mais il n'a presque rien su reconstruire dans l'ordre spirituel et social. Le monde moderne, qui a prodigieusement modifié notre vie matérielle, n'a su se faire ni des lois, ni des mœurs, ni une politique, ni une économie, qui fussent en harmonie avec ces immenses changements, ses conquêtes de puissance et de précision.

Le malaise actuel me paraît donc être une crise de l'esprit, une crise des esprits et des choses de l'esprit.

Paul VALÉRY, *(Discours prononcé à l'occasion de la distribution des prix du collège de Sète, 13 juillet 1935), Variété IV.*

Vous présenterez d'abord un résumé *ou une* analyse *de ce texte (en indiquant votre choix). Puis, vous en dégagerez un problème auquel vous attachez un intérêt particulier; vous en préciserez les données et vous exposerez, en les justifiant, vos propres vues sur la question (cette seconde partie du devoir sera précédée du titre :* discussion*).*

sujet choisi

1. *Condition de l'homme moderne*, ou :
2. *Discussion de la phrase :* « *Nous avons le privilège – ou le grand malheur – d'assister à une transformation profonde, rapide, irrésistible, totale de toutes les conditions de la vie et de l'action humaines.* » (**VALÉRY.**)

plan

Introduction.

- Position pessimiste de **Valéry**.
- Condition de l'homme moderne ?
- Annonce du plan suivi.

I. Peut-on encore avoir confiance en la destinée de l'homme actuel ?

- Attitude d'espérance dans les périodes enthousiastes :
– XVIe siècle (grandes découvertes. Renaissance) ;
– XVIIIe siècle des « lumières », de la « cité des hommes », des « philosophes » ;
– développement spectaculaire des sciences au XIXe siècle ;
– progrès techniques encore plus rapides et plus importants au XXe siècle.

- Triomphe incontestable de la science.
- D'où une certaine assurance de l'homme ?...
- ... ou même de la suffisance ?

II. Faut-il au contraire faire preuve de scepticisme au sujet de la destinée de l'homme moderne ?

- Réactions contre le triomphe de la science.
- Abus matériels ; conséquences = inquiétudes nouvelles = rupture de l'équilibre naturel, pollution...
- Déformation intellectuelle due au triomphe immodeste des sciences.
- Aucun progrès dans la morale individuelle ou politique internationale.

- Aucun progrès esthétique.
- Aliénation de l'homme dans les sociétés des techniques.
- Pas de « supplément d'âme ». **Bergson.** (1)
- « Esclavage de la modernité. » **Valéry.** (1)

Conclusion.

- Rythme trop rapide.
- Promiscuité.
- Automatisation.
- Uniformisation, dégradation de la « qualité de la vie ».
- Comment échapper aux contraintes collectives et à la complexité de la vie moderne?
- Mais la mode écologiste est-elle la solution?

devoir rédigé

Dans plusieurs de ses recueils de réflexions *Variété I, II...*, *Regards sur le monde actuel,...* le grand poète **Valéry** médite sur l'évolution de la société de son temps (première moitié du XXᵉ siècle) et insiste sur ce phénomène – qui l'inquiète – d'un « monde... devenu en quelques années méconnaissable aux yeux de ceux qui ont assez vécu pour l'avoir vu différent ». On comprend qu'à une distribution des prix au collège de Sète, sa ville natale, il mette en garde la jeune génération à laquelle il s'adresse, sur les « dangers » qu'une mutation si profonde et appuyée sur tant de « contradiction[s] », risque de leur faire courir, s'ils n'y prennent précaution. Il leur demande instamment de réfléchir à cet « avenir » si neuf, au problème de la condition humaine moderne, à ses rapports avec la Nature, ses progrès éventuels, l'assurance ou l'angoisse du XXᵉ siècle. Que dirait-il en notre fin de siècle? De-

---

(1) A retenir

puis 1914 et les grandes mutations de société qui vont se multiplier au cours du siècle, les avis se sont multipliés aussi sur ces problèmes. Peut-on encore avoir confiance en la destinée de l'homme actuel? Ne doit-on plus faire preuve que de scepticisme à son sujet? Telles sont les deux attitudes qui se succèdent régulièrement dans la pensée moderne.

*
* *

Héritière de l'enthousiasme soulevé par les progrès indéniables des sciences, la première attitude est celle d'une espérance d'anticipation évoquant le temps où régnera sur terre liberté et bonheur (spécialement grâce aux travaux des savants). Le chimiste **Marcelin Berthelot** imaginait ainsi l'an 2000 : « Dans ce temps-là... le problème de l'existence par la culture du sol aura été supprimé par la chimie... » et « Dans cet empire universel de la force chimique [...] dans ce monde renouvelé, chacun trouvera [...] les moyens pour pousser au plus haut point son développement intellectuel, moral, esthétique... » Une telle confiance s'est manifestée à plusieurs reprises au cours des siècles. La Renaissance (du XVIe siècle) fut soulevée d'enthousiasme devant les grandes découvertes et inventions, « à partir des temps barbares et [...] de l'infélicité des Goths » (**Rabelais**); tandis que le XVIIe siècle voyait fleurir la pensée de **Pascal, Descartes** ou **Newton,** plus vigoureusement encore le XVIIIe siècle pouvait chanter les progrès de la chimie (**Lavoisier**), de l'« Histoire naturelle » (**Buffon**), de la médecine (vaccin), des applications pratiques de la science (machine à vapeur)...; ainsi l'Encyclopédie conduite par **Diderot**, se faisait-elle l'écho de l'assurance commune que les « lumières de la raison » et les progrès de la science appuyée sur l'expérience dissiperaient les ténèbres de la superstition. On pourrait alors construire la « cité des hommes » où régnerait le bonheur. Au XIXe siècle, l'utilisation toujours plus poussée de la houille, du pétrole, puis de l'électricité justifie l'espoir de dompter la nature; la synthèse des acides, des alcools, des corps gras fait entrevoir la possibilité de suppléer aux produits naturels. Le XXe siècle dépasse de loin toutes les conquêtes du XIXe siècle, dans tous les domaines : radioactivité, fusion de l'atome, découverte des antibiotiques, remplacement de la laine et du coton par les textiles artificiels, matières plastiques découvertes à partir du lait, du charbon, du pétrole, création de sciences nouvelles, rajeunissement des anciennes permettent de transformer, de simplifier, d'améliorer sans discussion possible les conditions matérielles de la vie. Les sociétés contemporaines – écrit **F. de Closets** à ce propos – « sont entretenues par la conviction que [le] rapport (entre les forces de la nature et l'homme) évolue [...] en faveur de l'humanité. Confronté à une difficulté, le monde moderne tend naturellement à la refuser et à rechercher un nouveau moyen propre à l'éliminer. C'est ainsi qu'une maladie mortelle n'est jamais qu'une maladie que la médecine ne sait pas encore guérir. » Bref, le triomphe sur le plan matériel de la science et de la technique est incontestable et éveille en l'homme un certain type d'assurance, que les réussites des fusées spatiales et les étonnants progrès de l'électronique et informatique confortent encore.

Pourtant, depuis quelques années surtout, les prises de position se multiplient contre cette confiance jugée utopique. Les écologistes mettent en garde contre la rupture fréquente de l'équilibre naturel, la baisse des valeurs nutritives des produits agricoles et de l'élevage, l'utilisation de plus en plus abusive des colorants nocifs et d'une médication mal comprise, la pollution continue des rivières, de la mer, des campagnes, – parmi tant d'autres excès ; ce gaspillage, cette façon d'abîmer, cet irrespect du patrimoine naturel : corps et environnement, provoquent objections, critiques, même de véritables organisations et organismes de défense (avec marches « vertes » européennes). D'autre part le confort n'est pas un signe certain de progrès; le réfrigérateur, les machines à laver linge ou vaisselle, les multiples robots qui peuplent nos maisons ne sont pas des facteurs de civilisation. Bien plus grave encore est la déformation intellectuelle que le triomphe immodeste de la science a provoquée, car elle a conduit à un véritable matérialisme de fait. L'égoïsme s'installe dans des sociétés repues, se double d'ennui et d'angoisse, puis de violence gratuite; les rapports entre individus et nations (jamais on n'a vu tant de guerres, de tortures, de manque de respect des droits de l'homme) prouvent cruellement que ni la morale individuelle, ni la politique internationale n'ont fait de progrès décisifs. La crainte d'une guerre d'anéantissement, les menaces de servitude, l'accroissement des enlèvements, des prises d'otages, la désespérance ou l'indifférence effrayée d'une jeunesse qui peut aller des rêves de Katmandou à la mort par overdoses, ne peuvent plus permettre de considérer la science comme la promotrice de la morale. Elle n'a pas apporté le « supplément d'âme » que réclamait le philosophe Bergson, pas plus que la supériorité technique du rabot électrique sur le ciseau de l'humble artiste édifiant les cathédrales gothiques n'a produit un nouveau ou plus parfait sourire que celui de l'ange de Reims. On peut même déplorer, au contraire, des tours d'affligeante laideur et d'habitat étouffant, l'extravagance de certaines peintures, sculptures, « inventions » musicales, même si l'on a su dans d'autres cas adapter aux besoins d'une société en évolution un certain sens de la beauté. Et il ne s'agit ici que du domaine esthétique ! Dans ce dernier quart du XXe siècle, tout en profitant, sans même s'en rendre compte, de ses avantages et facilités, bien des penseurs, bien des hommes de la rue, aussi, sont devenus réticents face aux conquêtes scientifiques. L'être humain ne leur semble pas plus libre qu'autrefois, mais au contraire plus asservi, plus aliéné, selon l'expression en cours. Un simple citoyen du monde occidental est certes plus puissant techniquement que Louis XIV, mais « l'esclavage de la modernité » (**Valéry**) n'en a que plus de poids. Le confort amollit et multiplie les besoins; presse, radio, T.V. conditionnent l'individu moyen; la mécanisation de l'existence provoque la tyrannie des horaires. Le travailleur de 1983 pris dans le circuit « métro-boulot-dodo » et qui n'a pas connu – heureusement ! – misère ni faim, en arrive pourtant à se juger aussi malheureux – bien que sur d'autres plans – que le mineur de 1885 décrit par **Zola** dans *Germinal*. Son niveau de vie est incomparablement supérieur, mais il ne considère pas toujours acceptable la qualité de cette vie qui a tant progressé matériellement. Car la « modernité », caractérisée si quotidiennement par l'asservissement à la machine ou par l'obsession de la vitesse, ne règne pas seulement sur le travail, mais encore sur notre existence privée, à chaque moment de notre vie, s'imposant à notre personnalité. La rapidité même du progrès scientifique et son application immédiate à tous les actes de la vie jettent le trouble dans les esprits désorientés. Un ennui, une angoisse s'emparent des hommes surmenés ou au contraire contraints à une oisiveté, ou imposée par le chômage (frappant surtout les jeunes, même ceux qui ont réclamé la vie active, mais qui n'y découvrent ni débouchés, ni possibilités intéressantes), ou choisie par opposition (beatniks, hippies, certaines communautés ou sectes...). Certains penseurs commencent cependant à se demander si la grave crise économique actuelle (on parle même d'une véritable guerre économique) qui va contraindre les sociétés [occidentales surtout] – trop gorgées de facilités jusqu'alors – à retrouver le sens de l'effort, ne risque pas de leur être paradoxalement bénéfique. Ce qui est sûr, en tout cas, c'est la remarquable prémonition de **Valéry,** signalant en 1935 tout ce que nous avons vécu au cours du siècle !

*
* *

Ainsi l'individu ne peut-il plus se développer dans sa durée propre. Tout, jusqu'à l'organisation des loisirs – et peut-être elle spécialement plus que tout – est soumis à l'horaire, à la contrainte de mouvements d'automates. Comment les fantaisies de l'imagination, les caprices de la création, la sérénité de la pensée pourraient-ils s'accommoder du rythme de la production industrielle, des sociétés aménagées et d'une promiscuité – voir les campings entre autres exemples et même les clubs de vacances, voir les files immenses de voitures partant ou revenant toutes en un même mouvement – une promiscuité donc qui uniformise et même souvent dégrade? Le monde moderne et la condition de l'homme qui y voit sa vie s'écouler sont donc **attrayants et déconcertants** à la fois. De là cette mode des espaces verts, d'un retour à la vie dite naturelle ou d'autrefois, où le moderne espère rétablir le lien entre l'homme de jadis et lui, reprendre donc contact avec les réalités éternelles, à commencer par lui-même. Mais ces retraites entreprises trop souvent sans discernement risquent, en le coupant du monde courant, alors que son angoisse le précipite moutonnièrement vers la foule, de le laisser encore plus dépaysé. Pour échapper aux contraintes collectives qui écrasent toute indépendance, le remède de la solitude, du silence, à l'abri de la société mécanisée, est-il aussi facile et même souhaitable pour tous?

quelques formules

- « Dans ce temps-là (l'an 2000), il n'y aura plus dans le monde ni agriculture, ni pâtres, ni laboureurs. » **M. Berthelot.**

- « La science est la bienfaitrice de l'humanité. » **M. Berthelot.**

- « Dans le monde intellectuel, le triomphe des méthodes de raisonnement scientifique risque de refouler d'autres formes de pensées et de sentiments. » **Louis de Broglie.**

- « L'homme moderne est esclave de la modernité : il n'est point de progrès qui ne tourne à sa complète servitude; le confort nous enchaîne. » **P. Valéry.**

bibliographie

- **Jean Cazeneuve,** *Bonheur et Civilisation,* Gallimard/Idées, 1966.

- **J. Brémond,** *Besoins, consommation et consommateurs,* Hatier/Profil, Dossier n° 515, 1977.

- **Gurvitch,** *Industrialisation et Démocratie,* 1949, P.U.F., 1980.

- **E. Morin,** *Esprit du temps,* Grasset, 1976.

- **Vance Packard,** *L'Homme remodelé,* Calmann-Lévy, 1978.

- **P. Valéry,** *Variété I* (1924) *et II* (1930) Gallimard, Gallimard/Idées 1978.

15 RÉSUMÉ
PLAN DE DISCUSSION DÉTAILLÉ
Grenoble (Ile Maurice-Mayotte)/1re

Jusqu'en 1940 – puis à nouveau, entre 1960 et 1970 –, on vient habiter la ville pour être mieux logé ; ce fait est indéniable. Les déplorables conditions d'hygiène qui caractérisaient les villes du XIXe siècle se sont considérablement améliorées. Pendant la première moitié du siècle suivant, l'eau courante, l'électricité, les réseaux d'assainissement ont été l'apanage des villes. Moyens de chauffage modernes, cuisines fonctionnelles, salles de bains ont constitué les caractéristiques de la deuxième vague de l'habitat urbain. La crise du logement, sans être complètement dénouée, a perdu de son acuité : c'est ce qui a poussé les jeunes couples à quitter le village, dès la première année de leur mariage, pour venir s'installer en ville.

Rien de tout cela n'est encore vrai aujourd'hui : le confort a cessé d'être un pôle d'attraction urbain. Nos villages se modernisent, et leur habitat se rénove très rapidement. Dans quelques années, la ruralité sera bien équipée en salles d'eau, moyens de chauffage, mobilier, etc. Qui plus est, le logement rural disposera de trois atouts dont la ville est privée : le silence, l'espace et l'artisanat local, qui permet – à peu de frais – de personnaliser son habitat. Dans dix ans, on sera mieux logé dans les communes rurales que dans les villes modernes. Le mouvement vers les résidences secondaires exprime, en partie, cette évolution.

Les petites villes ont longtemps passé pour être ennuyeuses surtout aux yeux des jeunes. Les théâtres, les cinémas, les discothèques, les centres sportifs ou les bibliothèques en étaient également absents. Sur ce point, la grande ville jouissait d'un prestige irréfutable.

Le développement des media a largement modifié cette situation. La multiplication des chaînes de télévision et des téléviseurs dans les foyers, le succès de la presse hebdomadaire, la diffusion massive du disque en témoignent. L'effort de décentralisation théâtrale, malgré les nombreuses difficultés qu'il suscite, devrait pouvoir rayonner au-delà des grandes villes.

La ville a toujours possédé une fonction ludique. Les fêtes religieuses, les rassemblements politiques, les fêtes foraines scandaient la vie urbaine et la transformaient, investissant la ville pour en faire un véritable espace scénique. Sous son apparence rationnelle, la ville se lestait de tout un poids d'images qui ne demandaient qu'à resurgir. Aujourd'hui, cet aspect ludique a pratiquement disparu. Les contraintes administratives et policières (interdiction de rassemblements, de manifestations, de monômes, contrôles divers) ont étouffé progressivement le goût de la fête, en l'empêchant de se manifester. D'autre part, la radio et la télévision, en pénétrant dans la plupart des foyers, satisfont ce goût au moyen de substituts : à travers un *speaker* ou un meneur de jeu populaire, le téléspectateur communique indirectement avec des milliers d'individus, même s'il ne les voit pas. La fête est désamorcée, elle n'est plus une libération, mais une absorption passive de messages élaborés par d'autres.

Comment retrouver, dans nos villes, le sens de la fête. Car il s'agit bien d'un *sens*, d'une attirance spontanée, impossible à programmer de l'extérieur. La fête rassemble. L'absence, dans notre société, de structures communautaires, l'isolement de chacun, le poids de la morale bourgeoise et l'existence d'une violence latente constituent autant d'obstacles à la fête, parce qu'ils divisent au lieu d'unir.

Les quelques fêtes locales qui se perpétuent dans nos communes rurales ont perdu peu à peu leur sens. Dans ce domaine, l'urbain et le rural se retrouvent à égalité.

D'ailleurs, le concept de vie collective, par son indétermination, introduit les pires confusions.

D'une part – nous l'avons vu – la sociabilité ne saurait être confondue avec la fraternité – toujours un peu factice – de la foule. Le citadin aspire autant à se retrouver, à se ressaisir qu'à communiquer. L'appartenance à une communauté est mieux ressentie dans la petite ville que dans la grande ville : la vraie vie collective est d'abord faite d'adhésion.

Ensuite, la vie collective n'est plus synonyme de densification. Pour se développer, elle présente deux exigences : la disponibilité (puisque la vie collective s'installe dans les moments laissés libres par la vie professionnelle), et la possibilité de se déplacer rapidement. La ville ne remplit pas ces conditions. Le rythme de la vie urbaine, la fatigue qu'elle engendre, le manque de temps et les problèmes de transports font perdre le désir de se réunir, le goût de la vie collective. Par contre, dans les petites villes et les communes rurales, on se réunit encore fréquemment (dîners d'amis, banquets d'associations, etc.). Enfin, rappelons-le, l'anonymat de la grande ville, et surtout des grands ensembles constitue un obstacle décisif à la sociabilité, dont il ne fournit, au mieux, qu'une caricature.

Si la ville ne facilite ni la modernisation du logement, ni les loisirs, ni la vie collective, peut-être possède-t-elle une *âme;* ou, si l'on préfère, une qualité esthétique, où viennent se fondre et se révéler une série d'impressions – coutumes, style architectural, climat, population, etc. Saint-Paul-de-Vence, Gordes, Bonnieux, Les Baux... nombreux sont les villes ou les villages qui renferment cette qualité. Mais les Z.U.P. ont-elles une âme? Sarcelles, Evry-Petit-Bourg.

Seules les villes qui ont joué un rôle historique possèdent une âme. Ou plutôt : cette âme les possède, elle se manifeste de mille façons, à travers des signes parfois imperceptibles, indiquant qu'ici une communauté s'est forgée et maintenue.

Paul GRANET, *Changer la ville*, 1975.

L'épreuve comprend deux parties :
1. Vous ferez d'abord de ce texte, à votre gré, un résumé *(en suivant le fil du développement) ou une* analyse *(en mettant en*

relief la structure logique de la pensée). Vous indiquerez nettement votre choix au début de la copie.
2. Dans une seconde partie, que vous intitulerez discussion, vous dégagerez du texte un problème qui offre une réelle consistance et qui vous aura intéressé. Vous en préciserez les éléments et vous exposerez vos vues personnelles sous la forme d'une argumentation ordonnée menant à une conclusion.

résumé

• Texte de 912 mots. Résumé au 1/5 = 182 mots

• **Résumé rédigé**
Pendant les deux tiers du XXe siècle, leur confort élaboré était la principale cause de l'attirance des villes auprès des jeunes ruraux. La situation se retourne maintenant, les campagnes ajoutant à leurs conditions de vie – devenues souvent aussi confortables – des agréments supérieurs d'environnement. La ville n'a même plus l'apanage des distractions, les moyens modernes de diffusion les faisant pénétrer dans les campagnes. Évanouie, l'intime alliance : ville/festivités. La spontanéité des manifestations de masse y est étouffée tandis que les médias s'y substituent. Comment redonner épanouissement à l'instinct ludique, désormais éteint en ville par une société isolatrice (égocentrique) (1), et même affadi dans les campagnes? Qu'est-ce d'ailleurs (de plus) (1) que l'esprit communautaire? : savoir et pouvoir se mettre rapidement à la disposition d'autrui. Or, l'environnement citadin n'est guère favorable aux réunions amicales ou associatives, plus aisées dans les bourgades, entravées dans les grands ensembles, surtout par la difficulté des contacts. Cependant, une ville peut avoir une âme culturelle, artistique, – humaine donc, tissée au cours de l'histoire, traduisant par mille nuances celle de ses habitants.

• **Résumé de 183 mots.**

---

(1) Au choix.

sujet de discussion

« *La grande ville* » *est-elle encore* « *pôle d'attraction* »? « *joui[t-elle]* » *encore* « *d'un prestige irréfutable* »? *Voici des questions que peut se poser le lecteur de cette page de P. GRANET.*

plan détaillé

Introduction.

- En cette fin de XXe siècle, mouvements divers de refus de la ville.

- ≠ période d'industrialisation marquée parallèlement par le phénomène d'urbanisation intense.

- Mais les problèmes complexes alliés à l'urbanisation elle-même et celui précisément de cette urbanisation ne sont-ils pas apparus périodiquement au cours des siècles?

- N'en est-il pas de même pour cette relation ville/campagne que l'on croit souvent crise moderne, dans son acuité?

- Idées toutes faites à remettre en place? ou véritable dégradation?

Ire Partie : La ville.

- Définition = « concentration d'hommes sur un espace relativement restreint » (**Ariès**).

- Mais aussi ensemble d'activités variées et complexes.

- En particulier : commerce. Beaucoup de villes médiévales par exemple sont d'abord **bourgs** qui se constituent autour d'un **marché.**

- On peut donc considérer qu'un des pôles d'attraction principaux est la nécessité de concentration humaine propice aux échanges.

- « L'essor de la circulation et des échanges a déterminé celui de la vie urbaine. » (**N. Bandier.**)

● Si de plus, commerce des foires et marchés se double de possibilités d'exportation et facilités de circulation on obtient développement plus sûr et plus rapide des cités. Exemple : Athènes, Rome, villes avec ports, ou villes sur fleuves, villes-carrefours : Lutèce, futur Paris; Lyon...

● Donc les nécessités économiques sont déterminantes. *Cf.* les petites gens des campagnes allant vendre leurs produits agricoles au marché du bourg – encore maintenant – et y trouvant à acheter produits artisanaux non fabriqués au village et qui s'y trouvent portés et concentrés en vue de vente. Témoignage de toutes les œuvres des siècles passés. Exemple Virgile : *Première Bucolique.*

● Toutes les bourgades banlieusardes se déversent sur la cité. De même encore en 1983 : marchés de St Germain-en-Laye où tous les environs se retrouvent trois fois par semaine.

● La ville devient de ce fait un **centre** de rencontres, de confrontations d'activités, de créations, d'émulation...

● Elle lutte ainsi contre l'**espace** et le **temps,** puisqu'elle concentre :
« La ville favorise les échanges entre les personnes, les marchandises, les idées en minimisant les obstacles et les coûts liés à la distance. » (**Grafmeyer.**) Exemples multiples à donner à propos de Paris : universités, théâtres, concerts, mode etc.

● Un autre pôle d'attraction est donc précisément cette réunion des hommes facilitée par la localisation et qui devient peu à peu spécialisation. Certes réunions villageoises et campagnardes existent (*cf.* les veillées – Exemple celles citées par **Rousseau** dans *La Nouvelle Héloïse* ou par **Mérimée** dans *Colomba*...), mais rapports humains sont changés dans villes par :
– nombre, donc plus de possibilités. Nuance de multiplication;
– mais aussi, fort différent : anonymat, d'où à la fois plus d'enrichissement, plus de liberté ; mais rançon : plus d'occasions de solitude, et même désert humain.

- *Cf.* **L. Aragon** : *Les Beaux Quartiers ; Le Paysan de Paris ;*
J. Romains : *Les Hommes de bonne volonté.* Poèmes sur la ville de **Baudelaire** (dans *Les Fleurs du mal : Tableaux parisiens.*)

- Enfin étant nœud humain, la ville devient de ce fait lieu et lien culturels et artistiques. *Cf.* Athènes : les Panathénées, ou sportifs : Jeux Olympiques en Grèce antique. Relire **Isocrate** : *Panégyrique :* « ... la foule des gens qui viennent chez nous (Athéniens) est telle que, s'il y a quelque bien à se rapprocher les uns des autres, cela aussi rentre dans les avantages de notre cité. »

- D'où « monter » vers les grandes villes pour réussir. *Cf.* le D'Artagnan des *Trois Mousquetaires,* comme Alexandre Dumas père lui-même, à vingt ans..., ou tel chanteur ou cinéaste actuels...

- Enfin **centre politique**. D'ailleurs sens étymologique > πόλις = ville. Est-ce à dire que seulement dans ville, il peut y avoir véritable vie politique ? *Cf.* Rome ou Athènes antiques.

IIe Partie : « Les Villes Tentaculaires ».

- Pourtant pas seulement attirance, fascination, mais aussi rejet et opposition entre milieux : rural/urbain.

- **Envie**, jalousie de la part des ruraux. Pendant longtemps dues au retard des campagnes (développement, facilités techniques...) face à villes, foyers culturels et artistiques..., ou simplement à cause de difficultés pour joindre administrations, gouvernement. Problèmes dus à la centralisation, très sensible en France par exemple.

- Sentiment, pour les campagnes, d'être abandonnées. De même encore maintenant : haut Languedoc.

- Mais aussi **mépris** des citadins pour les « péquenots », les « culs-terreux » (prétendus lourds, pas au courant...). Beaucoup plus de termes péjoratifs dans la bouche des citadins, que l'inverse...

- Cette incompréhension (plus : tendances trop fréquentes au cours des siècles à une exploitation des campagnes par les villes) provoque des révoltes paysannes : jacqueries d'abord contre les seigneurs, mais aussi contre les bourgs des « bourgeois » ou contre les cités créées autour des abbayes ou évêchés. *Cf.* Liège sous Louis XI.

● Ville devient **symbole d'exploitation.** C'est de là qu'arrivent collecteurs d'impôts, lois et corvées qui écrasent le pauvre Jacques Bonhomme (nom général donné au paysan), racolage pour l'armée aussi (*cf.* **Voltaire** : *Candide*) ; d'autant plus que société d'avant Révolution de 1789 est de privilégiés, or le paysan n'est jamais un privilégié. *Cf.* témoignages de **J.-J. Rousseau** dans *Les Confessions,* de **La Fontaine,** dans *La Mort et le Bûcheron,* etc.

● Sentiment aussi que ville est **immorale :** lieux de plaisirs louches, laisser-aller moral, moins de sens familial, pas de qu'en-dira-t-on. Cette idée est bien ancrée dans la conception étrangère sur le « gai Paris » par exemple. Vient de ce que possibilités ludiques de ville, outre plus abondantes, paraissent plus permissives (opinion publique répressive y est contrée par anonymat).

● D'où chez le rural, sentiments d'être brimé qui vont jusqu'à haine :
« Vous crèverez dans vos villes
Maudits patauds
Tout comme les chenilles
Les pattes en haut... » (*Chant des Vendéens,* 1793).

● Bref, longtemps une **image négative** des campagnes (arriérées – sales. Exemple : les fumiers des fermes lorraines...).

● Or, vient s'ajouter phénomène XIXe siècle de la Révolution industrielle provoquant « explosion urbaine, foisonnement urbain » (**D. Dehoux-Fanget**) qui va multiplier antagonismes et précipiter exode rural, donc envahissement citadin...

● Pour beaucoup de sociologues, en effet, urbanisation est indissociable de la croissance de l'industrialisation : « L'industrialisation appelle l'urbanisation, la transforme et conduit à de nouvelles formes de réalisation liées aux transports, aux énergies, aux matières premières, aux hommes, aux capitaux. » *(Idem.)*

- Or, urbanisation, ce n'est pas uniquement « une nouvelle répartition de l'habitat, une nouvelle carte des densités, mais un changement dans les activités, la consommation, le niveau culturel d'une population. » (**M. Roncayolo**.)

- D'où : déséquilibres, frustrations, difficultés d'adaptation ou même inadaptation des populations paysannes, exode vers les villes dévoratrices, dans l'espérance de meilleurs gains, meilleure existence...

- Brutalité du phénomène trop rapide donne une sorte de société parvenue qui est prise de vitesse. Véritable « défaut de maturation ». *(Idem.)*

- Véritable déferlement humain aussi que cet essor des villes. Toute la deuxième moitié du XIXᵉ siècle et première moitié du XXᵉ siècle (même jusqu'en 1960) en sont marquées.

- Echo particulièrement sensible chez les romanciers et les poètes d'alors, tels **Aragon** *(Le Paysan de Paris)*, **Blaise Cendrars, Jules Romains,** ou **E. Verhaeren** – peut-être celui qui qualifie le mieux le phénomène : *Les Villes tentaculaires*.

> « C'est la ville tentaculaire
> La pieuvre ardente et l'ossuaire
> Et la carcasse solennelle.
> Et les chemins d'ici s'en vont à l'infini
> Vers elle... *(Les Campagnes hallucinées)*.

- Phénomène d'évidence. Les chiffres parlent : vers 1800, 7 % de la population mondiale pour les villes de plus de 5 000 habitants ; 13 % en 1850, 25 % en 1900... Depuis, augmentation galopante !

- Double courant : – besoin de main-d'œuvre de l'industrie : « dès qu'une nouveauté technique est introduite dans une ville anglaise par la révolution industrielle la ville gonfle : Leeds au début du XVIIIᵉ siècle, vieux centre lainier, était plus importante que Manchester ; en 1775, elle n'a plus que 17 000 habitants, alors que Manchester en compte 30 000 et progresse très vite parce qu'elle s'est spécialisée dans la filature mécanique du coton » (**Rioux**) ;

– mais aussi croyance, dans les campagnes, que la vie d'ouvrier est plus facile que celle de paysan, qu'elle est plus cotée. Exemple **R. Bazin**: *La Terre qui meurt*. Autre **exemple actuel,** dans haut Languedoc, on croit qu'a mieux réussi le fils (ou la fille) qui a passé un petit concours de fonctionnaire (S.N.C.F., Impôts, P.T.T...) plutôt que rester agriculteur.

• Cependant, noter dans le dernier quart de siècle (XXe), véritable renversement dû à phénomène de rejet de ces « villes tentaculaires » (dans les goûts et les désirs, du moins).

• « Ruralisation des villes » (**Duby**) = mouvement qui voudrait défaire les villes, parallèlement à celui qui les rend dévoratrices.

• Sensation d'étouffement, d'aliénation dans les grandes villes, les grands ensembles ; angoisse et solitude, disparition des espaces verts, désir d'air, de nature, de retour aux origines, idéalisation du village et des anciennes manières de vivre provoquent : marginaux, écologistes, et plus encore mode, puis même bannière politique.

• Malaise a même ses nuances, tel « le mal des tours » qui crée « anxiété et dépression chez ceux qui y travaillent » et s'y sentent « pris comme dans un filet » (*Le Monde,* juin 1973).

• Logements modernes mis en parallèle avec vieilles maisons d'autrefois, d'où multiplication des résidences secondaires, recherche des vieux objets, mode rétro etc.

Conclusion.

Qu'est-ce à dire?

• Certes la grande ville est vivante, animée, elle offre commodités et facilités, présente des valeurs dites « fonctionnelles » et même recherches esthétiques.

• Certes la ville propose bien plus de ressources ludiques, culturelles, artistiques, sportives, multiplicité d'attractions, diversité, possibilités pour ambition.

- Certes on y est plus libre tout en étant plus social (ne pas confondre avec sociable ! **Daninos,** par exemple, reproche au Parisien de ne pas l'être...). Variété de classes. Possibilités de changer de classe sociale (beaucoup plus faciles que dans les campagnes, surtout avec la centralisation des pouvoirs politiques et culturels propres à la France, malgré l'effort actuel de décentralisation).

- « Les villes sont [...] espace elles-mêmes, à l'intérieur duquel [...] se définissent [...] dans nos sociétés industrielles, les clivages sociaux, les degrés inégaux de participation aux biens ; dont l'organisation révèle [...] le jeu de la puissance et de l'autorité. » (**Roncayolo.**)

- Enfin la ville restitue peut-être plus sûrement que les autres lieux humains le passé, et l'histoire qui s'est tissée entre ses murs... du fait de ces murs mêmes.

- Cependant les sociologues se demandent si « ce prestige irréfutable n'a pas subi de très forte atteinte » (1).

- « ... N'adhère-t-on pas aux images et aux discours néo-ruralistes parce qu'ils signifient une rupture par rapport à ce que la société industrielle comporte de néfaste, d'inquiétant. » (1) (**Jollivet.**)

quelques formules

- « J'ose avancer qu'il serait à propos, non d'interdire le séjour des villes aux habitants des campagnes, mais de leur en montrer les désagréments, comparés aux avantages qu'ils abandonnent chez eux. » **Restif de La Bretonne.**

- « Une fortune faite à la ville est le gros lot d'une loterie : cent mille y perdent, pour un qui gagne. » *Idem.*

- « Aucune ville, semble-t-il, ne s'est jamais développée à partir de son croît (= agrandissement) naturel. » **A.M. Puiz.**

---

(1) A retenir, si possible.

- « L'urbanisation, ce n'est pas uniquement une nouvelle répartition de l'habitat, une nouvelle carte de densités, mais un changement dans les activités, la consommation, le niveau culturel d'une population. » **N. Bandier.**

- « L'urbanisation est l'horizon de notre siècle. » **M. Roncayolo.**

bibliographie

- **K. Lynch,** *L'Image de la cité,* Dunod, 1976.
- **R. Ledrut,** *Les Images de la ville,* Edit. Anthropos, 1973.
- **L. Aragon,** *Le Paysan de Paris,* Gallimard, 1966.
- **P. Sansot,** *Poétique de la ville,* Klincksieck.
- **J.-J. Granelle,** *Espace urbain et prix du sol,* Edit. Sirey, 1970.
- **M. Halbwachs,** *Classes sociales et morphologie,* Edit. de Minuit, 1972.
- **M. Ragon,** *L'homme et les villes,* Albin Michel, 1975.
- **M. Bandier, D. Dehoux, Fanget, Y. Grafmeyer,** *La Ville,* Hatier/Profil-Dossier – n° 522, 1979.

16 RÉSUMÉ
PLAN DE DISCUSSION DÉTAILLÉ
Grenoble/Terminale – Session de remplacement

Un roman, pour la plupart des amateurs – et des critiques –, c'est avant tout une « histoire ». Un vrai romancier, c'est celui qui sait « raconter une histoire ». Le bonheur de conter, qui le porte d'un bout à l'autre de son ouvrage, s'identifie à sa vocation d'écrivain. Inventer des péripéties palpitantes, émouvantes, dramatiques, constitue à la fois son allégresse et sa justification.

Aussi, faire la critique d'un roman, cela se ramène souvent à en rapporter l'anecdote, plus ou moins brièvement, selon que l'on dispose de six colonnes ou de deux, en s'étendant plus ou moins sur les passages essentiels : les nœuds et dénouements de l'intrigue. Le jugement porté sur le livre consistera surtout en une appréciation de la cohérence de celle-ci, de son déroulement, de son équilibre, des attentes ou des surprises qu'elle ménage au lecteur haletant. Un trou dans le récit, un épisode mal amené, une rupture d'intérêt, un piétinement, seront les défauts majeurs du livre ; la vivacité et la rondeur ses plus hautes qualités.

De l'écriture il ne sera jamais question. On louera seulement le romancier de s'exprimer en langage correct, de façon agréable, colorée, évocatrice... Ainsi l'écriture ne serait plus qu'un moyen, une manière ; le fond du roman, sa raison d'être, ce qu'il y a dedans, serait simplement l'histoire qu'il raconte.

Cependant, depuis les gens sérieux (ceux qui admettent que la littérature ne doit pas être une simple distraction) jusqu'aux amateurs des pires niaiseries sentimentales, policières ou exotiques, tout le monde a l'habitude d'exiger de l'anecdote une qualité particulière. Il ne lui suffit pas d'être plaisante, ou extraordinaire, ou captivante ; pour avoir son poids de vérité humaine, il lui faut encore réussir à persuader le lecteur que les aventures dont on lui parle sont arrivées vraiment à des personnages réels, et que le romancier se borne à rapporter, à transmettre, des événements dont il a été le témoin. Une convention tacite s'établit entre le lecteur et l'auteur : celui-ci fera semblant de croire à ce qu'il raconte, celui-là oubliera que tout est inventé et feindra d'avoir affaire à un document, à une biographie, à une quelconque histoire vécue. Bien raconter, c'est donc faire ressembler ce que l'on écrit aux schémas préfabriqués dont les gens ont l'habitude, c'est-à-dire à l'idée toute faite qu'ils ont de la réalité.

Ainsi, quels que soient l'imprévu des situations, les accidents, les rebondissements fortuits, il faudra que le récit coule sans heurts, comme de lui-même, avec cet élan irrépressible qui emporte d'un coup l'adhésion. La moindre hésitation, la plus petite étrangeté (deux éléments, par exemple, qui se contredisent, ou qui s'enchaînent mal) et voilà que le flot romanesque cesse de porter le lecteur, qui soudain se demande si l'on n'est pas en train de lui « raconter des histoires », et qui menace de revenir aux témoignages authentiques, pour lesquels au moins il n'aura pas à se poser de questions sur la vraisemblance des choses. Plus encore que de distraire, il s'agit ici de rassurer.

Enfin, s'il veut que l'illusion soit complète, le romancier sera toujours censé en savoir plus qu'il n'en dit ; la notion de « tranche de vie » montre bien l'étendue des connaissances qu'on lui suppose sur ce qui s'est passé avant et après. A l'intérieur même de la durée qu'il décrit, il devra donner l'impression de ne fournir ici que le principal, mais de pouvoir, si le lecteur le réclamait, en raconter bien davantage. La matière romanesque, à l'image de la réalité, doit paraître inépuisable.

Alain ROBBE-GRILLET, *Pour un nouveau roman.*

Résumé, questions, discussion 121

1. Vous ferez d'abord de ce texte, à votre gré, un résumé *(en suivant le fil du développement) ou une* analyse *(en mettant en relief la structure logique de la pensée). Vous indiquerez nettement votre choix au début de la copie.*
2. Dans une seconde partie, que vous intitulerez discussion, *vous dégagerez du texte un problème qui offre une réelle consistance et qui vous aura intéressé. Vous en préciserez les éléments et vous exposerez vos vues personnelles sous la forme d'une argumentation ordonnée menant à une conclusion.*

résumé

- **Résumé rédigé.**

Le goût pour le conte (récit) (1) serait la motivation première du lecteur et du romancier. Critiquer un roman se borne donc trop souvent à parler de l'intrigue et de ses rebondissements, louant principalement vie et mouvement, négligeant ou dévaluant la part artistique au profit du seul contenu. Pourtant lecteurs suffisants ou médiocres réclament une recherche stylistique, une mise au point artistique, une transposition qui fasse croire à la réalité romanesque, une réussite correspondant à leur vision stéréotypée du « vrai ». Leur imagination, leur angoisse exigent d'être envoûtées par la variété, la gratuité des éléments anecdotiques sous peine de retourner au documentaire. Bref, ils attendent une documentation, une observation telles qu'elles puissent donner au roman l'illusion de rejoindre (réaliser) (1) – s'il le voulait – un absolu.

- **Résumé de 124 mots.**

sujet de discussion choisi

Le roman ? Simple histoire racontée ou œuvre d'art ?

---

(1) Au choix.

plan détaillé

Introduction.

- Vaste public du roman ; multiplicité des romans.

- Mais représente souvent, malgré concurrence du cinéma et de T.V. : fiction, divertissement, évasion, d'où toute une sous-littérature romanesque (policiers, aventure, science-fiction, amour...).

- Public fait cependant un succès grandissant aussi aux témoignages vécus ; *cf. Le Cheval d'orgueil* de **P.-J. Hélias**, mais présentés avec romanesque.

- Quant au « nouveau roman » qui ne touchait que des intellectuels, son naufrage partiel prouve qu'il faut au roman une large adhésion du public, qu'il faut tenir compte de son exigence première : le bonheur de lire « une histoire », véridique ou fictive...

- Mais ce serait une grave erreur de ne voir en « l'écriture » du roman qu'« un moyen »...

- **L'art,** dont l'écriture est un élément de base et un des buts, est essentiel **dans** et **pour** un bon roman.

- Annonce du plan.

Ire Partie : Roman = raconter « une histoire » ?

- Pour beaucoup, et pendant des siècles, roman = romanesque, mouvement, aventure à émotions violentes, rapides, où l'intrigue est primordiale, la psychologie restreinte.

- A part *Le Satiricon* de **Pétrone** (I^{er}t siècle après J.-C.), véritable satire des mœurs sous Néron, l'ensemble de la production en romans jusqu'à *La Princesse de Clèves* de Mme de **La Fayette** (étude psychologique) répond à ce schéma presque toujours.

- Besoin de l'histoire, car d'un mot elle peut nous affranchir, nous rendre heureux.

- Ainsi le roman fait vivre d'autres vies et devient un véritable **voyage,** car il est l'écoulement, l'éveil et la découverte : décor, personnages, intrigue, action, sentiments...

- D'où évasion : échapper au monde réel ; planète des chimères, de l'illusion.

- En connivence avec tel ou tel type de lecteur, le romancier « en appelle à signes et moyens de reconnaissance ». **(Senninger.)**

- Il « place [ce public] devant une question ou une image [qu'ils] regarde[nt] ensemble. » *(Idem.)*

- Le phénomène de *René* de **Chateaubriand.** Les jeunes gens de la Restauration y trouvaient exprimées, dans une langue à leur goût et meilleure qu'ils n'auraient pu l'avoir, leurs propres inquiétudes. D'où utilisation de tournures nobles *(cf.* **Lamartine :** *Méditations)* très XVIIe/XVIIIe siècle qui étaient alors très appréciées.

- Il ne s'agit pas exactement de faire communier le lecteur avec l'œuvre, mais l'inviter à parcourir un moyen d'expression et des éléments fictifs grâce auxquels « il peut rebâtir ses propres émotions ». **(A. Malraux.)**

- Véritable « divertissement » (sens pascalien, du sens étymologique : *dis-vertere* (latin) : détourner ; ce qui permet de détourner l'homme de son inquiétude métaphysique). Profonde et fondamentale aspiration humaine.

- Lecteur s'envole ainsi en voyage dans le **temps :** romans historiques (passé) *cf.* **Dumas père ;** ou science-fiction (futur)... – **l'espace :** terrestre (romans de voyage, de découvertes. *Cf.* **J. Verne, Stevenson**...) ou dans d'autres éléments : mer, ciel... – **ailleurs :** autres pays (exotisme. *Cf.* **P. Morand**), autres classes sociales (contes, presque toujours avec princes, rois...) – **romanesque** sentimental ou rêverie : *cf.* romans roses ou noirs : héros réalisant tous les idéaux et absolus possibles..., fantastique... *Cf.* **E. Poe.**

- Mais ne pas croire que l'histoire est forcément « à dormir debout ». **(M. Robert.)**

- Une histoire part très souvent de réalité, et roman donne illusion de présenter anecdotes qui semblent réelles.

- Le XIXe siècle voit le roman se développer de façon exceptionnelle, mais aussi changer d'intention et de bu.

- Il semble qu'on veuille observer la réalité, puis la transporter dans le roman. Le romancier devient le « raconteur du présent » (**Goncourt**), comme l'historien est celui du passé. Il s'agirait donc de « servir » dans le roman « une tranche de vie[...] crue », i.e. le réel?

- Si nous éliminons la production romanesque et fantastique pure, il est certain que, depuis **Balzac** surtout, le roman part de la réalité.

- **Balzac** veut « faire concurrence à l'état civil », **Stendhal** « promène un miroir le long d'un chemin », les réalistes avec **Flaubert**, les naturalistes avec **Zola** désirent peindre et reproduire fidèlement « la morne réalité » (**Flaubert**), n'hésitent pas à utiliser le fait divers et à enrichir l'œuvre d'une documentation vécue (les **Goncourt** dans les salles d'hôpitaux, **Zola** dans la mine ou sur une locomotive...).

- Peindre le réel est pour eux peindre la réalité concrète.

- Représenter la vie, c'est représenter la vie quotidienne, commune.

- Il faut créer « la plus vive impression du vrai humain » (**Goncourt**) :
– petites gens de Paris dans *Scène de la vie de bohème* de **Murger** ;
– une petite provinciale ; l'épaisse lourdeur du médecin de campagne, Charles Bovary ; la bêtise prétentieuse du pharmacien Homais dans *Madame Bovary,* de **G. Flaubert**.

- **A. Daudet** saisissait la réalité sur le vif, telle quelle, un carnet à la main : coin de banlieue misérable, silhouettes lamentables, êtres ridicules, propos pleins de banalité sont transcrits à la lettre.

- Depuis **Balzac**, le romancier veut concurrencer Dieu, il veut faire vivant, contraindre pour ainsi dire son héros à se dresser d'entre les pages de son livre.

● Collection minutieuse de notes et de documentation de **Flaubert,** des **Goncourt.**

● Réaction contre une certaine superstition de la noblesse ou de la dignité du sujet, d'où on n'hésite pas devant le laid, le trivial, même le grossier, parce qu'ils sont dans la réalité (**Zola**).

● Peut-être pousse-t-on jusqu'à l'excès, mais on est dans la ligne des grands créateurs tel **Balzac,** qui écrit dans *Facino Cane :* « J'allais observer les mœurs des faubourgs, ses habitants, et leurs caractères. » Son regard s'attarde aux plus minces réalités concrètes. Il veut une observation scientifique, être le « naturaliste de la société », le nomenclateur des professions et des conditions, si bien que **La Comédie humaine** est le fidèle miroir de la vie française sous la Restauration et sous la monarchie de Juillet.

● Tous les successeurs de **Balzac** voudront être ses émules, écrire « la vérité, l'âpre vérité » (**Stenhal**), « faire des études sur le vrai, le vif, le saignant » (**Goncourt**) ou une « photographie de la vie » (**Maupassant**).

● Peut-on alors encore parler d'une histoire et d'un « flot romanesque » qui « porte le lecteur » (**Robbe-Grillet**) ?

IIe Partie : Roman = œuvre d'art ?

● N'est-ce pas là que s'affirme le fait qu'un roman digne de ce nom est essentiellement « œuvre d'art » et que là précisément réside sa complexité ?

● C'est d'abord dans le cas du « roman-tranche de vie » que le phénomène est particulièrement visible car :

● Comment de cette réalité – souvent sans attrait – faire réalité d'art ?

● Le romancier doit à la fois respecter le réel, l'enregistrer impartialement et faire pourtant œuvre d'art.

● **Maupassant** constate dans la *Préface* de **Pierre et Jean** qu'une « photographie banale de la vie » est impossible et sans intérêt pour l'artiste.

- L'artiste doit « donner [de la vie] la vision plus complète, plus saisissante, plus probante que la réalité même. » *(Idem.)*

- Ce dessein suppose *un choix* dans la multiplicité du réel, un art de mettre en relief les détails caractéristiques utiles au sujet, donc une vision personnelle plus vraie que la vérité.

- Comme dans la vie tout est sur le même plan, l'insignifiant et le caractéristique, l'artiste doit de la masse du réel, trier et organiser « suivant l'importance [des détails], pour produire la sensation profonde de la vérité spéciale qu'il veut montrer. » (**Maupassant.**)

- « Faire vrai consiste donc à donner l'illusion complète du vrai, suivant la logique des faits, non à les transcrire servilement dans le pêle-mêle de leur succession. » *(Idem.)*

- Donc le culte de l'Art passe avant la réalité matérielle : « l'artiste ne peut pas être un vil copiste. » *(Idem.)*

- Ainsi **Baudelaire** s'étonnait que « la grande gloire de Balzac fût de passer pour un observateur ; il [lui] avait toujours semblé que son principal mérite était d'être visionnaire et visionnaire passionné. »

- Car si l'artiste « tranche dans la vie pour la tirer au clair » (**Roy**), c'est parce qu'il est servi par un don spécial, qu'il s'applique à développer en lui, celui de laisser agir ses personnages qui vivent de leur vie propre, même si le spectacle de la vie est reproduit avec une « scrupuleuse ressemblance ».

- L'imagination vient superviser et dépasser l'observation. Elle libère des contraintes du réel.

- Développer à ce propos le monde balzacien, la « planète Balzac, habitée par... [des êtres] aussi vivants, plus vivants peut-être que les habitants de la planète Terre. » (**A. Mauriac.**) Stylisation du réel, création de types, de mythes. Ces créatures sont vraiment « les enfants des écrivains ». Un jour Rastignac jaillit du cerveau de Balzac et depuis Rastignac est pour tout homme cultivé l'ambitieux de la Restauration, bien plus réel que tous les ambitieux qui ont existé.

- Ces types fournissent des références plus vivantes et plus pures que les vivants eux-mêmes. Personnages représentatifs d'un temps (Gavroche, Goriot...), ils deviennent des souvenirs éblouissants d'abord, puis font choc dans la conscience des masses, et deviennent éternels.

● D'autre part l'artiste complète ce don spécial qui le fait partir de l réalité brute, incohérente, puis composer, – par l'intuition de découvrir dans les choses les plus banales « un aspect qui n'a été dit et vu par personne », si bien que la vérité de l'art reste la révélation dans « ce que tout le monde voit » (**Maupassant**), de composer donc à partir d'une part d'inconnu, une vérité de surprise, où malgré l'impartialité de l'artiste apparaît une interprétation personnelle du monde. Ex. : *La Chartreuse de Parme,* de **Stendhal.**

● Le difficile, constate **Flaubert,** est de ne sacrifier ni l'exactitude de l'art, ni l'art à la vérité du fait.

● L'artiste doit tenir compte de la réalité intérieure des personnages et pas seulement des scènes d'extérieur qu'il observe.

● Une œuvre d'art est un « coin de la création vu à travers un tempérament ». (**Zola.**)

● Le vrai du roman est souvent plus vraisemblable que le vrai de la réalité et l'auteur évite de peindre les crises, les « catastrophes illogiques », moments exceptionnels de la vie qui est « encombrée de hasards et de futilités ». (**G. de Maupassant.**)

● Le réalisme absolu est absurde : l'art transfigure les données de la vie, dont les matériaux lui servent de tremplin pour atteindre la beauté.

● « La photographie banale de la vie » ne peut donner une œuvre d'art, elle a besoin de retouches. La « tranche de vie ne peut être servie crue ».

● Il faut la projection de l'imagination de l'écrivain qui transcende le réel.

● Il ne faut pas moins de trois personnages pour qu'**Alain-Fournier** parvienne à s'exprimer lui-même : le « bohémien » Frantz présente son besoin d'évasion et son goût du romanesque ; Augustin Meaulnes, son échec sentimental ; François Seurel, le narrateur, sa sensibilité et sa passion pour l'amitié.

- En sens inverse, il faut plusieurs pharmaciens et demi-savants prétentieux à Flaubert pour composer un Homais.

- Le vrai littéraire n'est pas le vrai de la nature et la forte imagination du créateur impose à la réalité la stylisation de l'art. Ex. Goriot : le « Christ de la Paternité », **Balzac.**

- Ne pas oublier non plus que, derrière les choses, il y a un secret, que l'artiste a justement pour tâche d'apercevoir et de révéler. *Cf.* **Mauriac** et ce qu'il dit à ce propos dans son *Bloc-Notes*.

- Le monde dit réel est celui des apparences et l'authentique réalité donne aux apparences leur signification.

- Le vrai, visible, se distingue de **la vérité de l'art.**

- La vérité de l'artiste est dans son aptitude à déchiffrer sous les aspects concrets du réel qui n'est plus que symbole.

- Ainsi les symbolistes passent-ils de la description à la suggestion.

- Quant aux surréalistes, pour retrouver la vérité du monde, le surréel, ils discréditent volontairement ce qu'on admet communément comme réalité. *Cf.* romans de **Hermann Hesse.**

- Nécessité de l'élaboration littéraire. Écrire n'est pas naturel. L'art est toujours plus ou moins un détour.

- L'esthétique du roman consiste, à partir du monde observé, à le remodeler, le refaire plus vrai que le réel. *Cf.* **Balzac** ou **Camus** (exemple de Meursault, *l'Étranger*).

- Même si le romancier part de l'anecdote (*Le Rouge et le Noir,* **Stendhal**), il la dépasse et la transcende s'il veut faire un véritable roman (qui est obligatoirement de ce fait œuvre d'art) et non simple chronique.

- De plus une **harmonie** s'établit et se rythme entre les thèmes qui sont la trame romanesque et qui de ce fait ne sont plus uniquement le réel. Ainsi se compose une véritable architecture autour du père Goriot et de Rastignac : toute la pension Vauquer, le salon de Delphine, les complots de Vautrin...

● Ce sont les désirs, les rêves corrigeant un monde qu'il cherche à oublier qui vont composer le monde romanesque, celui du lecteur et celui du créateur (donc fraternité).

● C'est lui qui, en premier, apporte à l'œuvre d'art la **distanciation** nécessaire, précisément grâce à son art : structure, écriture, transposition, projection de l'imaginaire...

Conclusion.
● Il est vrai qu'il semble difficile d'être un roman sans la trame d'une histoire, sans une **diégèse** (= récit)...

● ... que le roman doit « inventer des péripéties palpitantes, émouvantes, dramatiques », avec « nœuds et dénouements de l'intrigue », « attentes et surprises ». (**Robbe-Grillet.**)

● Mais il est vrai aussi que l'art est imitation de la nature et que l'observation est nécessaire au romancier. Cependant :

● « La vérité de l'art ne saurait être la réalité absolue. » (**V. Hugo**).

● Même les artistes les plus fidèles au monde des simples apparences (réalistes, naturalistes) font un choix dans le réel et le recomposent. Il s'agit seulement de donner l'illusion du vrai.

● L'observation est la première demande. L'imagination est fonction créatrice et conduit à la vérité dans l'art. L'art devient la voie d'accès à la vérité.

● Sans aucun doute, l'œuvre littéraire repose aussi sur la vie que le lecteur lui prête.

● Mais c'est le romancier qui le provoque « fraternellement » (**Sartre**), qui constitue s'il est artiste à part entière, ces « réseaux et recoupements » nécessaires dont parle **Proust** (*A la recherche du temps perdu*).

● Importance essentielle également de la forme artistique, qualité et harmonie du langage, de la phrase... dans un roman de valeur.

● L'agrément de la forme, plus le vraisemblable, plus l'imaginaire, plus la puissance « d'un instrument optique » (= lien écrivain/lecteur), voici le roman dans toute sa complexité.

quelques formules

● « L'art est une vérité choisie. » **A. de Vigny.**

● « C'est un métier de faire un livre. » **La Bruyère.**

● « D'une société et d'une époque, le roman figure assez bien la feuille de température. » **M. Nadeau.**

● [l'art est] « le meilleur témoignage que nous puissions donner de notre dignité ». **Ch. Baudelaire.**

● « L'art, c'est l'homme ajouté à la nature. » *Idem.*

● « Par un certain côté [le roman] est une possession, on prête son corps aux morts pour qu'ils puissent revivre. » **J.-P. Sartre.**

● La création est « transmutation totale du moi vivant en moi littéraire. » **Senninger.**

bibliographie

● **J.-P. Sartre,** *Situations,* N.R.F./Gallimard, 1947.

● **J.-P. Sartre,** *Qu'est-ce que la littérature?* Gallimard/N.R.F., 1948, Gallimard/Idées, 1969 et rééditions, 1981, n° 58.

● **Soljénitsyne,** *Les Droits de l'écrivain,* Seuil/Points, 1972.

● **Jacques Laurent,** *Roman du roman,* Gallimard/Idées n° 421.

deuxième sujet

commentaire composé

indications de travail et conseils généraux

● Selon les nouvelles **instructions ministérielles** sorties au B.O. du 7 juillet 1983, transmettant la note de service n° 83-245 du 27 juin 1983, le *deuxième sujet est toujours un : commentaire composé d'un texte littéraire*
L'épreuve porte sur un texte choisi en raison de sa qualité littéraire. Le candidat est invité à rendre compte de la lecture personnelle qu'il en a faite, c'est-à-dire de la façon dont il découvre, ressent et comprend cette qualité.

● *Le **libellé du sujet** a pour fin de faciliter les démarches du candidat. On lui suggère non un plan à suivre mais quelques points de départ pour une lecture efficace. On attire son attention sur tels caractères de la facture du texte dont l'examen peut conduire à mieux saisir ses significations essentielles. Ces indications ne peuvent être exhaustives. Elles ne sont à aucun degré impératives ou contraignantes. Elles laissent au candidat toute liberté d'orienter autrement sa lecture, de l'ordonner, de l'élargir, de l'approfondir selon le sentiment qu'il a du texte.*

● *Il est nécessaire que le **commentaire** soit **composé**. C'est-à-dire qu'il doit présenter avec ordre un bilan de lecture organisé de façon à donner force au jugement personnel qu'il prépare et qu'il justifie.*

● Apparaissent alors des indications qui ne sont pas toujours aussi claires qu'on le souhaiterait, parce qu'elles demeurent très condensées et de synthèse. Elles semblent annoncer cependant **plus de liberté** laissée aux candidats pour **composer** précisément ce commentaire. Ce seraient :

1. *Plusieurs modes d'organisation sont évidemment possibles. Le commentaire peut se présenter comme un compte rendu qui classe dans un ordre expressif les centres d'intérêt de la lecture.*

Voilà qui correspond – me semble-t-il – à la méthode ordinairement suivie pour conduire le commentaire composé depuis que celui-ci est un des types de devoirs soumis aux candidats. En voici la **méthode de travail** proposée :

- **En évitant :**
– de séparer **fond** de **forme**;
– de **paraphraser**, i.e. de répéter, sans analyser, le texte;
– de **raconter** tout ce que l'on sait sur l'auteur;
– toute **digression**;
la **composition** est la suivante :

- **Introduction**
– avec **situation,** si l'on connaît *l'auteur,* mais très brève; et sur le *genre littéraire,* ou le *mouvement, l'école littéraires* si l'on sent comment y replacer le texte, ou sur la *tonalité,* la *coloration* du texte (au cas ou l'on ne connaîtrait pas l'auteur);
– **idée générale :** *phrase de synthèse* qui dégage l'essentiel du texte et ne doit à aucun prix se rapprocher d'un résumé, ni se noyer dans les détails;
– **valeur formelle** de l'ensemble, i.e. simple formule ou quelques qualificatifs (précisions) et qui peut être glissée au cours de l'idée générale : elle précise clairement la *valeur artistique* perçue dès 1re lecture;
– présentation des **thèmes** ou **centres d'intérêt** principaux du texte autour desquels se construiront les grandes parties du développement (2,3,4? Il en faut **au moins deux**).

- **Développement**
– deux parties obligatoirement au moins (ou trois, quatre – ne pas les multiplier abusivement);

– dans chacune, bien **regrouper** et **recomposer en ordre logique** :
a) **l'essentiel** du thème;
b) ses **nuances,** i.e. pensée, sentiments, tendances faisant partie du centre d'intérêt trouvé, tout ce qui est suggéré en même temps que dit;

– ne pas oublier de parler aussi parallèlement de :
- la **composition** d'ensemble;

- le **vocabulaire** et éventuellement la syntaxe;

- la nature et la longueur de la **phrase;**

- les **tournures** (antithèses, parallélismes, comparaisons, énumérations etc.);

- les **images,** tableaux...;

- les **sonorités** (allitérations, harmonies imitatives);

- les **rythmes** (cadences...), très **importants** et malheureusement souvent oubliés;

- la **métrique** (s'il s'agit d'un texte en vers) i.e. les formes poétiques, mètres, enjambements, rejets, musique, couleur, tonalité...

- la **stylistique** (s'il s'agit d'un texte en prose) i.e. coupes, accents mais aussi musique, couleur, tonalité...

– **rédiger** avec élégance et de façon suivie. Pas de petites remarques posées bout à bout en mosaïque, il n'y a rien de plus mauvais...

- **Conclusion**
– ne jamais la négliger ou la réduire abusivement;
- elle sera constituée : – d'une **mise au point** sur ce qui a été essentiel dans les centres d'intérêt trouvés;
– d'un **élargissement** du problème soit par comparaison avec d'autres, soit en débouchant sur de grandes questions d'ordre général auquel le texte se rattache.
– Une conclusion **n'est pas un point final,** mais une **ouverture** sur des perspectives vastes, suggérant que le texte ouvre un domaine de qualité aux réflexions sur les grands problèmes.

2. La suite du libellé des **instructions ministérielles** laisse entrevoir d'autres possibilités, surtout si l'on se réfère au début du paragraphe : « **Plusieurs modes d'organisation sont évidemment possibles** ». En voici deux autres : « – *Le commentaire peut s'attacher à caractériser le texte en allant du plus extérieur au plus intime et des observations les plus simples aux impressions les plus personnelles.*
– *Il peut reconstruire les étapes successives de la lecture et de la découverte.*
– Il nous a paru intéressant de tenter **deux démarches** de ce type sur un des textes donnés à la session de juin 1983.
– C'est ce qui est proposé avec le texte de **Marcel Arland – Épreuve 17.**

3. Enfin « *le commentaire* » *peut encore, selon la nature du texte, s'inspirer de ses structures mêmes et de sa composition, s'organiser d'après les effets qui s'y développent.*
– Cette dernière suggestion semble assez proche de ce qu'on appelait autrefois « commentaire suivi », à condition cependant de bien méditer sur la directive suivante :
Seule est exclue une démarche juxtalinéaire qui ferait se succéder sans lien entre elles et sans perspective des remarques ponctuelles et discontinues. Une lecture vraie se construit et ne saurait consister en une poussière de remarques.

● Bref : *L'évaluation s'attachera sans aucun formalisme à apprécier les copies selon trois critères essentiels :*
– *la qualité d'une lecture littéraire pertinente, consciente de ses démarches et précise dans ses observations;*
– *l'efficacité de la composition et la justesse d'une formulation nuancée;*
– *la sensibilité et la richesse personnelles qui s'expriment dans la réaction du candidat devant le texte.*

17 COMMENTAIRE COMPOSÉ À L'AIDE DE DEUX DÉMARCHES NOUVELLES DEUX PLANS - REMARQUE
Paris/1ʳᵉ

Un coin de sable, un arbre, un mur, oui, c'était là sans doute mon décor et la source de ma joie. Mais ce coin de sable avait une ampleur de citadelle, où les plus belles aventures pouvaient naître, et cet arbre, dont le tronc, dès la base, se partage en deux branches, c'est son déchirement, sa figure intime, son être propre qui m'émouvait comme un visage et plus qu'un visage. Car tout prenait une âme; il n'était que de rester silencieux, immobile, pour la sentir; et le monde se peuplait ainsi de compagnies amicales et stables, d'autant plus précieuses que nul que moi ne semblait les reconnaître.

Chers refuges. Il m'arrivait, après une journée d'école, de courir jusqu'à une lande, derrière le village, ou à une baraque de cantonnier, au bas de la côte, ou simplement au jardin. Et souvent, maussade, énervé, je ne voyais rien survenir, tout me semblait fermé. J'attendais vainement une heure; je me sentais au comble de la misère. Soudain, je ne sais pourquoi, je ne sais comment, tout est changé; le monde s'est ouvert; je perçois un chant de grillon : comment ne l'avais-je pas entendu, si régulier et strident? Un poirier tremble; une odeur de menthe me serre la gorge. Cet air vif, cette rumeur des peupliers sur la route, ces nuages agiles dans un ciel pensif : voilà ma vie. J'ouvre, je ferme les mains, je respire à peine; mais tout cela respire pour moi. C'est un peu de moi-même et je suis un peu de l'arbre déchiré, de la terre humide, du vent tiède, un peu de l'heure aussi qui a son visage, mon visage.

Marcel ARLAND, *Terre natale*, 1938.

Vous étudierez ce texte sous forme de commentaire composé. Vous pourrez vous interroger, par exemple, sur la manière dont l'auteur fait revivre l'enfant qu'il a été, sur la nature des rapports que ce dernier créait et entretenait avec le monde, et sur les rythmes qui caractérisent cette page.

plan nº 1

1ʳᵉ démarche possible à propos du texte
« en allant du plus extérieur au plus intime et des observations les plus simples aux impressions les plus personnel-

les ». B.O. du 7 juillet 1983, transmettant la note de service n° 83-245 du 27 juin 1983.

I. 1ʳᵉ approche du texte.
Elle révèle :

a) • Quelques simples éléments naturels
« **un** coin de sable » ⎫ l'indéfini supprime toute recherche
« **un** arbre » ⎬ préférentielle
« **un** mur » ⎭
donc tout ce qui représente un peu de nature,

• Voilà qui est bon et suffisant
— pour rendre le jeune Marcel **heureux** : « Source de ma joie » : terme clef ;
— servir de tremplin à son **imagination** : « les plus belles aventures pouvaient naître », autre terme clef (valeur d'analyse et de recherche du style à ce propos : certaines tournures sont comme des pauses au milieu du mouvement narratif — les deux citées en particulier).

• Le reste des phrases est tendu d'une passion sous-jacente avec même des mouvements internes analogues à ceux d'une construction dramatique : narration puis révélation aussi bien dans le premier que dans le second paragraphe. **Citer** — La structure de chaque paragraphe forme d'ailleurs un tout que l'on retrouve de l'un à l'autre — **citer**.

• Ainsi nature pour enfant : rôle d'éducatrice, de confidente, d'amie.
b) • Elle est même un **asile** : « Chers refuges » — autre terme clef.

• L'enfant se rend dans tel « coin » de nature. Il demande — il attend d'elle. Véritable travail de rythmes qui donne le ton de cette *attente* — **citer**.

• Tant que la nature n'y répond pas, il est « au comble de la misère » — terme pascalien :

• « Misère de l'homme » sans cette nature, qui lui permet d'exister.

• Souffrance dans cette absence de manifestation de l'être.

● Insistance donc sur ce sentiment d'attente – **citer** – analogue à celui du fidèle qui attend d'être comblé dans la communion.

c) ● Puis révélation : véritable effet dramatique
– si l'on prend ce terme dans le contexte d'une dynamique du récit.

● Terme charnière-pivot : « **soudain** ».

● Essentiel aussi : « tout est changé : le monde s'est ouvert ».

● Chaque élément est enfin perçu dans ses manifestations simples :
– un chant (grillon)
– un mouvement (poirier),
– une odeur (menthe),
– un ensemble vivant (qualité de l'« air », « rumeur » des arbres, mouvement des « nuages »).

● Même le « ciel » est perçu comme être pensant, – ou sentimental ? : « ciel pensif ».

● Extraordinaire travail des phrases et cadences pour parvenir à la révélation, puis à la fusion parfaite dans le tout.

● L'enfant s'identifie au monde.

● Sens du **tout**. Donc véritable panthéisme enfantin, spontané, confiant...

● Mais aussi sorte de *poème en prose* où cadences suivent deux niveaux : sensations et sentiments de l'enfant et ceux de l'adulte retrouvés en écrivant. Car :

II. 2ᵉ approche du texte,

● qui permet de joindre et déceler les rapports entre l'auteur adulte Marcel Arland et l'enfant Marcel dont il évoque le souvenir.

a) ● Il le voit d'abord dans le passé, d'où l'emploi de l'imparfait. Il analyse alors les réactions de **l'enfant qu'il était :**
– amour pour plantes comme si elles étaient humaines. Exemple arbre (premier paragraphe) : termes très précis : « déchirement », « figure intime », « être propre » ; donc l'enfant lui prête une véritable essence, physique et morale ;

– identité multipliée encore par les possessifs **son, sa, son** appliqués aux termes ci-dessus;
– identification avec être humain traduite par «visage», mais il ne s'agit pas seulement de **traits**; «plus qu'un visage» fait allusion à la **physionomie** avec les expressions qui révèlent pensée et sentiments.

● «**Car**», terme pivot du 1er paragraphe ouvre le monde enchanté de l'enfance. *Cf. L'Enfant et les sortilèges* de **Colette** ou les *Contes* d'**Andersen** ou *Alice au pays des merveilles* de **Lewis Carroll...** où meubles, jouets, animaux... parlent et vivent humainement.

● «Tout prenait une âme». Expression clef.

● Cette transfiguration en êtres humains est à la fois :
– magique : «le monde **se peuplait** ainsi de compagnies amicales et stables», puisque c'est le monde qui agit;
– et création de l'imagination enfantine qui a même ses recettes pour réussir :
«il n'était que» (formule un peu recherchée = il suffisait de) : **silence** et **immobilité.**
Acte entièrement volontaire et vivant.

● Devenu adulte, il revit les moments pénibles, aliénés par «une journée d'école». Ton du récit : «il m'arrivait de courir...»; précision sur les lieux où il se réfugiait : «lande» – «derrière le village»; ou «baraque de cantonnier» – «au bas de la côte»; donc vision très localisée.
Même une nature travaillée par l'homme suffit : «simplement au jardin».

● Il revit ses *états d'âme* d'autrefois :
– celui où il se trouve après ses obligations de la journée : «maussade» – «énervé»,
– celui qui en découle et ne lui permet plus d'entrer en contact avec monde enchanté d'une nature qu'il comprend et qui le comprend : «Je ne voyais rien survenir, *tout me semblait fermé*»,
– son attente inquiète : «J'attendais *vainement* une heure»,
– sa douleur : «je me sentais au comble de la misère», accompagnée d'un sentiment d'abandon que traduit le travail des phrases sèches et des coupes – **citer.**

- Puis comme un déclic, mais inexplicable, mystérieux (mystique?) : « je ne sais pourquoi, je ne sais comment » – C'est le miroir par lequel Alice pénètre au pays des merveilles, ou celui du poète Orphée (**J. Cocteau**).

b) - Effet très bien ménagé de surgissement en trois étapes :
– mauvaise humeur,
– puis attente,
– puis « soudain »...;

- Or c'est une **révélation** qui n'a pas lieu seulement chez et pour l'enfant, mais aussi chez et pour l'adulte écrivain.

- Le passage à l'emploi du *présent* est significatif. L'adulte devient totalement l'enfant d'autrefois. Il vit les instants qu'il évoque.

- Pourquoi ? parce qu'ils ont été si intenses qu'ils le sont à nouveau et multipliés par le phénomène de l'écriture qui les recrée, les façonne, les fixe, tout en leur gardant leur qualité spécifique : la sincérité.

- Le tableau évoqué **est** devant lui, l'écrivain Marcel Arland ; toutes les sensations éprouvées autrefois enfant, il les éprouve de nouveau adulte. Le souvenir devient sentiment présent : « je perçois » « j'ouvre, je ferme les mains ». *Cf.* **J.-J. Rousseau**, *Confessions*.

- Notion subtile d'existence : il n'est même plus sûr d'être lui : « je respire à peine » ; pourtant c'est ainsi qu'il existe vraiment : **« voilà ma vie »**.

- Des liens balancés se sont tissés entre les deux paragraphes :
– montée de la révélation de l'âme des choses dans le premier paragraphe parallèle à révélation (intensité encore plus forte) que son âme à lui (l'enfant, l'écrivain ? les deux en réalité) n'est pas individuelle, séparée mais qu'elle se fond avec celle du monde (deuxième paragraphe).

- Des termes sont repris qui montrent cette progression jusqu'à fusion complète dans les choses :
« déchirement » (1er) correspond à « arbre déchiré » (2e) « m'émouvait comme un visage » à « qui a son visage, mon visage ».

- **Ou** des formulations sont parallèles entre 1ᵉʳ et 2ᵉ paragraphe, mais avec épanouissement de plus en plus fort et complet dans le second : « le monde se peuplait ainsi de compagnies amicales et stables », est parallèle à « tout cela respire pour moi. C'est un peu de moi-même » **ou** entre panthéisme ébauché du 1ᵉʳ paragraphe et tout à fait complet du second...

- Tout un **jeu de possessifs :** 1ᵉʳ paragraphe « *son* déchirement », « *sa* figure intime », « *son* être propre » parallèles à (2ᵉ paragraphe) « *son* visage, *mon* visage... » ;
Jeu de *démonstratifs :* « *cet* arbre » (1ᵉʳ paragraphe), *cet* air vif, *cette* rumeur, *ces* nuages (2ᵉ paragraphe).

- Donc on aboutit à une relation écrite du souvenir de ses perceptions et découvertes, de l'intensité de son attente et de sa quête d'enfant.

- ... Mais rendues présentes donc mille fois plus fortes, parce qu'il les écrit, devenu adulte.

plan n° 2

Autre démarche possible à propos du texte, *où l'on « peut reconstruire les étapes successives de la lecture et de la découverte »* (B.O. du 7 juillet 83... voir plus haut).

- Ce serait donc une sorte de grande **analyse** avec regroupement des nuances, selon des **directives thématiques.**

ébauche

- Partir de l'idée générale :
Souvenir retrouvé au fur et à mesure que l'écrivain, des années après, écrit sur son enfance.

- *Puis détacher en les groupant les **nuances essentielles :***

- Retrouve lieux, nature, sensations, sentiments, ses découvertes.
Sa joie (fusion dans l'âme universelle). Reprendre chaque point avec précision en s'appuyant sur termes du texte.

- Mais ce qui était ressenti est revécu et en même temps subtilement analysé. Remodelage du passé par mémoire affective et par écriture :
- phénomène de surimpression qui devient recréation du souvenir ; création de la page poétique ;
- confrontation du passé que la mémoire ressuscite et du moment actuel de l'écriture, parallèlement marqué.

- Par les **rythmes** :
parallélismes ; balancements ; rythme dramatique ; presque extatique.

- Par un phénomène d'**écho** entre les deux paragraphes.

- Par des répétitions, des recherches raffinées (« *nul que moi ne semblait...*). **Citer et reprendre chaque détail en l'approfondissant.**

- Rapport à soi-même.
Appréhension globale et intuitive des sensations.
Tentative d'analyse latente.
Bonheur.
D'où poésie. Page lyrique.

— **Reprendre chaque point dans le texte.**

remarque

- Bâtir introduction et conclusion en se reportant aux indications données à leur sujet dans le commentaire composé de facture traditionnelle.

- Les indications officielles précisent bien que le texte à commenter *doit pouvoir être compris et apprécié sans que soit nécessaire la connaissance de l'œuvre dont il est tiré. Toutes les informations indispensables sont fournies avec le sujet : titre de l'œuvre, date de sa publication et, si besoin est, indications sur le contexte précis dans lequel le passage prend sens.*

• Voici cependant à titre documentaire, utiles souvent pour la **situation (introduction)** ou pour **ouvrir** la fin de la **conclusion,** quelques précisions sur **Marcel Arland.**

• Né en 1899 en Haute-Marne, de souche paysanne « Aux confins de quatre provinces : Bourgogne, Lorraine, Champagne et Franche-Comté, cette centaine de collines et de vallées que je réclame comme ma terre natale participent des traits de chacune d'elles. C'est pourquoi l'apparence en est multiple et facilement déconcertante. » *(Terre natale).*
– Orphelin de père à quatre ans ; mère austère et vivant dans le culte de son mari mort ; elle y plonge ses deux fils (frère aîné de trois ans).
– Très attaché à son village. Rêveries enfantines dans les champs – amour de sa campagne.
– Bonnes études (humanités classiques), brillants succès, grande culture.
– Après baccalauréat, part pour Paris, mais ne fera pas carrière universitaire ; se dirige vers littérature.
– Séduit par mouvement dada, rencontre **Breton** en 1920, puis **Malraux,** mais surtout son livre *Terres étrangères* est accueilli avec enthousiasme par **A. Gide, Valery Larbaud** et **Jean Paulhan.**
– **Jacques Rivière** qui dirige la N.R.F l'y introduit définitivement.
– Sa vie pendant l'entre-deux-guerres se confond avec son œuvre littéraire (se marie aussi. Une fille).
– Très troublé par collaboration en 1940-1945, rompt en 1942 avec son ami **Drieu La Rochelle.**
– En 1948 dirige le premier grand colloque d'écrivains à Royaumont, puis entretiens de Cerisy. Directeur de la N.R.F. quand elle reparaît avec **Jean Paulhan.**
– En 1952 : Grand Prix de Littérature de l'Académie française – en 1960 : Grand Prix national des Lettres.
– Arland, « spontané, impulsif, ingénu, meurtri, avide, tourmenté » « écoute de tout son être admirablement présent » **(R. Guérin)** les « instants nus et clairs » « les ineffables petits riens » **(A. Miguel).**
– Son œuvre glisse souvent du roman à l'autobiographie. Excellent nouvelliste.

— D'une sensibilité continuellement en éveil, il « tradui[t] presque toujours [...] la recherche » « d'un accord avec le monde fondamental » (**Arland**).
— De ses œuvres citons : *Terres étrangères* – 1923 ; *Antarès* – 1932 – ; *Terre natale* – 1938 – ; *Anthologie de la poésie française* – 1941 ; *Essais et nouveaux essais critiques* – 1952 ; *L'Eau et le feu* – 1956 ; *A perdre haleine* – 1960 (Gallimard), entre autres.

quelques formules

● « Il a [...] une sorte de croyance en un absolu de petits faits, de menues coïncidences, de regards comblés par d'ineffables petits riens. » **A. Miguel.**

● « Je songe à Marcel Arland comme à l'infatigable marcheur qui ne cesse d'interroger les pierres, les plantes et les arbres, de chercher des signes dans le monde. » **A. Miguel.**

● « Varennes (2) est poignant : cette double rangée de demeures serrées le long de la longue arête sinueuse. [...] Tout est beau alentour. » **J. Grosjean.**

bibliographie

● **Jean Duvignaud,** *Arland,* Gallimard/NRF, La Bibliothèque Idéale, 1962.

● **A. Eustis,** *Trois Critiques de la N.R.F.,* Au carrefour des lettres, 1962.

● **M. Nadeau,** *Littérature présente,* Corréa, 1952, et réédit.

● **Gaétan Picon,** *Panorama de la nouvelle littérature française,* Gallimard, 1960 et réédit.

● **Maurice Nadeau,** *Le Roman français depuis la guerre,* Gallimard/Idées n° 218.

---

(1) A retenir, si possible. – **2.** Le village natal de M. Arland. Haute-Marne.

18 COMMENT RÉDIGER UNE INTRODUCTION? PLAN DÉTAILLÉ

Nice-République populaire du Congo-Hte-Volta/1re Session de remplacement

Les horloges

La nuit, dans le silence en noir de nos demeures,
Béquilles et bâtons, qui se cognent, là-bas;
Montant et dévalant les escaliers des heures,
Les horloges, avec leurs pas;

Émaux naïfs derrière un verre, emblèmes
Et fleurs d'antan, chiffres maigres et vieux;
Lunes des corridors vides et blêmes,
Les horloges, avec leurs yeux;

Sons morts, notes de plomb, marteaux et limes,
Boutique en bois de mots sournois
Et le babil des secondes minimes,
Les horloges, avec leurs voix;

Gaines de chêne et bornes d'ombres,
Cercueils scellés dans le mur froid,
Vieux os du temps que grignote le nombre,
Les horloges et leur effroi;

Les horloges
Volontaires et vigilantes,
Pareilles aux vieilles servantes
Boitant de leurs sabots ou glissant sur leurs bas,
Les horloges que j'interroge
Serrent ma peur en leur compas.

Émile VERHAEREN, *Au bord de la route.*

Sous la forme d'un commentaire composé, vous rendrez compte de votre lecture personnelle de ce texte. Vous pourriez par exemple – mais cette indication vous laisse toute liberté de choisir votre démarche – étudier comment l'interrogation angoissée du poète interprète en la déformant la réalité sensible.

comment rédiger une introduction?

Méthode et procédés	Texte rédigé
1. Commencer par la **situation**. Il se trouve que le poème donné ici ne fait pas partie de ce qui est le plus connu chez **Verhaeren**; quand on est au courant, préciser les œuvres susdites bien connues, c'est la façon la plus agréable de situer l'auteur. **2.** Si de plus, on sait le replacer dans une école littéraire, ne pas hésiter non plus à le faire, sans s'éterniser bien sûr. **3.** Les précisions ici données seraient à placer facultativement dans l'introduction. **4.** ... ainsi que ces vers cités. A partir du moment où ils seraient utilisés, il est préférable de les accompagner de références précises. Ils sont ajoutés ici en vue de la documentation complète, surtout si la tendance se confirme de présenter des dossiers de recherche, à l'oral. La documentation est donc à double but. **5.** La **situation** doit devenir **de plus en plus précise**; du plus général au plus près du texte lui-même... **6.** ... sans hésiter à comparer avec un autre art, rapidement, quand c'est possible.	Poète visionnaire des *Villes tentaculaires,* des *Campagnes hallucinées* (1), durant toute sa vie **Verhaeren** jouit d'un grand prestige, eut une forte influence, bien que s'inscrivant souvent à contre-courant du symbolisme et du Mouvement décadent (2). Tels (3) en témoignent ces vers du New-Yorkais **Stuart Nerrill,** autre poète francophone (**Verhaeren**, lui, est Belge) : « Vous évoquez l'effroi, la bataille et la mort Et la rage de l'homme en lutte avec le Sort, La cité qui flamboie et la forêt qui brûle ». *(Dédicace* à **E. Verhaeren** in (4) *Une voix dans la foule.)* De la plaquette *Au bord de la route,* un des premiers recueils, 4e recueil exactement, est extrait ce poème *Les Horloges* (5). Il fait apparaître cette ombre intérieure, cette angoisse pessimiste qui a poussé certains à apparenter toute la première partie de l'œuvre de **Verhaeren** à bien des toiles de son compatriote Van Gogh (6). En effet (10), *Les Horloges* traduisent

7. En même temps que **l'idée générale** est abordée, ne jamais oublier quelques mots sur la **valeur formelle** de l'ensemble, i.e. **la tonalité stylistique.**
8. Qu'elle soit placée au milieu de l'idée générale qui reprend ici sous *forme interrogative* est sans importance. Les entremêler est même souvent un bon procédé de rédaction.
10. Ne jamais oublier les **liaisons** logiques.
11. Introduire enfin les **thèmes** en souplesse. Bien dégager chacun, les délimitant avec rigueur en deux phrases différentes. On peut éventuellement les souligner de façon différente ou même préciser, comme ici, 1er *thème* (ou *I*); 2e **thème** (ou II).

un aspect un peu chaotique d'une imagination assombrie, ce que souligne encore plus sa versification en train de se libérer [(ce terme de « versification libérée », loin de la rigidité des strophes traditionnelles est celui qu'il appliquera à ses *Villes tentaculaires.*) (3)] Certes (10) n'est-ce pas ici la voix du Temps, développant l'« effroi » des hommes par son avance inexorable, qui est traduite à travers la représentation fantastique d'« horloges » semblables à des vieilles maléfiques (8)? *C'est pourquoi* (10) [*1er thème*] (11) *tout est d'abord observation d'une réalité que la sensibilité du poète transmet en images successives.* **Mais** (10) **(2e thème) nous assistons à sa déformation progressive, si bien qu'une angoisse hallucinée se tisse parallèlement et peu à peu transforme les horloges en êtres anthropomorphes mais surnaturels.**

plan détaillé

I. La réalité.

● Celle que ses sens perçoivent :

● **l'heure** : la nuit, traduite par sa couleur caractéristique : « noir », et sa qualité auditive : « silence »;

● **le décor** = « nos demeures ». Noter ce « nos » dont le pluriel généralise la localisation tandis que la 1re personne touche tous les lecteurs : c'est ainsi chez tous les humains que nous sommes;

● seul élément de **vie** : « les horloges ». Noter la reprise du titre en répétition à la tête de chacun des 4e vers des quatre quatrains, puis en tête du sixain final. « Les horloges » constituent même seules le premier vers de cette dernière strophe avant d'être reprises une fois de plus dans l'avant-dernier octosyllabe.

- Bref, une sorte de filigrane ciselé à travers le poème et représentatif de la présence, de la permanence des « horloges ».

- Elles vivent en effet, car elles sont *mouvement :* première qualification détachée par une double coupe en fin de 1er quatrain : « Les horloges,/avec *leurs pas,...* »

- ... et surtout *sonorité,* car leur tic-tac meuble continuellement la nuit du « babil des secondes minimes », jolie périphrase appuyée sur la voyelle légère : i et sur le chevrotement des labiales : « *bab*il » entrelacées dans les nasales : « secoNdes MiNiMes » : bruit doux mais continu (effet d'ondes des nasales).

- Le poète les **décrit** aussi. Ce sont des objets précis que leurs cadrans dont le fond est d'« émaux naïfs », donc au dessin simple, un peu vieilli, et la protection vitrée; l'expression : « derrière un verre » est même de formulation presque prosaïque.

- Ne peut-on évoquer **Rimbaud** et ce *Buffet,* sonnet de ses 16 ans? ou telles précisions dans les *Illuminations* où il affirme tant aimer « rythmes naïfs » ou « peintures » et « enluminures populaires » ou anciennes?

- L'enjambement entre les deux décasyllabes détache l'évocation d'« emblèmes,// Et fleurs d'antan... » (= d'autrefois), peut-être glissés en souvenir entre cadre et verre, comme ces fleurs sèches dont **Baudelaire** rappelle dans un des *Spleen (J'ai plus de souvenirs...)* qu'elles encombrent les vieux meubles : « Je suis un vieux boudoir plein de roses fanées
  Où gît tout un fouillis de modes surannées... »

- Décrits encore avec réalisme, les « chiffres » qui complètent le cadran et dont l'écriture ancienne est déliée, ce qui explique d'abord l'adjectif « maigres ».

- Sur ces chiffres, appelés aussi plus loin « le nombre », ce sont les aiguilles qui se dessinent en forme de « compas ».

- Enfin la matière dont sont fabriquées ces horloges est précisée aussi, non seulement celle des cadrans en « émaux » « derrière un verre », mais celle des boîtiers qui les contiennent, en même temps que leur forme est esquissée : « gaines de chêne », « boutique en bois », se dressant comme des « bornes ».

- S'agit-il de ces hautes horloges sur pied aux coffrages de bois sculpté ? ou de celles fixées au mur à l'emboîtage d'ébénisterie, lui aussi ? La précision : « scellés dans le mur froid » privilégie la deuxième solution, sauf s'il faut la comprendre symboliquement.

- En tout cas, ces horloges sont dotées d'une qualité de persévérance qui traduit la bonne marche du mécanisme. Sans discontinuer elles notent le temps : « *vo*lon*T*aires et *vi*gilan*T*es ». Ces deux adj., à eux seuls constituent l'octosyllabe et s'appuient sur des accents soutenus d'allitérations, véritable harmonie imitative du rythme régulier et cadencé des pendules.

- Telle est la réalité observée, celle que les perceptions du poète, spécialement la vue et l'ouïe, lui rendent sensible.

II. Fantasmes angoissés.

- Mais cette réalité n'est que prétexte.

- Elle sert tout de suite de point de départ à de véritables fantasmagories.

- Est-ce « la nuit » (si bien détachée par la coupe paire, dès
le 1er vers du poème : « $\overset{2}{\overgroup{\text{La nuit,}}}$ / ... » dont le « silence » et le « noir » aident l'imagination à plonger dans le fantastique ?

- Dès le second vers le ton est donné. Il s'agit de bruits inquiétants, ceux qui accompagneraient l'avancée de fantômes ou démons : les deux alexandrins rythment par tous les procédés métriques qui s'y concentrent une montée d'inquiétude :

  « B**é**qu**i**lles et B**â**t**o**ns, / **qui** se **co**gnent, / là-bas ;
  M**o**nt*ant* et dév*al*ant... »

Ce sont : allitérations de labiales, puis deux coupes imitatives d'une démarche claudicante, détachant un verbe-image « se cognent », souligné par une autre allitération, celle très dure des gutturales ; une rupture métrique détache l'adverbe « là-bas » pour mieux terrifier – ces bruits étant dans le lointain n'en sont que plus effrayants –, tandis que les assonances des participes présents qui suivent imitent les mouvements inexplicables et contraires effectués sur d'éventuels « escaliers ».

● S'agit-il d'êtres maléfiques ? de vieillards ? d'aveugles ? On songe même aux *Aveugles* de **Baudelaire.**

● Ce qui multiplie l'effroi, c'est qu'ils ne sont pas vus mais seulement ouïs et c'est à partir de ces « sons morts, notes de plomb », que l'imagination cherche à les concevoir, hésitant dans la cause qu'elle attribue à ce que le poète croit entendre : « bâtons » d'abord, « marteaux et limes » ensuite (ces derniers ont des sonorités obsédantes et perfides).

● Ce n'est pas mieux quand le regard les joint (2ᵉ strophe), car très vite l'observation se mue en vision pénible : « Lune des corridors vides et blêmes »...

● ... sortes de néants arrondis, d'apparences de cercles dont la coloration est celle des spectres, elles se superposent rapidement en forme de « bornes d'ombres », en même temps que l'œil passe du cadran au boîtier, mais dont la forme brumeuse est tout aussi inquiétante.

● La peur les qualifie alors de « cercueils », ils deviennent les « vieux os du temps », glissant du contenant au contenu et ces squelettes mêmes reprennent vie puisqu'ils « grignote[nt] le nombre »... ou en sont grignotés...

● D'ailleurs, ce qui est bien la marque de la peur « serr[ée] » par ces fantasmes, c'est la vitalité d'un fantastique si bien peuplé d'ombres en mouvement.

● Chacun des quatrains en un dernier vers impair (sept pieds) donc qui apporte un rythme syncopé, chaque fois construit de façon similaire comme une sorte de refrain, détache les marques de vie – ou d'humanité travestie :

« Les horloges, // avec *leurs pas ;* – Les horloges, // avec *leurs yeux ;* Les horloges, // avec *leurs voix ;* – Les horloges / et *leur effroi ;* »...

● Car ces attributs sont ceux des humains et chaque quatrain les distille avant de les résumer dans l'heptasyllabe : bruit des mouvements dans le premier, ce qu'on en voit dans le second, murmures divers dans le troisième, tandis que le quatrième devient hallucinations où sensations visuelles (« ombres » par exemple), auditives (« grignote ») et même tactiles (« froid ») s'allient pour multiplier l'« effroi ».

● Curieusement, la dernière strophe plus longue (six vers), plus variée dans sa métrique (v. de quatre pieds + deux octosyllabes + alexandrin + deux octosyllabes) est en même temps appuyée sur un rythme plus régulier puisque chaque vers est pair.

● Tandis que les quatrains qui jouent sur l'alexandrin, le décasyllabe et l'octosyllabe, déboîtent sur l'heptasyllabe impair final.

● Or, cette dernière strophe correspond à la précision moins terrifiante d'hallucinations qui finissent par se fixer sur du quotidien : de « vieilles servantes ». Les « béquilles et bâtons » du début et toutes les horreurs de gueuserie démoniaque qu'elles pouvaient impliquer deviennent un tableau emprunté à la vie familière :

« Boitant de leurs sabots ou glissant sur leurs bas, »
tandis que les qualités de ces gardiennes
« Volontaires et vigilantes »
rassureraient plutôt.

● Le poète n'en est plus à « leur effroi » (curieux emploi du possessif dont le sens est l'effroi qu'elles provoquent plutôt que celui qu'elles éprouvent).

● Il peut même les « interroge[r] ». Noter là un vers très scandé : « Les h**o**rl**o**ges que j'inte**rr**oge », grâce à l'assonance en **o** soutenue de la double allitération **R** et **g** (ou **j**) : encore une harmonie imitative du tic-tac régulier, mais aussi la représentation par le son de la question de l'homme.

- Cette question, c'est toujours la même : pourquoi le temps s'écoule-t-il ? ce temps qui conduit l'homme à l'issue fatale.

- Chacune des images traite de cette destinée irréversible
« Montant et dévalant les escaliers des heures... »,
« Vieux os du temps que grignote le nombre... »,
tandis que de « mots sournois » en « babil des secondes minimes » (ces très petites marques des heures dont le murmure ne cesse pas, symbolisé par les paroles des petites vieilles), « Les horloges que j'interroge // Serrent ma peur en leur compas. »

- Oui, l'homme aura beau leur demander, depuis la plus haute antiquité, de suspendre « leurs pas », la réponse est toujours négative et le mouvement des aiguilles sans rémission ; ce « compas » qu'elles dessinent par leur position sur le cadran, rien ne l'arrête, il « serre » et enserre l'homme à jamais, l'homme et sa « peur », résultat du Temps qui passe...

Conclusion.

- Ainsi chaque élément de la réalité est devenu matière à envahissement progressif de l'angoisse, l'imagination terrifiée transformant ce qu'elle voit ou entend en sonorités ou silhouettes hallucinatoires.

- C'est bien l'action de la nuit, de la peur et de l'interrogation sans réponse qui déforme un tic-tac en son de « béquilles et bâtons », un cadran en « lune... blême » ou des aiguilles en « compas » qui étrangle peu à peu la vie humaine.

- De même manière **Laforgue,** autre symboliste, très admiré alors de **Verhaeren,** clamait la solitude et la détresse définitives d'une condition douloureuse et nostalgique, l'« Éternullité » : « Alleluia, Terre paria. // Ce sera sans espoir, // De l'aurore au soir... » *(Simple Agonie* in *Complaintes).*

- Mais très vite **Verhaeren** va abandonner cette fuite devant la vie caractéristique des symbolistes et sur les traces de Hugo chantera « un panthéisme clair et l'effort humain » **(Clancier).**

● Il fera ainsi œuvre nouvelle et dans *Heures claires, Visages de la vie* ou *Rythmes souverains* (1910) pour ne citer que ces titres, chantera l'avenir d'un monde auquel cet idéaliste généreux va croire avec enthousiasme.

quelques formules

● « On avait affaire (avec Verhaeren) à un homme sanguin, amoureux de la vie et qui aimait à l'exalter, à en exagérer le tumulte, plutôt que de la mépriser ou de l'embrumer, comme faisaient les symbolistes. » **P. Martino.**

● « C'est pour suivre le mouvement décadent, qu'il offrit quelque temps [...] des paysages tristes, des méditations où le poète dit son dégoût du "journalier mirage". ***Idem.***

● « On a beaucoup parlé de cette période de dépression chez Verhaeren : la raison chancelle, le fantasme foisonne, mais l'écriture s'affermit et trouve son *tempo*. » **M. Piron.**

● « Jamais on n'imaginerait à travers ce poète fervent, un homme calme et bon. Or son visage [...] ne laisse transparaître que des passions et des extases. » **Stefan Zweig.**

bibliographie

● **Franz Hellens,** *Verhaeren,* Seghers, 1953, puis rééditions.

● **A.M. de Poncheville,** *Vie de Verhaeren,* Mercure de France, 1953.

● **Noël Richard,** *Profils symbolistes,* Nizet, 1978.

● **Noël Richard,** *A l'aube du symbolisme,* Nizet, 1961.

● **Verhaeren,** *Poèmes choisis* présentés par **Robert Vivier** Bruxelles, Renaissance du livre 1977 ; Nlle édition avec étude de l'œuvre par **Raymond Trousson,** 1982.

● **Verhaeren,** *Les Campagnes hallucinées, Les Villes tentaculaires,* préface de **M. Piron,** Poésie/Gallimard, 1982.

19 RECHERCHE DES IDÉES POUR L'ÉLABORATION DE DEUX THÈMES D'ÉTUDE SUR DEUX CENTRES D'INTÉRÊT D'UN TEXTE PLAN – REMARQUES DE MÉTHODOLOGIE
Amérique du Sud/Terminale

Sur une barricade, au milieu des pavés
Souillés d'un sang coupable et d'un sang pur lavés,
Un enfant de douze ans est pris avec des hommes.
– Es-tu de ceux-là, toi ? – L'enfant dit : Nous en sommes.
– C'est bon, dit l'officier, on va te fusiller.
Attends ton tour. – L'enfant voit des éclairs briller,
Et tous ses compagnons tomber sous la muraille.
Il dit à l'officier : Permettez-vous que j'aille
Rapporter cette montre à ma mère chez nous ?
– Tu veux t'enfuir, – Je vais revenir. – Ces voyous
Ont peur ! Où loges-tu ? – Là, près de la fontaine.
Et je vais revenir, monsieur le capitaine.
– Va-t'en, drôle ! – L'enfant s'en va. Piège grossier !
Et les soldats riaient avec leur officier,
Et les mourants mêlaient à ce rire leur râle ;
Mais le rire cessa, car soudain l'enfant pâle,
Brusquement reparu, fier comme Viala (1),
Vint s'adosser au mur et leur dit : Me voilà.

La mort stupide eut honte, et l'officier fit grâce.

Victor HUGO, L'Année terrible (2).

Vous ferez de ce texte un commentaire composé. Vous pourrez, par exemple, vous attacher à montrer comment par son art le poète transfigure une simple anecdote, l'élevant peu à peu à la hauteur de l'épopée.

remarque

● La composition du commentaire traditionnellement appliquée depuis qu'un des types de sujets du Baccalauréat est **le**

---

(1) Viala : (1780-1793) jeune volontaire des armées de la République, tué sur les bords de la Durance en essayant de couper les câbles des pontons pour empêcher les royalistes de franchir la rivière.
(2) *L'année terrible :* de l'été 1870 (début de la guerre contre la Prusse) au printemps 1871 (écrasement de la Commune).

commentaire composé *« se présente comme un compte-rendu qui classe dans un ordre expressif les centres d'intérêt de la lecture ».* B-O du 7 juillet 1983 transmettant la Note de Service n° 83-245 du 27 juin 1983.

- Or chacun de ces centres d'intérêt regroupe toutes les nuances qui dans le texte s'y rattachent précisément.

- L'idéal serait de dominer suffisamment la page à commenter pour y voir tout de suite le classement de ces nuances.

- Mais il est rare qu'un élève parvienne du premier coup à cette faculté de synthèse.

- Une méthode, un peu balbutiante certes, mais qui permet de bien approfondir sa lecture du texte, crayon à la main, est proposée ici. Il s'agit bien sûr de la recherche faite au brouillon.

- Partageons par exemple la page en deux colonnes. Titrons chacune de la formule, trouvée (en fin d'introduction) pour présenter chacun des deux centres d'intérêt principaux.

- Puis au fur et à mesure de la lecture attentive du texte, notons dans l'une ou l'autre colonne et selon ce qui se rapporte à l'un ou l'autre thème tout ce qui doit être remarqué : pensée, sentiments, tendances ; mais aussi stylistique ou métrique, bref à la fois *fond* **et** *forme* **sans jamais les dissocier.**

- Comme le précise le même B-O. :
Tout candidat qui a sérieusement appris à lire des textes littéraires, réfléchi sur la méthodologie de la lecture et acquis un vocabulaire technique simple doit pouvoir aborder l'exercice avec des chances raisonnables de réussite.

plan

Introduction

- **V. Hugo,** le plus grand poète et romancier du XIXe siècle.

- Père de toute poésie moderne. Sans lui, elle ne serait pas ce qu'elle est aujourd'hui.

- De plus en plus, au cours des années et de l'œuvre, poésie engagée.
- « Convictions républicaines. Sympathies pour la Commune.
- *L'Année Terrible* : recueil fin de vie.
- Ici fait réel : attaque d'une barricade.
- Jeune participant communard est le héros de l'épisode.
- Dialogue simple, réparties bien lancées, style parfois presque prosaïque.
- Ier thème : simplicité de l'anecdote dramatique.
- IIe thème : sa transfiguration épique.

recherche des idées pour l'élaboration de deux thèmes d'étude sur deux centres d'intérêt

I. Simplicité de l'anecdote dramatique

- **les trois premiers vers :** Alexandrins donc correspondent à style narratif
- Précisions : lieu où se situe l'action.
- Présentation du jeune garçon : double inversion (les deux premiers vers) renvoie « *enfant* » en place de choix, début 3e vers. Vocabulaire très simple, donc :
- Drame est dans manière dont métrique est utilisée.

II. Transfiguration épique (héros)

- Les trois premiers vers
 – « *souillés* » – « *lavés* » : grandeur épique révélée par superbe chiasme = parallélisme en croix

  A   B
 souillés d'un sang coupable
  B'   A'
 et d'un sang pur lavés
 de part et d'autre de la césure partageant en deux hémistiches réguliers.
 Soutenu par répétition : « sang ».

– Précision aussi sur âge : « *12 ans* » : atteint sensibilité du lecteur. Mais présentée sans recherches apparentes.

- **v. 4-5-6.**

– « *Ceux-là* » : mépris, coupe à la césure qui souligne le monosyllabe :

« /, toi ? // »

entre deux coupes.

Il arrête l'enfant mais lui pose quand même la question.

Il essaie de le sauver.

Un hémistiche pour question d'officier.

– « *officier / ... fusiller* » : coupe à la césure – rime intérieure – Ton autoritaire d'abord coupes 2-4 :

C'est bon, / dit l'officier qui traduisent gêne de faire fusiller un enfant. Puis prend de l'assurance d'où 2e hémistiche d'une seule émission :

« *on va te – (6) – fusiller.* »

– « *Attends ton tour. //* : allitération – (4) – des dentales.

Coupes paires : 4 + 8

– véritable **tableau** de guerre civile, mais présenté en un vers et demi par une

– Donne dimension exceptionnelle à « *pavés* » à la charnière de l'enjambement v. 1/2.

- **v. 4-5-6.**

– « *nous en sommes* » : grandeur héroïque dans simplicité. « *Nous* » n'est nullement recherché (*cf.* Gavroche dans *Les Misérables*) = ne se sent pas seul. Soutenu par communauté. Est avec les autres communards.

Un hémistiche pour réponse du garçon.

Enfant ne renie pas ses convictions. Répond avec courage et grandeur.

– « // *L'enfant voit des éclairs briller* »
– 8 –

l'alexandrin qui suit se rattache à ce deuxième membre pair du v. 6.

« *Et tous ses compagnons* **tomber** *sous la muraille* » simplicité de douleur dans ce v. 7.

Commentaire composé

couleur (« *éclairs briller* ») et un mouvement (« *tomber* »)
*... des éclairs briller,
Et tous ses compagnons tomber sous la muraille* »
– **couleur** du tableau est vive (« *éclairs briller* ») : ton « *feu* » donc couleur suggérée, non termes précis du prisme.
– contraste de **mouvements** celui des « *éclairs* » celui de « *tomber* ».
– *deux* **gros plans** sur les « *éclairs* » des fusils, et sur les « *compagnons* ».
– **un décor :** « *muraille* » = **formes** massives – **lignes** raides à angles droits.
● **v. 8-9.**
– Forme prosaïque pour 1er hémistiche : « *Il dit à l'officier :* » / toujours même simplicité voulue pour mieux préparer coup de théâtre final
– trompe-l'œil : question qui suit semble gênée à force de politesse. Phrase longue opposée à dialogue sec précédent et même redoublement d'expression : « *à ma mère* », devrait suffire, pas besoin de « *chez nous* ».
● **v. 10 à 13.**
Dialogue net – sec – petits morceaux de phrases. Enjambement et nombreuses coupes . Dialogue tel un

Ici c'est bien un décor de guerre rendu inquiétant par les « *éclairs* » = coups de fusil et le mouvement des morts et blessés « *tomber* ».
Or épopée = récit des exploits (hauts faits) d'un héros d'où souvent atmosphère guerrière ; c'est le cas ici. Ex. Homère : Guerre de Troie *(Iliade)*.
Violence traduite visuellement (« *voit* »). Mais ce qui est héroïque, c'est que ce qu'il voit ne change pas attitude courageuse du garçon.

● v. 8-9.
– opposition dans la construction métrique du deuxième hémistiche du v. 8 allié par enjambement au v. 9.

Question avec toutes les formes même un subj. : « *que j'aille* » mais ce n'est pas l'embarras, comme on pourrait en avoir l'impression. Ménage intérêt → révélation finale plus grandiose.

● v. 10 à 13.
Tout se développe de façon à ce que lecteur regarde peu à peu enfant comme **un héros**.
– Il reviendra se faire tuer :

combat verbal : succession de réparties. Alexandrin volontairement désarticulé (« J'ai désarticulé ce grand niais d'alexandrin »).
– Opposition d'idées politiques entre les deux personnages. Ils ne sont ni du même parti ni de la même classe sociale.
– Mépris cruel de l'officier
(« *Ces voyous*
 Ont peur ! »)
L'enjambement met en valeur les deux termes méprisants l'un socialement, l'autre moralement.
De même opposition qui précédait avec rime intérieure : « *t'enfuir... revenir* »
– Cependant (au 13ᵉ vers), officier saisit sa chance de sauver l'enfant. Chiasme le souligne :
« *Va-t-en, drôle !* //

    A   B
  – *L'enfant s'en va* »
    B'   A'

– *L'enfant s'en va* »
Simplicité voulue de cette courte phrase qui par conséquent apporte une touche dramatique (surtout **monosyllabes**).

● **fin v. 13 et v. 14-15**
– « *Piège grossier !* » : hommes et officier croient que notion de futur marquée par « *Je vais* » – phrase fortement affirmée, avec asyndète (pas de liaison) : « *Je vais revenir* ».
Réponses polies pour la seconde fois alliées à un naturel détaché des contingences de la mort.
– Enfant sent que le garde ne le croit pas mais il le domine de son calme tranquille avec répétition de même affirmation :
« *Et je vais revenir,* / *monsieur le capitaine.* »
Rythme régulier de ce vers : 6+6, douceur harmonieuse des sonorités *i+ai*, précisions sur vie quotidienne : *Là, près de la fontaine* » contribuent à souligner la grandeur simple de l'attitude, absolument parallèle à la grandeur courageuse des intentions.

– « *L'enfant s'en va* »
héroïsme de cette simplicité *cf.* **Homère,** modèle des grands poètes épiques. Chaque fois que l'action est héroïque, la simplicité de l'expression la met en valeur.

● **fin v. 13 et v. 14-15**
– Répétition de « Et » en début de chaque vers (14-

Commentaire composé

l'enfant s'est fait prendre au piège mis en œuvre par l'officier pour le sauver.
– Remarquer phrase nominale (= sans verbe), très brève, et exclamation : claque comme un rire. Rythme.
– Rire des « soldats » (début vers) et de l'« officier » (fin vers) justifié par leur soulagement de ne pas avoir à fusiller un enfant.
– Donc si complicité de « soldats » et « officier » (montrée par position aux deux extrémités du même vers), réunis pour se moquer, c'est qu'elle cache aussi émotion donc une certaine humanité.
– Décor dramatique sur lequel se détachent
« *soldats* }
officier } capables de « *rire* »
en pleine bataille.
• v. 16-17-18
« Mais » : le décor change d'atmosphère. Rythme rendu grave dans cet hémistiche par la présence des **e** suivis de consonnes donc prononcés :
« *Mais le rire cessa* / », = surprise.
– multiplication des termes qui traduisent stupéfaction, véritable effet de coup de théâtre : « *soudain* » « *brusquement* ».

15) ce qui provoque ampleur de chaque alexandrin.
– Particulièrement v. 15, construit comme le précédent (« *et* » répété : stylistique gréco-romaine – vers épique – rebondissement de phrase).
Véritable tableau de champ de bataille.
– Antithèse du « *rire* » (des attaquants de la barricade) et du « *râle* » des « *mourants* »
– Décor sombre, en contraste, tout à fait propre à l'épopée *cf.* **Racine.** *Andromaque* : récit du sac de Troie.
– Noter que l'épopée est traduite **auditivement** :
rire // râle
des termes allitératifs placés côte à côte, tandis que voyelles se différencient : **i** bref, aigu / **â** long, sourd.
Très spectaculaire.
v. 16-17-18.
« *Car soudain l'enfant pâle* » : *pâle* place rejetée volontairement en fin de vers. De plus cet adj. donne impression de fragilité chez enfant qui pourtant revient, donc opposition qui rend plus fort son héroïsme.
– « *soudain-brusquement* » = rebondissement qui met lui aussi le jeune héros en valeur.

– *Amplification de ce retour, en subite et brutale apparition* : « *reparu* », participe apposé détaché par la coupe qui le suit : personne ne s'attendait à ce que l'enfant revienne. Il se jette volontairement dans les mains de l'ennemi. Effets dramatiques.

– *Le v. 18*
« *Vint s'adosser au mur et leur dit : Me voilà* »
est un tableau sombre à la Goya : une exécution. Le travail des coupes est dramatique 9+3 pour détacher l'expression finale, mais le vocabulaire simple. Ton du récit : passé simple.

v. 19 – Dernière phrase et dernier vers séparé du reste

– quant à « reparu » = grandeur épique, soulignée par comparaison. L'utilisation de la comparaison est propre à l'épopée cf. Homère-Virgile – surtout si établie avec grands personnages (légendaires – demi-dieux – dieux –).

« *fier comme Viala* », hémistiche prolongé par les **diérèses** et le **e** prononcé devant consonne = plus grandiose, surtout que l'adj. « *fier* » est imagé. Référence à un héros historique de la 1re République ; or communards sont des républicains farouches.

– L'héroïsme de l'enfant est dans le naturel de son mouvement « *Vint s'adosser au mur...* » où il pense qu'on va le fusiller

– « dit » / : coupe permettant forte attention portée sur les 2 derniers mots : « *Me voilà* » – Formule qui traduit, annonce le **héros.**

« Cette petite grande âme » dit aussi V. Hugo de Gavroche mourant sur d'autres barricades, celles de 1832 (Enterrement du général Lamarque, voir *Les Misérables*). La phrase nominale détache avec beaucoup de simplicité le « *me* ».

● v. 19. Véritable constatation de l'auteur, mais aussi

du texte par la graphie : effet de drame. Pathétique.
- Parallélisme entre les deux hémistiches :
« *La mort stupide eut honte, / et l'officier fit grâce.* »
De part et d'autre : 1 sujet, 1 verbe, 1 comp^t d'objet, le nom essentiel étant situé en fin de chaque hémistiche : « *honte / grâce* ».

du destin. D'où agrandissement d'un épisode dramatique en véritable **allégorie.**
- D'ailleurs le fait que le 1er sujet soit « la mort » lui donne force d'action, elle semble diriger l'officier.
- Inversion et transfert épiques des compléments. C'est en réalité l'officier qui a « *honte* » et fait grâce alors à l'enfant d'une « *mort stupide* ».

remarque

● Une fois ces recherches terminées, reconstruire tout ce qui a été trouvé autour d'idées-forces qui se sont imposées ou dissociées au cours de l'étude approfondie.
Par exemple

1er thème :

● une simple anecdote,

● mais de construction et effets dramatiques,

● ainsi récit = sorte de conte pathétique sur fond de guerre civile.

2e thème :

● à l'aide des procédés propres à l'épopée...

● une transfiguration progressive de l'anecdote

● ... qui fait prendre à la bravoure et au panache de l'enfant une dimension héroïque, et du gamin jaillit un demi-dieu (sens de héros).

● On reclasse (en les numérotant sur le brouillon) chacune des remarques à l'intérieur de cette structure et l'on n'a plus qu'à rédiger en souplesse.

● Évidemment l'idéal est d'arriver à classer du premier coup... .

Conclusion
● Ainsi ce poème est un des plus touchants et des plus généreux de ceux que conte **V. Hugo** sur **la Commune.**

● Il se rattache à des faits historiques : la répression sanglante et terrible qui en suivit la chute.

● Mais pour réclamer la pitié en faveur des révoltés devenus vaincus, le poète choisit de présenter un enfant grandi en héros vrai par la beauté d'un courage simple et sans faille.

● Aussi atteint-il à la grande poésie, celle qui émeut au fond des âmes les sentiments universels d'humanité.

● Sur fond épique de guerre civile et de sang, ce poème est un des plus représentatifs de *L'Année Terrible,* ce livre « sombre et fiévreux comme les mois dont il est le reflet » (**M. Levaillant**).

● Il en marquait d'ailleurs bien le caractère et son rôle de « mage », dans le prologue qu'il y adjoignit :
« J'entreprends de conter l'année épouvantable,
Et voilà que j'hésite, accoudé sur ma table.
Faut-il aller plus loin ? Dois-je continuer ? [...]
Je sens l'ascension lugubre de la honte. [...]
N'importe ! Poursuivons. L'histoire en a besoin.
Ce siècle est à la barre et je suis son témoin.

20 PLAN DÉTAILLÉ
Montpellier-Japon-Hong-Kong-Singapour/1re

Jour de fête aux environs de Paris
Midi chauffe et sème la mousse ;
Les champs sont pleins de tambourins ;
On voit dans une lueur douce
Des groupes vagues et sereins.

Commentaire composé

Là-bas, à l'horizon, poudroie
Le vieux donjon de saint Louis (1);
Le soleil dans toute sa joie
Accable les champs éblouis.

L'air brûlant fait, sous ses haleines
Sans murmures et sans échos,
Luire en la fournaise des plaines
La braise des coquelicots.

Les brebis paissent inégales;
Le jour est splendide et dormant;
Presque pas d'ombre; les cigales
Chantent sous le bleu flamboiement.

Voilà les avoines rentrées.
Trêve au travail. Amis, du vin !
Des larges tonnes éventrées
Sort l'éclat de rire divin.

Le buveur chancelle à la table
Qui boite fraternellement.
L'ivrogne se sent véritable;
Il oublie, ô clair firmament,

Tout, la ligne droite, la gêne,
La loi, le gendarme, l'effroi,
L'ordre; et l'échalas de Surène (2)
Raille le poteau de l'octroi.

Victor HUGO, Les Chansons des rues et des bois.

Sous la forme d'un commentaire composé, *vous rendrez compte de la lecture personnelle que vous avez faite de ce poème. Vous pourriez par exemple – mais cette indication vous laisse toute liberté – étudier comment la fantaisie du poète enchaîne les thèmes de l'été et de la fête champêtre.*

plan détaillé

Introduction

- *Les Chansons des Rues et des Bois* – recueil lyrique – 1865.

---

(1) Le donjon de Vincennes.
(2) Il y avait encore des vignes à Suresnes.

- Charme – fantaisie – gaieté.

- Souvent âme encore – ou redevenue – enfantine d'un grand'père.

- Ici tableau de campagne aux environs de Paris par une chaude journée...

- ... pimenté par quelques croquis, mais sans raillerie méchante : homme proche du peuple et gens humbles.

- Présentation des thèmes.

I. L'été : chaleur; embrasement; flamboiement de la nature.

- Aucun des tableaux saisis sur le vif ne peut être dissocié de chaleur lourde : « air brûlant »... « fait luire »... « braise ».

- Feu étrange « sans murmures et sans échos » qui ralentit vie.

- Été ouvre poème avec « Midi chauffe... » deux notions de chaleur dans ce membre de phrase réduit à sujet + verbe = deux mots.

- Soleil au zénith, puisque « presque pas d'ombre ».

- Les sifflantes *ff* de « chauffe » impliquent aussi violence d'un brasier et entraînent image du feu, véritable « fournaise ».

- Même si poète parle de « lumière douce », n'est-ce pas brume de chaleur? Trouble-t-elle vue de l'observateur qui ne distingue que « des groupes vagues »?

- Chaleur étouffante qui s'infiltre en tout et dérègle les sens : la vision est trouble et le paysage « poudroie ».

- Responsable : « Le soleil » (place de choix en tête de vers) présenté comme un dieu qui règne en maître sur la nature.

- L'adjectif « éblouis » prend sans doute un double sens : physique certes, mais peut-être aussi dérivé : éblouissement éprouvé devant face divine. Sentiment païen.

- Nature pleine de respect pour ce dieu pourtant tyrannique puisqu'il l'« accable » (force du rejet obtenu par l'inversion du complément « dans toute sa joie »).

Commentaire composé

- Noter cependant la truculence de ce Dieu, déjà plus proche de Bacchus (dieu du Vin) que d'Apollon (Dieu du Soleil). Cependant mythologie grecque et ses symboles ne sont pas loin.

- Car sa tyrannie est involontaire, ce sont les grandes forces naturelles. Notons cependant que la « joie » des Dieux aussi bien que leur colère est souvent dangereuse pour les humains.

- Force plus puissante que la nature même. Sans doute raison du présent et du sujet qui est élément naturel → « L'air brûlant fait »... La chaleur est vivante et agit sur les éléments; ainsi, elle fait « luire... la braise ».

- Ceci entraîne l'image d'un soufflet qui attise le brasier dont la couleur avivée est le rouge-orange des coquelicots.

- Ainsi immense brasier symbolique, puisqu'il n'y a pas en réalité un vrai feu.

- Mais ses deux éléments constitutifs habituels sont eux, bien présents, la lumière, évoquée par la « braise », la chaleur contenue dans la « fournaise ».

- Image développée auditivement; ces « haleines *Sans* **murmures** et *sans* **échos** », dont le rythme est soutenu par le travail métrique (enjambement), la répétition parallèle de *sans,* le choix même de termes – images sonores, n'est-ce pas l'évocation exacte du souffle des soufflets?, mais ici soufflets naturels qui attisent un feu naturel.

- Force mystérieuse. Alors qu'un feu pétille, est élément saisissable visuellement, les « haleines » dignes de celles des forges de Vulcain ou des Cyclopes prennent une allure surnaturelle.

- Est-ce panthéisme? (assez courant chez **V. Hugo**) tout semble divinisé. « Le jour splendide », son « flamboiement » : adjectif et substantif brillent éclatants comme s'ils échappaient aux normes humaines.

- Éclair et symbole de Jupiter-Zeus, le dieu des dieux? La longueur du mot situé de plus enfin de vers, ajoute à la majesté de son sens.

- Bref chaleur distante, inabordable.

- Le poète indique alors son action sur plantes, animaux et hommes.

- C'est « la mousse » que Midi a « semé », ou les « champs » qui sont « éblouis ».

- Mais pour l'homme aussi cette notion est importante. L'éblouissement qui trouble la vue fait disparaître les clôtures et apporte une vision plus large : d'un point fixe et précis au 1er vers (« la mousse »), la chaleur et ses effets se sont étendus à tout l'horizon.

- Ce sont les « cigales » qui « chantent »...

- Ce sont aussi les « brebis » qui « paissent », au rythme alangui du vers dont les sonorités sont lentes et calmes comme les mouvements de l'animal – fatigué sans doute par la chaleur?

- Ainsi obtient-on une alliance de termes à 1re vue contradictoire : « splendide et dormant » – Paradoxe qui apporte au « jour » une atmosphère étrange, presque irréelle : marque des chaudes journées d'été inondées de luminosité mais incitant les corps au repos.

- Équivoque enfin sur ce « clair firmament » vers lequel l'ivrogne lève ses regards : fin du jour? nuit lumineuse? bonheur de vivre grâce au vin qui lui apporte illusion et vigueur factice? Autre chaleur en tout cas, celle qui remplace ou complète la chaleur naturelle et divine de l'été qui a d'ailleurs poussé à l'ivresse.

II. Une fête champêtre : joie, extériorisation, l'ivrogne en devient symbole.

- Dès le 1er vers, lecteur est attiré par rythme dansant et léger qui va se concrétiser dans tableau d'une fête champêtre.

- Jour de joie, de gaieté en accord avec ce rythme.

- Plus qu'une simple chanson : musique des vers et sonorités.

Commentaire composé

● Ainsi « sè*m*e la *m*ousse », musique étouffée, contenue en ondes par les nasales allitératives, discrète, puis développée dans vers suivant par « **pl**eins de **t**ambourins ». Là les consonnes explosives frappent comme le son cadencé, sautillant, de ces instruments champêtres ou de fête.

● La musique est en chaque être vivant et les « cigales » semblent emportées par le mouvement.

● Il s'agit souvent de sons perçus mais dont on ne voit pas clairement la provenance : les tambourins étaient dans « les champs » de même que les cigales, ces insectes qu'on ne peut voir...

● Toujours même bruit léger et rythmé qui implique la joie, la fête, car rythmes rapides et nets sont ceux du plaisir.

● 3ᵉ élément musical : cet « éclat de rire » aux sonorités ouvertes, toujours un peu magique. *Cf.* **Prévert, Apollinaire** qui y mêlent un certain mystère. Surtout allié au vin. Grammaticalement, c'est le vin d'ailleurs qui éclate de rire en glougloutant hors du tonneau qu'on débonde, mais superposition avec rire de l'homme qui s'en régale.

● « Rire divin » parce qu'il est joie, parce qu'il est païen. C'est un son gras, vainqueur, celui de Bacchus.

● Il est le signe de la fête qui va devenir nocturne.

● L'air de fête avait commencé à midi. Mais le travail est fini. « Trêve » à sa fatigue, car « voilà les avoines rentrées ! »

● Les « groupes » étaient jusqu'alors restés « sereins ».

● Mais **V. Hugo** avait déjà incité à observer : « on voit »...

● Et effectivement on voit le décor de la fête : « le vieux donjon de St Louis », appellation bien plus débonnaire que « château de Vincennes » qui est aussi prison.

● Ce décor est bien planté aux environs de Paris de l'autre côté du « poteau de l'octroi » et c'est « à l'horizon », précision soulignée par les coupes, que se détache en silhouette qui « poudroie » le château fort du bon Roi, ce qui permet un agrandissement du plan pittoresque.

- Autre élément attestant la campagne : « les coquelicots ». **Monet** reprendra cette image dans un tableau célèbre. D'ailleurs la suite de la présentation poétique évoque presque l'impressionnisme avant la lettre : taches de couleur comme les « brebis » blanches et crème, placées inégalement qui donnent le relief au vert du paysage.

- Le rouge, l'orange de la « braise des coquelicots » et le jaune de « l'air brûlant » sont les trois couleurs chères à cette école de peinture.

- « Le bleu » du ciel : autre couleur primaire.

- Mais les trois dernières strophes apportent un mouvement brusque avec la venue du soir qui rompt le calme de l'image : « Trêve au travail »

- Cependant ce n'est pas invitation au repos, au contraire encouragement à la fête.

- L'apostrophe « Amis, du vin ! » claque comme un coup de poing sur la table; l'ordre du commencement de la fête.

- « trêve », vocabulaire guerrier est un arrêt momentané – sans doute est-ce la raison latente de l'explosion de joie car on sait confusément que le bonheur est éphémère. D'où le rythme empressé de ces quatre mètres, 2ᵉ partie du vers.

- L'homme va pouvoir s'épancher dans l'ivresse, la truculente image « des larges tonnes éventrées » l'annonce; de plus ce complément de lieu placé avant le verbe « sort », l'inversion du sujet « l'éclat de rire divin » prolongent, élargissent l'épanouissement de la joie dans la ripaille. Symbole de fécondité aussi dans la racine « ventre » du verbe-image « éventré » : c'est le délire de la fête, la bacchanale (fête de Bacchus, dieu du vin).

- Quant au rire qui éclate en fin de strophe, c'est celui de l'ivresse, un peu maléfique, un peu inquiétant, mais qui libère, don des dieux, atteinte et extériorisation du bonheur.

- La chaleur, l'ivresse, la griserie du rire, la fête, tous ces éléments font chavirer le monde : tout « chancelle ».

- Les valeurs établies vont même être renversées. Objets et

hommes se mêlent mais dans un esprit amical, « fraternel ». Les objets sont associés à des termes humains : « la table » « boîte fraternellement », et Hugo joue avec les mots, ces « êtres vivants », selon son expression.

● La réalité, ses formes, ses couleurs, se trouvent transfigurées : « L'ivrogne se sent véritable ». Joie partagée? Ivresse trompeuse? Libération des interdits en tout cas. Il se sent libre, capable de vivre sans règles.

● Au passage Hugo égratigne tout ce qui entrave cette liberté des pauvres gens : « loi », « gendarme », « ordre », « raille » ces institutions sociales, cette peur du gendarme (« effroi » même, terme plus fort)...

● Par un heureux artifice d'image poétique la raillerie est transposée sur deux objets – symboles (comme l'ivrogne est lui aussi symbole de cette tentative trop brève mais si joyeuse de libération) :

● c'est « l'échalas » (= pied de vigne) « de Suresnes » (orthographié Surène pour la rime?) qui, bâton vertical, fait la nique au « poteau de l'octroi » : deux silhouettes grêles qui s'affrontent comme dans ces dessins à la plume que griffonne **V. Hugo.**

● Condamnation des duretés de la société, recours du pauvre, du Gavroche, au pied de nez, à la gouaille, en cette dernière image.

Conclusion

● Plus qu'une simple chanson des Rues.

● Thème de la joie, de la fête, de l'ivresse, célébrées depuis Grèce Antique à travers culte de Dionysos-Bacchus.

● Lente transfiguration de l'atmosphère qui aboutira à la chaleur intense de l'ivresse.

● Dieu apparaît par intermédiaire de messagers comme l'ivrogne.

● Il s'en suit exaltation presque orgiaque, négation des interdits – au moins provisoire – et des structures sociales.

- Progression de la fête vers ivresse extatique (id : **Thomas Mann :** *Mort à Venise)*

- Le tout est présenté en phrases simples, vers courts, croquis pittoresques, couleurs vives.

- Dénote son talent de peintre et son amour pour humanité, surtout humble.

- C'est le tableau des petites gens, des « misérables » qui s'abandonnent pour quelques heures à passions et oublient leur malheur.

quelques formules

- « Car le mot qu'on le sache est un être vivant...
Ce qu'un mot ne sait pas, un autre le révèle;
Les mots heurtent le front, comme l'eau le récif. »
V. Hugo.

- « Les mots sont les passants mystérieux de l'âme.
Car le mot, c'est le verbe et le verbe, c'est Dieu. » **V. Hugo.**

- « Chez Hugo, sans cesse le mot précède et déborde l'émotion de la pensée. » **A. Gide.**

- « Pour moi, le Romantisme est l'expression la plus récente, la plus actuelle du beau; qui dit Romantisme dit art moderne, c'est-à-dire intimité, spiritualité, couleur, aspiration vers l'infini, exprimés par tous les moyens que contiennent les arts. » **Ch. Baudelaire.**

- « Le génie de Hugo a sonné chaque heure de notre siècle, donné un corps à chacun de nos rêves, des ailes à chacune de nos pensées. » **J. Renan.**

bibliographie

L. Perche, *Victor Hugo,* Poètes d'aujourd'hui/Seghers, 1964 et rééditions...

- **J.B. Barrère,** *La fantaisie de Victor Hugo,* 3 tomes, Corti, 1949-1960.
- **J. Gaudon,** *Le temps de la contemplation,* Flammarion, 1969.
- **J.B. Barrère,** *Victor Hugo,* Hatier, 1967 et réédit.
- **H. Guillemin,** *Victor Hugo par lui-même,* Seuil/Écrivains de toujours, n° 1, 1951.. 1970...
- **A. Maurois,** *Olympio ou la vie de Hugo,* Hachette 1954... 1969...
- **G. Pironé,** *V. Hugo romancier ou les dessous de l'homme,* Denoël, 1964.

21 REMARQUE D'ENSEMBLE SUR DES TEXTES NON TRAITÉS
Lille/1re

Pour Jeanne seule

Je ne me mets pas en peine
Du clocher ni du beffroi;
Je ne sais rien de la reine,
Et je ne sais rien du roi;

J'ignore, je le confesse,
Si le seigneur est hautain,
Si le curé dit la messe
En grec ou bien en latin,

S'il faut qu'on pleure ou qu'on danse,
Si les nids jasent entre eux;
Mais sais-tu ce que je pense?
C'est que je suis amoureux.

Sais-tu, Jeanne, à quoi je rêve?
C'est au mouvement d'oiseau
De ton pied blanc qui se lève
Quand tu passes le ruisseau.

Et sais-tu ce qui me gêne ?
C'est qu'à travers l'horizon,
Jeanne, une invisible chaîne
Me tire vers ta maison.

Et sais-tu ce qui m'ennuie ?
C'est l'air charmant et vainqueur,
Jeanne, dont tu fais la pluie
Et le beau temps dans mon cœur.

Et sais-tu ce qui m'occupe,
Jeanne ? C'est que j'aime mieux
La moindre fleur de ta jupe
Que tous les astres des cieux...

19 janvier 1859

Victor HUGO, *Les Chansons des Rues et des Bois.*

Vous ferez de ce texte un commentaire composé que vous organiserez à votre gré.

22 *Aix-Marseille/Terminale*

J'avais devant les yeux les ténèbres. L'abîme
Qui n'a pas de rivage et qui n'a pas de cime
Était là, morne, immense ; et rien n'y remuait.
Je me sentais perdu dans l'infini muet.
Au fond, à travers l'ombre, impénétrable voile,
On apercevait Dieu comme une sombre étoile.
Je m'écriai : – Mon âme, ô mon âme ! il faudrait,
Pour traverser ce gouffre où nul bord n'apparaît,
Et pour qu'en cette nuit jusqu'à ton Dieu tu marches,
Bâtir un pont géant sur des millions d'arches.
Qui le pourra jamais ? Personne ! O deuil ! effroi !
Pleure ! – Un fantôme blanc se dressa devant moi
Pendant que je jetais sur l'ombre un œil d'alarme,
Et ce fantôme avait la forme d'une larme ;
C'était un front de vierge avec des mains d'enfant ;
Il ressemblait au lys que sa blancheur défend ;
Ses mains en se joignant faisaient de la lumière.

Il me montra l'abîme où va toute poussière,
Si profond que jamais un écho n'y répond,
Et me dit : – Si tu veux, je bâtirai le pont.
Vers ce pâle inconnu je levai ma paupière.
Quel est ton nom, lui dis-je. Il me dit : – La prière.

V. HUGO *Les Contemplations*, **livre VI, Décembre 1852.**

Vous présenterez l'étude de ce texte sous forme d'un commentaire composé.
Vous pourriez étudier, par exemple, comment le rythme, les images, les sonorités rendent sensibles l'effarement devant l'infini et la révélation finale.
Ces indications ne sont pas contraignantes, et vous avez toute latitude pour orienter votre commentaire à votre gré. Vous vous abstiendrez seulement de présenter un commentaire linéaire ou de séparer artificiellement le fond de la forme.

23 *Reims/1re*

*Dans ce chapitre des **Misérables** (1862) intitulé **L'onde et l'ombre**, V. HUGO médite sur le sort de son personnage, Jean Valjean, qui s'apprête à sortir du bagne où il a passé 19 ans. Il compare son personnage à un naufragé de la société.*

Un homme à la mer !

Qu'importe ! le navire ne s'arrête pas. Le vent souffle, ce sombre navire-là a une route qu'il est forcé de continuer. Il passe.

L'homme disparaît, puis reparaît, il plonge et remonte à la surface, il appelle, il tend les bras, on ne l'entend pas; le navire, frissonnant sous l'ouragan, est tout à sa manœuvre, les matelots et les passagers ne voient même plus l'homme submergé; sa misérable tête n'est qu'un point dans l'énormité des vagues.

Il jette des cris désespérés dans les profondeurs. Quel spectre que cette voile qui s'en va ! Il la regarde, il la regarde frénétiquement. Elle s'éloigne, elle blêmit, elle décroît. Il était là tout à l'heure, il était de l'équipage, il allait et venait sur le pont avec les autres, il avait sa part de respiration et de soleil, il était un vivant. Maintenant, que s'est-il donc passé? Il a glissé, il est tombé, c'est fini.

Il est dans l'eau monstrueuse. Il n'a plus sous les pieds que de la fuite et de l'écroulement. Les flots déchirés et déchiquetés par le vent l'environnent hideusement, les roulis de l'abîme l'emportent, tous les haillons de l'eau s'agitent autour de sa tête, une populace de vagues crache sur lui, de confuses ouvertures le dévorent à demi; chaque fois qu'il enfonce, il entrevoit des précipices pleins de nuit; d'affreuses végétations inconnues le saisissent, lui nouent les pieds, le tirent à elles; il sent qu'il devient abîme, il fait partie de l'écume, les flots se le jettent de l'un à l'autre, il boit l'amertume, l'océan lâche s'acharne à le noyer, l'énormité joue avec son agonie. Il semble que toute cette eau soit de la haine.

Il lutte pourtant.

Il essaie de se défendre, il essaie de se soutenir, il fait l'effort, il nage. Lui, cette pauvre force tout de suite épuisée, il combat l'inépuisable.

Où donc est le navire? Là-bas. A peine visible dans les pâles ténèbres de l'horizon.

Vous ferez de ce texte un commentaire composé, organisé de façon à mettre en lumière l'intérêt que vous y découvrez.
Vous pourriez étudier, par exemple, la façon dont s'y développe et s'y enrichit la métaphore ou bien analyser avec quelle force et par quels moyens s'y manifeste l'émotion. Mais vous êtes entièrement libre de votre choix.

24 *Reims/Terminale*

Hier, 22 février, j'allais à la Chambre des pairs. Il faisait beau et très froid, malgré le soleil et midi. Je vis venir rue de Tournon un homme que deux soldats emmenaient. Cet homme était blond, pâle, maigre, hagard; trente ans à peu près, un pantalon de grosse toile, les pieds nus et écorchés dans des sabots avec des linges sanglants roulés autour des chevilles pour tenir lieu de bas; une blouse courte, souillée de boue derrière le dos, ce qui indiquait qu'il couchait habituellement sur le pavé; la tête nue et hérissée. Il avait sous le bras un pain. Le peuple disait autour de lui qu'il avait volé ce pain et que c'était à cause de cela qu'on l'emmenait. En passant devant la caserne de gendarmerie, un des soldats y entra, et l'homme resta à la porte, gardé par l'autre soldat.

Commentaire composé

Une voiture était arrêtée devant la porte de la caserne. C'était une berline armoriée portant aux lanternes une couronne ducale, attelée de deux chevaux gris, deux laquais en guêtres derrière. Les glaces étaient levées, mais on distinguait l'intérieur tapissé de damas bouton-d'or. Le regard de l'homme fixé sur cette voiture attira le mien. Il y avait dans la voiture une femme en chapeau rose, en robe de velours noir, fraîche, blanche, belle, éblouissante, qui riait et jouait avec un charmant petit enfant de seize mois enfoui sous les rubans, les dentelles et les fourrures.

Cette femme ne voyait pas l'homme terrible qui la regardait.

Je demeurai pensif.

Cet homme n'était plus pour moi un homme, c'était le spectre de la misère, c'était l'apparition, difforme, lugubre, en plein jour, en plein soleil, d'une révolution encore plongée dans les ténèbres, mais qui vient. Autrefois le pauvre coudoyait le riche, ce spectre rencontrait cette gloire ; mais on ne se regardait pas. On passait. Cela pouvait durer ainsi longtemps. Du moment où cet homme s'aperçoit que cette femme existe, tandis que cette femme ne s'aperçoit pas que cet homme est là, la catastrophe est inévitable.

Victor HUGO, Noté dans son *Journal intime*
à la date du 23 février 1846.

Vous ferez de ce texte un commentaire composé. Vous pourrez étudier, par exemple, comment Victor HUGO transfigure une simple anecdote en une fable émouvante. Mais vous avez toute latitude pour orienter votre lecture à votre gré.

remarque d'ensemble

- Pour traiter ces textes de **V. Hugo,** utiliser les deux devoirs du même auteur qui précèdent.

- Bien différencier les styles, sources d'inspiration, types de poésie de ce créateur si varié et puissant.

- Pour les textes de prose, il est intéressant de rapprocher le poème extrait de *L'Année Terrible :* force politique, émotion et transfiguration y sont l'aboutissement de ce que les extraits ci-dessus amorçaient.

25 COMMENT RÉDIGER UNE CONCLUSION? PLAN DÉTAILLÉ
Grenoble/Terminale – Session de remplacement

Ma morte vivante

**Dans mon chagrin rien n'est en mouvement
J'attends personne ne viendra
Ni de jour ni de nuit
Ni jamais plus de ce qui fut moi-même**

**Mes yeux se sont séparés de tes yeux
Ils perdent leur confiance ils perdent leur lumière
Ma bouche s'est séparée de ta bouche
Ma bouche s'est séparée du plaisir
Et du sens de l'amour et du sens de la vie
Mes mains se sont séparées de tes mains
Mes mains laissent tout échapper
Mes pieds se sont séparés de tes pieds
Ils n'avanceront plus il n'y a plus de routes
Ils ne connaîtront plus mon poids ni le repos**

**Il m'est donné de voir ma vie finir
Avec la tienne
Ma vie en ton pouvoir
Que j'ai crue infinie**

**Et l'avenir mon seul espoir c'est mon tombeau
Pareil au tien cerné d'un monde indifférent**

J'étais si près de toi que j'ai froid près des autres.

Paul ELUARD, *Le Temps déborde*, (1947).

Vous ferez de ce poème un commentaire composé, que vous organiserez de façon à mettre en lumière l'intérêt qu'il vous inspire. Vous orienterez votre lecture à votre gré. Vous vous abstiendrez seulement de présenter un commentaire linéaire ou une division artificielle entre le fond et la forme.
Vous étudierez, par exemple, les procédés stylistiques et les effets rythmiques qui permettent au poète d'exprimer son amour et sa douleur.

plan détaillé

Introduction.

- 1947 : période très cruelle pour **Eluard.**

- Mort subite en 1946 de Nusch sa deuxième femme qu'il adore.

- Tentation du suicide, face à la solitude et au malheur.

- *Le Temps déborde,* recueil de poèmes qui se rattache au groupe d'œuvres réunies souvent en un titre d'ensemble : *Derniers Poèmes d'Amour,*

- car recueil d'inspiration amoureuse.

- *Ma morte vivante* est plus précisément une élégie tragique.

- Strophes et vers libres, sans ponctuation comme toujours chez **P. Eluard** (héritage d'**Apollinaire,** marque surréaliste).

- Hymne désespéré à l'aimée disparue sans laquelle il a « froid ».

- Présentation des thèmes.

I. « Mon chagrin ».

- Titre et 1er vers en sont l'affirmation.

- Parce que Nusch est « morte », tout est devenu négatif.

- Plus de vie réelle, cette vie qui est *« mouvement »*. Le 1er vers, un décasyllabe précise sa suppression par le pronom négatif : « rien », détaché après la coupe paire (quatre pieds).

- Insistance due à la structure métrique, le 2e membre de ce vers étant plus long (six pieds) :
... « / rien n'est en mouvement. »

- Autre mouvement nié : « viendra », ce qui supprime aussi l'espoir puisque le futur lui-même est allié à la négation : « personne ne viendra ». C'est encore un élément métrique de six pieds qui constitue la deuxième partie du vers, parallèle en sa longueur au même élément de six pieds du vers précédent. Mais opposition encore plus forte avec le début de ce 2e vers : « J'attends/... »

- Même suppression du mouvement ou progression, à la fin de la 2ᵉ strophe : « Ils n'avanceront plus », amplifiée par la place en tête de vers, d'où un rythme assez péremptoire, et par le choix subit – après décasyllabes ou octosyllabes – d'un alexandrin, de plus très précisément coupé en deux hémistiches de type classique.

- La vraie vie, c'est aussi l'union des êtres, particulièrement le couple ; aussi le mal principal est-il la *solitude.* Le pronom « personne » (2ᵉ vers) est de ce fait un des termes les plus cruels, surtout que la cadence du vers rend le fait irrémédiable ; ce qui traduit le poids de cette solitude c'est la juxtaposition entre l'espoir insensé : « j'attends/... » et l'absence absolue, le néant avec véritable effet de couperet (cf coupe métrique) : « personne... »

- Cette rupture de l'union, valeur vitale sans laquelle pas de bonheur, est une des raisons essentielles de la douleur. Elle est répétée, martelée même : « se sont séparés – s'est séparée – s'est séparée – se sont séparées – se sont séparés. »

- C'est l'horreur de la solitude, insupportable pour Eluard, que traduisent structure et rythme : 3-**4**-3 ou 2-**5**-3 des décasyllabes. Le verbe « séparer » qui constitue chaque fois l'élément central, avec accent tonique, apporte à l'irréversibilité une dureté accrue, face à d'autres manières de l'exprimer, par exemple **Lamartine** et son célèbre : « Un seul être vous manque, et tout est dépeuplé » *(L'Isolement* in *Méditations Poétiques) :* élégie attendrie.

- Quant au *temps,* il n'adoucira en rien cette solitude, puisqu'elle ne sera rompue « Ni de jour ni de nuit ». Le vers de six pieds (hexasyllabe) est balancé régulièrement autour de la répétition « ni... ni », pour mieux persuader que nul élément temporel ne sera salvateur. L'enjambement fait retomber sans appel sur le « ni jamais plus » aux sonorités sourdes comme un glas.

- Ainsi est perdu « le sens de la vie » : outre le mouvement, la « lumière » des « yeux », le « poids » du corps et de la marche et, autant que ces éléments physiques essentiels, les valeurs de vie que sont « plaisir » et « repos », soit sensualité et loisir partagés.

- Comme le premier quatrain se centrait sur des négations fortes : « rien », « personne », « jamais », la seconde strophe de dix vers l'est sur des répétitions qui ont, toutes, force négative, tel – à part « séparer » – : « perdent » (deux fois) placé en parallèle au début des deux hémistiches du même alexandrin, ce qui accentue la cruauté du terme.

- C'est que « tout échappe ». Cette impuissance tragique de l'homme face à la mort inspire au poète un « tombeau élégiaque » (**J. Bersani**).

- Désir de disparaître, puisque sa vie, donc sa poésie, – elles n'existent que par l'amour –, n'ont plus de « sens ». Dans la 3ᵉ strophe – un autre quatrain – c'est la note de *finitude* qui rejaillit à l'enjambement entre octosyllabe et vers très bref de quatre syllabes le suivant :

> « Il m'est donné de voir ma vie *finir*
> Avec la tienne... »

mettant en valeur ce verbe – glas « finir », tandis qu'une sorte d'assonance entre mots de même famille, à la rime, termine les espoirs grandioses du passé :

> « Ma vie en ton pouvoir
> Que j'ai crue *infinie* ».

- C'est que de tels espoirs lui avaient été ouverts par le bonheur, la plénitude du couple, ce sans quoi il est impossible au créateur de *L'Amour La Poésie* d'être lui-même...

II. L'amour.

- Là encore le titre est significatif : possessif pour la femme aimée « Ma morte » mais qui reste si présente qu'elle est (antithèse terrible) « Ma morte vivante ».

- **P. Eluard,** ce chantre des richesses familières de la vie qui sont ses inspiratrices (*cf. Poésie Ininterrompue* 1946-1952), reprend ces éléments quotidiens pour montrer que la femme aimée était toute son existence (seconde strophe).

- Intimement ils se trouvent rapprochés dans un vers central de cette strophe, d'un parallélisme absolu :

> « Et du sens de l'amour et du sens de la vie... »
>   6   6

- On pense à la belle formule de Montaigne : « Si on me presse de dire pourquoi je l'aimais, je sens que cela ne se peut exprimer qu'en répondant : « Parce que c'était lui, parce que c'était moi. »

- Nusch était **P. Eluard** : « ce qui fut moi-même », « Ma vie en ton pouvoir » ; voilà l'amour partagé où chacun est moitié d'un tout et le tout même. Amour total, amour-unité.

- Ainsi toutes les parties du corps sont aussi bien à lui qu'à elle. Certains vers vont donc commencer par l'une d'entre elles pour finir par la même. Seul le possessif change mais pour mieux montrer qu'ils ne faisaient qu'un : « Mes yeux... tes yeux », « Ma bouche... ta bouche », « Mes mains... tes mains », « Mes pieds... tes pieds ». Chacune d'entre elles était constitutive de ce couple si uni.

- Des « *yeux* » se dégageaient connaissance et estime, en parfaite « confiance » réciproque, même manière de concevoir les grands problèmes, même lutte en commun, par exemple dans la Résistance. D'où cette « lumière » qui partait de chaque regard pour mieux les unir.

- Plus sensuel est l'amour que représente la « *bouche* », elle qui échange les baisers. **P. Eluard** n'hésite pas à employer le terme « plaisir » qui définit cet autre aspect si important de la vie d'un couple.

- Quant aux « *mains* » elles sont dispensatrices, symboles de cet amour généreux sans lequel il n'en est pas de véritable. Elles doivent contenir et non « laisse[r] tout échapper », car la femme aimée tient lieu de toutes les femmes.

- Les « *pieds* » enfin servent à la marche dans la vie, pieds de l'amoureux qui avancent avec ceux de l'aimée dans le même sens et de la même manière, parce qu'ils suivent les mêmes « routes ».

- Or l'amour devient d'autant plus présent dans le texte qu'il vient d'être frappé par la mort. Car pour maintenir *sa* « morte vivante », le poète répète inlassablement, énumère en une sorte de litanie, tout ce qui était elle, donc lui.

- Contraste entre les images d'amour – donc de lumière – et celles de mort – donc d'obscurité.

- L'amour c'était l'immortalité :

    « Ma vie en ton pouvoir
    Que j'ai crue infinie ».

Les deux hexasyllabes peignent cet absolu de l'amour : début fluide de la phrase où le poète est toute joie d'être possédé, tenu par l'aimée; puis curieuse rupture, grammaticale et syntaxique, qui détache avec une nostalgie poignante ce qui devenait certitude à force d'amour : une pareille communion devait être marquée du signe de l'éternité.

- Les sonorités éteintes : « qu*e* j'*ai* cr*ue* i*nfini*e » s'opposent à celle, glorieuse, de « pou**voir** ».

- Cet amour d'êtres mortels, seule l'association dans la mort peut le perpétuer : « Bel ami ainsi va de nous // Ni vous sans moi ni moi sans vous » disait déjà le poète médiéval.

- Quant à **Montaigne,** il trouva lui aussi des formules bouleversantes : « Nous étions à moitié de tout; il me semble que je lui dérobe sa part... » et « J'étais déjà si fait et accoutumé à être deuxième partout qu'il me semble n'être plus qu'à demi ».

- Le début du vers final, détaché seul en une strophe, commence de même manière que la phrase de **Montaigne :** « J'étais si près de toi... », principale où monte l'apogée de l'amour pour retomber dramatiquement dans la consécutive : « que... ».

- La plus nette manifestation d'amour n'est-elle pas cette sensation éprouvée dans la chair même de ce « froid près des autres » ?

- Lui qui d'habitude place si haut le sentiment de la solidarité en arrive à parler « d'un monde indifférent ».

- Enfin l'amour éclate dans l'affirmation que « l'avenir », que le « seul espoir » est :

    « Il m'est donné de voir ma vie finir
    Avec la tienne »... .

Le verbe « finir » se trouve encerclé entre les deux vies qui se doivent inséparables, « *ma* » est ainsi allié à « tienne » comme « mon » à « tien » dans l'image la plus sombre de cette survie de l'amour à travers la mort :

> ... « C'est *mon* tombeau
> Pareil au *tien*... »

● La cruauté du participe « cerné » par le « monde » « des autres », montre combien « l'avenir », le « seul espoir » est précisément l'union dans la tombe.

comment rédiger une conclusion

Méthode et procédés	Conclusion rédigée
1. Deux méthodes pour commencer une conclusion : *ou* **un mot de liaison** tel que : « ainsi », « donc », « il est net », « évident », « visible », « ce qui est sûr c'est que »..., méthode logique qui a l'avantage de montrer que l'on « ramasse » le tout pour en retirer des conclusions, en faire le point; *ou* comme ici, plus aéré et souple, une formule citée du même auteur, ou d'un autre en rapport exact avec le texte qui était à commenter. **2.** De toute façon, **la 1ʳᵉ partie** d'une conclusion consiste à **faire le point** sur ce qui a été montré au cours du commentaire, reprenant – en d'autres termes – les idées de certains éléments de l'introduction, en partant du particulier vers le général.	« Nous ne vieillirons pas ensemble Voici le jour En trop : le Temps déborde Mon amour si léger a le poids d'un supplice » (1), écrit tragiquement **P. Eluard** en 1946, quand Nusch est emportée par une embolie, loin de son mari parti en tournée de conférences. Il voulut alors se suicider. C'est que « l'univers de **P. Eluard** s'effondre » quand l'aimée disparaît (2). Son absence « dessine un monde en creux où le poète devient aveugle et non voyant heu-

Commentaire composé

3. Quand on le peut, il est intéressant de soutenir son opinion de celle d'un critique. On veillera alors à toujours donner le nom de l'auteur de cette citation.
4. A partir d'une réflexion déjà plus générale atteindre la **2ᵉ partie** de la conclusion, i.e. **généraliser** les remarques **sur** l'auteur et sa **philosophie ou son esthétique.**
5. Si on le peut, une **3ᵉ partie** complétera la conclusion sur un **problème d'ensemble** qui ouvre largement le tout. Mais ce n'est *nullement obligatoire.* Pour généraliser davantage, on aurait pu ajouter à cette phrase numérotée **5** : « *comme tout grand artiste, à qui rien de ce qui est humain n'est étranger* ».
6. Mais étant donné le commencement de cette conclusion, il a paru plus poétique de terminer de même façon, par un très beau vers de ce très grand poète.

reux. » **Bersani** (3). C'est alors que, en la sincérité pure, simple, intense de sa douleur, **P. Eluard** atteint à l'universalité (4). Car sa plainte nous concerne de façon profonde, évidente. Il exprime seulement mieux ce que nous pouvons tous éprouver (5). Ce mouvement intérieur unique qu'est pour lui l'Amour ne se dissocie donc pas de la Poésie. La sienne crie, avec les mots et les images de tous les jours (4), cette nuit désertique que la mort de Nusch laisse en son âme de Poète, en l'âme de l'homme qui écrira encore peu de temps avant sa propre mort :
« Et j'adorais l'amour comme à mes premiers jours » (6).

quelques formules

● « Notre vie tu l'as faite elle est ensevelie [...]
Aurore en moi dix-sept années toujours plus claires [...]
Mais la mort a rompu l'équilibre du temps
La mort qui vient la mort qui va la mort vécue
La mort visible boit et mange à mes dépens [...]
Mon passé se dissout je fais place au silence. »
P. Eluard (*Notre Vie* in *Le Temps déborde*).

- « La Poésie doit avoir pour but la vérité pratique. » **Lautréamont.**

- « Le meilleur choix de poèmes est celui que l'on fait pour soi. » **P. Eluard.**

- « Sur le papier gelé les lettres sont fondantes
Le poids des mots écrits équilibre le temps? **P. Éluard.**

bibliographie

- **Eluard,** Derniers Poèmes d'Amour, préface de L. Scheler, Seghers/P.S., 1982.

- **Eluard,** *Œuvres complètes,* Édition établie par M. Dumas et L. Scheler, Gallimard/Pléiade, 2 vol., 1968, nlle édit., 1976.

- **Pierre Emmanuel,** *Le monde est intérieur,* Seuil, 1967.

- **Jean Onimus,** *La connaissance poétique, Introduction à la lecture des poètes modernes,* Desclée de Brouwer, 1966.

- **Louis Parrot,** *Paul Éluard,* Seghers/Poètes d'aujourd'hui, 1944, 1948, 1952... multiples réédits, 1982.

- **Louis Perche,** *Paul Eluard,* Edit. Univ./Classiques du XXe siècle, n° 63, 1964 et réédit.

---

26 PLAN DÉTAILLÉ
Besançon-Polynésie Française/1re

(*Les hasards de la chasse viennent de conduire le fils du roi près du château où la princesse est endormie depuis maintenant cent ans.*)

A peine s'avança-t-il vers le bois, que tous ces grands arbres, ces ronces et ces épines s'écartèrent d'elles-mêmes pour le laisser passer. Il marche vers le château qu'il voyait au bout d'une grande avenue où il

Commentaire composé　　　　　　　　　　　　　　　　　　　　185

entra, et, ce qui le surprit un peu, il vit que personne de ses gens ne l'avait pu suivre, parce que les arbres s'étaient rapprochés dès qu'il avait été passé. Il ne laissa pas de continuer son chemin : un prince jeune et amoureux est toujours vaillant. Il entra dans une grande avant-cour, où tout ce qu'il vit d'abord était capable de le glacer de crainte. C'était un silence affreux : l'image de la mort s'y présentait partout, et ce n'étaient que des corps étendus d'hommes et d'animaux qui paraissaient morts. Il reconnut pourtant bien, au nez bourgeonné et à la face vermeille des suisses, qu'ils n'étaient qu'endormis ; et leurs tasses, où il y avait encore quelques gouttes de vin, montraient assez qu'ils s'étaient endormis en buvant.

Il passe une grande cour pavée de marbre ; il monte l'escalier ; il entre dans la salle des gardes, qui étaient rangés en haie, la carabine sur l'épaule, et ronflant de leur mieux. Il traverse plusieurs chambres, pleines de gentilshommes et de dames, dormant tous, les uns debout, les autres assis. Il entre dans une chambre toute dorée, et il voit sur un lit, dont les rideaux étaient ouverts de tous côtés, le plus beau spectacle qu'il eût jamais vu : une princesse qui paraissait avoir quinze ou seize ans, et dont l'éclat resplendissant avait quelque chose de lumineux et de divin. Il s'approcha en tremblant et en admirant, et se mit à genoux auprès d'elle.

　　　　　　　　　　　　　　　　　　　　Charles PERRAULT, *Contes.*

Vous ferez de cet extrait de **La Belle au bois dormant,** *une étude approfondie sous forme de* **commentaire composé.**
Vous pourrez, par exemple, analyser comment la surprise rend le prince sensible au merveilleux à travers la « réalité » qui l'entoure.
Ces indications ne sont pas contraignantes et vous avez toute latitude pour orienter votre lecture à votre gré. Vous vous abstiendrez seulement de présenter un commentaire linéaire ou une division artificielle entre le fond et la forme.

plan détaillé

Introduction

- **Perrault Charles,** académicien, 1628-1703, frère de **Claude Perrault** l'architecte de la colonnade du Louvre ; Charles est surtout connu par ses *Contes.*

- Popularité immense du *Petit Poucet, Le Chat botté, La Belle au bois dormant...*

- Puise dans fonds commun et international des légendes, mais accommode si bien à sa manière vieux récits qu'il a rajeunis, qu'il en est considéré pour authentique auteur, surtout compte tenu de ses intentions supplémentaires : sociales (exemple *Petit Poucet*) ou « philosophiques » (annonce le XVIIIᵉ siècle).

- Car ferme désir d'instruire et d'éclairer. Dans la « Querelle des Anciens et des Modernes », il est un *Moderne*. Hautes visées : polémique, libération d'une influence antique omni-présente, utilisation du merveilleux gaélique, médiéval... .

- Mais conte aussi pour conter. *Cf.* **La Fontaine :** « Une morale nue apporte de l'ennui. Le conte fait passer le précepte avec lui. »

- Dans ce passage précis, une grande partie des aventures de la *Belle au bois dormant* a déjà été contée. Histoire approche du dénouement.

- C'est ici le passage le plus idyllique, le plus romanesque : la découverte du Prince Charmant (nom devenu symbole), l'éveil de la jeune fille, donc la levée de l'enchantement, grâce à la force mystique de l'Amour.

- Dit de façon simple, claire, ménageant insensiblement l'intérêt, retrouvant le rythme des récits contés aux veillées populaires.

- Présentation des thèmes.

I. Le conte et la réalité.

- Le conte repose sur éléments réels de vie.

- Prince en train de chasser. Décor assez normal de chasse : « bois, grands arbres ».

- Une fois franchi le barrage des « ronces et épines », fort plausibles dans les épaisses forêts du XVIIᵉ siècle d'ailleurs, à nouveau description véridique d'un château de l'époque :
– grande avant-cour (nécessaire pour les carrosses, voir Versailles...);

– « Suisses » qui veillent sur maisonnée. Ces soldats mercenaires (*cf.* Louvre-Tuileries) défendirent encore Louis XVI en 1792 ;
– « communs » (bas-côtés des châteaux, réservés aux domestiques) avec beaucoup d'« hommes et d'animaux ». Les attitudes sont naturelles ainsi que les habitudes : « quelques gouttes de vin » dans les « tasses » ; on se soutient des corvées « en buvant ». Un certain laisser aller bon enfant qui vient de l'abondance des domestiques et des rapports complexes avec les maîtres (mélange de familiarité et de dureté). Ils sont « croqués » comme sur dessins ou eaux-fortes de **J. Callot** et de **A. Bosse.**
– puis grande « cour pavée de marbre » : précision de richesse, de matériau goûté par les grands. On pense encore à Versailles ;
– on pénètre normalement par « l'escalier » et à nouveau observation sur le vif. Cf. Louvre : salle des gardes – deuxième protection. Réalité de la scène. Ces gardes sont « rangés en haie », carabine sur l'épaule. Ton du récit. Vocabulaire précis. Croquis d'attitudes ;
– peinture de plus en plus précise et exacte de l'atmosphère des antichambres royales (Louis XIV, Louis XV...) : « plusieurs chambres pleines de gentilhommes et de dames ». **Étiquette** comme à la cour ; abondance des courtisans guettant bon plaisir du souverain, désirant être vus. Merveille quand Roi leur parle ! *Cf.* **Mme de Sévigné** (*Lettre* sur la représentation d'*Esther*) ou **La Fontaine** : *Obsèques de la Lionne* ou **Saint-Simon** : *Mémoires.* Tous les témoignages concordent.
– enfin vision d'éclat sur chambre des princes : la « chambre » est « toute dorée ». *Cf.* mode baroque (Louis-XIII). *Cf.* à Versailles et grand Trianon...
– précision sur « lit » ; comme il est normal à l'époque de **Perrault** c'est un lit à baldaquins, donc entouré de « rideaux ».

● Ainsi conte s'appuie sur réalité. Une de ses caractéristiques justement chez **Perrault,** ce sont ces détails empruntés au quotidien. Mais déjà **Homère** part de l'observation familière, telle la peinture du palais d'Alkinoos, la mère assise près du foyer, les actions de Nausicaa, de ses servantes, au lavoir puis jouant à la balle pendant que le linge sèche (*Odyssée* – *Chant VI*).

● Cette réalité est nécessaire point d'appui d'imagination populaire ou enfantine. *Cf.* **Bettelheim** : *Psychanalyse des Contes de fées,* et toutes les observations faites sur enfants.

● Décor = tremplin. Du quotidien on s'élève dans rêve. Noter qu'ici réalité décrite est celle des grands, des riches, celle que pauvres gens voient de loin. Elle est déjà une partie de leur rêve. De même : princes, princesses = monde doré qu'on entrevoit, qui semble paradis sur terre : beau, riche, facile, mais dont on sait que certains y ont droit – souvent de naissance –. Manière d'accéder quelques instants aux privilèges.

● De plus réalité va être sublimée et rendra plus extraordinaire le « merveilleux », apanage obligatoire des légendes, contes et mythes. Mais comment pénétrer dans l'extraordinaire (sens étymologique) sans sortir totalement de l'ordinaire ?

II. Le conte et le merveilleux.

● En effet le contraste entre la présentation d'éléments vrais et la projection dans l'imaginaire donne à ce dernier une partie de sa force...

● ... en même temps que de sa puissance d'évasion, de sublimation, même de médication : c'est chaque fois le réel qui est coloré, agrandi jusqu'à l'extrême ou au contraire rejeté par la transformation ou les négations qu'on lui apporte. *cf.* phénomène de la *Catharsis* (= fixation sur l'histoire, ce qui délivre de certaines pulsions). Exemple : *Petit Chaperon Rouge*.

● Mais ici c'est le *merveilleux* dans tous les sens du terme qui joue :
– celui qui transforme l'homme, devant lequel tout cède, en *héros ;*
– celui qui en fait un être au-dessus du commun par situation sociale, beauté, qualités morales... ;

Commentaire composé

– celui qui lui permet de vivre le rêve le plus recherché : trouver femme idéale, donc amour parfait ;
– celui qui le met dans situation étonnante qu'il franchira comme en s'en jouant.

● Ainsi Prince Charmant est lancé dans *aventure :* premier élément d'évasion (base du conte). Mais elle-même se passe dans le merveilleux : celui d'une nature qui favorise le héros, mais lui seul : «... ronces, épines » « s'écartèrent d'**elles-mêmes** pour le laisser passer ». *Cf.* dans **Virgile :** arbres s'avancent d'eux-mêmes vers poète Orphée *(Géorgiques IV) ; cf.* dans beaucoup de contes pour enfants, plantes qui parlent. Exemple : *Le sous-préfet aux champs* (**A. Daudet**).

● La valeur d'exception du héros est soulignée par l'acte des plantes qui vont empêcher « ses gens » de le « suivre », « parce que les arbres s'étaient rapprochés dès qu'il avait été passé »...

● La construction de la phrase : « A peine s'avança-t-il dans le bois, que... » prépare par l'élan même du rythme la surprise qui va venir et la participation de tous les éléments naturels.

● De même, la période qui suit commence par *présent* rapide « il marche » mais se déroule au rythme de la pénétration du Prince dans le « pays des merveilles » et de ses propres étonnements.

● Cependant : « ce qui le surprit un peu » : membre de phrase assez bref entre deux coupes, est une expression plutôt anodine pour un pareil événement miraculeux...

● Ainsi la surprise du Prince va-t-elle être éprouvée progressivement par petites touches, mais surtout il pénètre dans le merveilleux insensiblement et son étonnement au lieu de croître – alors que les éléments qu'il découvre devraient le frapper de plus en plus – s'amenuise.

● Il devient lui-même élément de merveilleux et l'extraordinaire va lui paraître naturel, ou du moins il en dénouera chaque fois – ou mieux passera à côté sans plus s'attarder –, ce qui aurait été « capable de [...] glacer de crainte tout être banal, commun.

● Pourquoi ? D'abord, comme le précise **Perrault**, parce qu'« un prince jeune et amoureux est toujours vaillant. » Cette formule et aussi une petite phrase nette : « il ne laissa pas (= il n'hésita pas à) de continuer son chemin », sont des constatations d'évidence sur les vertus obligatoires d'un héros : une des caractéristiques d'un héros de conte de fées est précisément de ne pas être sensible aux obstacles ni à la peur. Véritable sublimation *aristocratique*.

● La rapidité de sa reconnaissance des faits, son calme impavide sont encore un point de merveilleux : d'où surimpression entre merveilleux des choses, des événements et surhumanité du personnage.

● Le rythme des phrases, les coupes, détachent tout ce qui devrait le terrifier : « C'était (ton du récit, choix de l'imparfait) un silence affreux : // l'image de la mort s'y présentait partout, / et ce n'étaient que des corps étendus d'hommes et d'animaux qui paraissaient morts. »

● En opposition immédiate (contraste entre les temps : maintenant c'est un passé simple) le héros réalise ce qui est : « il *reconnut* pourtant bien »... « montraient assez que... ».

● Il étaie cette certitude parce qu'il observe en une seconde toutes les nuances : « nez bourgeonné », « face vermeille », « quelques gouttes de vin », « s'étaient endormis en buvant... » ; et un peu plus loin, rien dans les attitudes des gardes ne lui échappe, ces gardes « ronflant de leur mieux », ni dans celles des gentilhommes et dames », *les uns* debout, *les autres* assis (parallélisme).

● Ainsi arrivera-t-il comme naturellement à la rencontre finale, à la fois apogée de la fiction et révélation émerveillée, presque **mystique.**

● Il semble évident que, au bout de cette entrée dans le monde des fées, il découvre précisément ce que ses rêves désirent, ce qui a déterminé sa quête – sorte de quête d'un Saint-Graal de l'Amour – : « le plus beau spectacle qu'il eût jamais vu. »

- Un mouvement d'ouverture de la phrase fait parvenir en étapes régulières, jusqu'à la « princesse » merveilleuse : « Il entre dans une chambre toute dorée, / et il voit sur un lit, / dont les rideaux étaient ouverts de tous côtés, / le plus beau spectacle, qu'il eût jamais vu : // »... avec un premier membre de phrase fascinant qui évoque un monde privilégié, puis un second membre peignant un objet quotidien : « lit » ; le troisième est mouvement d'ouverture (mais cette relative, en faisant attendre la révélation, écarquille les regards sur l'extraordinaire) ; enfin membre de phrase de synthèse **annonciatrice.**

- Car la véritable révélation n'arrive qu'après la coupe forte marquée par deux points : « une princesse », suivie d'une coupe insensible, non traduite par ponctuation, seulement par respiration causée par relative qui rebondit à partir de cet antécédent ; enfin viennent deux relatives qui traduisent l'éblouissement devant l'âge tendre : « qui paraissait avoir quinze ou seize ans », et devant beauté hors du commun : « et dont l'éclat resplendissant avait quelque chose de *lumineux et de divin* ».

- L'accumulation de termes montre à quel point le merveilleux du conte correspond à nos rêves les plus fous : voilà ce que l'homme désire trouver et aimer, désir intense de l'âme : jeunesse, beauté surnaturelles (« divin ») donc amour idéal.

- Mais cette vision ne devient-elle pas aussi symbole de tout ce que l'être humain recherche : *absolu,* sublimes vérités, éclat des merveilles découvertes.

- Le vocabulaire est celui des troubadours du XIIe siècle, des chants d'amour dédiés aux dames, comme dans *Les chevaliers de la Table ronde* ou dans les allégories du *Roman de la Rose*. Ne pas oublier non plus Romans précieux et baroques du début du XVIIe siècle : *Clélie* et sa *Carte du Tendre* par exemple.

- Mais il est presque aussi le vocabulaire des mystiques, également début XVIIe siècle : St François de Sales...

- C'est en adorateur, en fidèle énamouré que le Prince va « s'approche[r] » de la Belle, « *en tremblant et en admirant* ».

- Ce que réclamaient déjà Aliénor d'Aquitaine et la marquise de Rambouillet est réalisé ici pour le grand plaisir des lectrices et rêveuses : il « se mit à genoux auprès d'elle ». Mais vieux rêve accompli aussi pour homme : il a trouvé l'*absolu* en amour et sans doute métaphysiquement, d'où attitude naturelle d'adoration.

Conclusion

- Ainsi histoire merveilleuse comme tous les contes de Perrault auxquels il a su conserver un charme naïf et qui feront vivre à jamais son nom.

- Mais **Perrault** est un classique. Il réduit la part de merveilleux.

- Il part d'une réalité observée : paysans *(Chat botté, Petit Poucet)* ou grands seigneurs – comme ici –, tels qu'il les a vus vivre et se comporter autour de lui.

- Il évite le plus possible l'absurde ; le merveilleux devient peu à peu un élément naturel au héros...

- ... et laisse entendre que « la magie elle-même n'est qu'un symbole des passions humaines » (**Senninger**).

- Donc véritable direction rationnelle du conte, ce genre mal défini dont une des limites est le récit purement fantastique, ce que **Perrault,** digne précurseur du XVIIIe siècle philosophique, évite.

- Certes, en fin de vie, il s'occupe à fixer par écrit les contes de nourrices, recueillis pour l'amusement de ses enfants : *Contes de ma mère l'Oye,* 1697. C'est en partie ce public qu'il veut divertir...

- ... d'autant plus qu'il s'agit d'une véritable mode à son époque. *Cf.* **Mme d'Aulnoy :** *L'oiseau bleu* etc... ; engouement pour *Mille et Une Nuits* traduites alors ; voir vingt ans après *Lettres Persanes* de **Montesquieu...**

- Mais **Perrault** a déjà préparé le terrain au conte philosophique, et **Voltaire** va bientôt affirmer dans *Le Taureau Blanc :* « Je veux qu'un conte soit fondé sur la vraisemblance et qu'il ne ressemble pas toujours à un rêve. »

Commentaire composé

quelques formules

- Je désire [qu'un conte] n'ait rien de trivial ni d'extravagant. Je voudrais surtout que, sous le voile de la fable, il laissât entrevoir aux yeux exercés quelque vérité fine qui échappe au vulgaire. » **Voltaire.**

- « Si *Peau-d'Âne* m'était conté // J'y prendrais un plaisir extrême. » **La Fontaine.**

- « Contons, mais contons bien ; c'est le point principal. C'est tout. » **La Fontaine.**

- « Les événements des *Contes* [de Perrault] s'enchaînent en vertu d'une double logique : l'une propre à l'univers merveilleux, l'autre commune à notre monde et à celui de la féérie. » **Daniel Couty.**

- « Tout conte de fées est un miroir magique qui reflète certains aspects de notre univers intérieur et les démarches qu'exige notre passage de l'immaturité à la maturité. » **Bruno Bettelheim.**

bibliographie

- **Paul Delarue,** *Le conte populaire français,* Édition Erasme, 1957.

- **Anatole France,** *Les Sept Femmes de la Barbe-Bleue,* Livre de Poche, n° 4115.

- **Vladimir Propp,** *Morphologie du conte,* Seuil/Points, 1965-1970-1973...

- **Marc Soriano,** *Les Contes de Perrault,* Gallimard, 1968.

- **Charles Perrault,** *Histoires ou contes du temps passé,* Extraits, Présentation, notes et commentaires de **Daniel Conty,** Bordas/classiques Junior, 1978.

- **Lewis Carroll,** *Les aventures d'Alice au pays des merveilles,* texte français de **H. Parisot,** Flammarion/L'Âge d'or, 1968, Revu en 1972.

27 PLAN DEVOIR RÉDIGÉ
Lyon-Israël/1ʳᵉ

Le couvercle de l'échelle de l'entrepont s'ouvre ; une voix effrayée appelle le capitaine : cette voix, au milieu de la nuit et de la tempête, avait quelque chose de formidable. Je prête l'oreille ; il me semble ouïr des marins discutant sur le gisement d'une terre. Je me jette en bas de mon branle ; une vague enfonce le château de poupe, inonde la chambre du capitaine, renverse et roule pêle-même tables, lits, coffres, meubles et armes ; je gagne le tillac à demi noyé.

En mettant la tête hors de l'entrepont, je fus frappé d'un spectacle sublime. Le bâtiment avait essayé de virer de bord ; mais n'ayant pu y parvenir, il s'était affalé sous le vent. A la lueur de la lune écornée, qui émergeait des nuages pour s'y replonger aussitôt, on découvrait sur les deux bords du navire, à travers une brume jaune, des côtes hérissées de rochers. La mer boursouflait ses flots comme des monts dans le canal où nous nous trouvions engouffrés ; tantôt ils s'épanouissaient en écumes et en étincelles ; tantôt ils n'offraient qu'une surface huileuse et vitreuse, marbrée de taches noires, cuivrées, verdâtres, selon la couleur des bas-fonds sur lesquels ils mugissaient. Pendant deux ou trois minutes, les vagissements de l'abîme et ceux du vent étaient confondus ; l'instant d'après, on distinguait le détaler des courants, le sifflement des récifs, la voix de la lame lointaine. De la concavité du bâtiment sortaient des bruits qui faisaient battre le cœur aux plus intrépides matelots. La proue du navire tranchait la masse épaisse des vagues avec un froissement affreux, et au gouvernail des torrents d'eau s'écoulaient en tourbillonnant, comme à l'échappée d'une écluse. Au milieu de ce fracas, rien n'était aussi alarmant qu'un certain murmure sourd, pareil à celui d'un vase qui se remplit.

CHATEAUBRIAND, *Mémoires d'outre-tombe*.

Sous la forme d'un commentaire composé, vous rendrez compte de la lecture personnelle que vous avez faite de cette page. Vous pourriez par exemple – mais cette indication vous laisse libre de choisir votre démarche – étudier comment alternent dans le texte le récit dramatique d'un naufrage et la description d'un « spectacle sublime ».

Commentaire composé

plan

Introduction

- Chateaubriand, Malouin, et la mer.
- *Mémoires d'Outre-Tombe :* sincérité d'expériences vécues.
- Effets stylistiques. Épopée lyrique.
- Grandeur du spectacle d'un naufrage.
- Présentation des thèmes.

I. Un récit « formidable » (= qui inspire terreur).

- Le marin Chateaubriand.

- Le romancier dramatique peint :
– le héros de la scène : navire ;
– avec art de créer et entretenir l'intérêt ;
– incertitude inquiète ;
– montée de la peur ;
– ses raisons : écueil ? ; violence des vagues, du vent ; tangage et roulis qui provoquent chaos ;
– situation critique du bâtiment.

- Atmosphère dramatique entretenue par
– art des phrases, de la **période ;**
– choix du vocabulaire.

II. Description grandiose d'un « spectacle sublime ».

- Chateaubriand, grand artiste en prose et préromantique.
- Impression émotive et esthétique immédiate.
- « Frappé » par la beauté.
- Véritable tableau : *une marine.*
– mouvements,
– lignes et formes, masses,
– tons et couleurs,
– + peintures auditives,
– harmonies imitatives,
– tableau centré sur navire qui lutte.

- *cf.* structure des tableaux romantiques ; tel Delacroix.

- Tableau et récit convergent en une phrase finale angoissante.

Conclusion

- Détachement de l'artiste...
- ... Mais toujours intensité dramatique.
- Goût romantique pour :
  - spectaculaire,
  - pathétique.
- Une certaine pose orgueilleuse ?

devoir rédigé

Le Malouin **François-René de Chateaubriand** aimait contempler la mer du haut des remparts de sa cité. Aussi cet extrait des *Mémoires d'Outre-Tombe,* œuvre destinée à être publiée après la mort de l'auteur, reflète-t-elle avec sincérité, ses impressions et sentiments. Ce livre puissant relate d'ailleurs toujours avec vérité les expériences vécues par **Chateaubriand.** Dans cet extrait, effets stylistiques et souffle presque épique s'allient pour peindre la beauté, la grandeur, l'effroi inspiré aux hommes qui s'élèvent du spectacle d'un navire en perdition. La page est d'abord le récit « formidable » (formidable étant pris dans sa signification latine de « qui inspire la terreur »), mais aussi objectif du drame où marins et passager sont jetés face aux violences de la tempête ; mais la sensibilité de l'artiste l'emporte vite sur une épouvante légitime et laisse sa plume libre pour la description grandiose d'un « spectacle sublime » qui a levé en son âme émotions et admiration.

*
* *

Certes le passage est en premier le récit d'un naufrage, mais récit conduit par un habitué des mers. Le Breton Chateaubriand a beaucoup voyagé, en particulier aux Amériques et un périple en Méditerranée. Il connaît l'Océan et les navires, il les a cotoyés enfant, à St-Malo. Aussi a-t-on presque l'impression d'une relation qu'un « technicien », selon notre terme moderne, conduit. Il intègre en effet tout naturellement des termes de marine à son récit, tels « le branle » qui signifie « hamac », le « château de poupe », « la proue »..., mots précis qui ne seraient peut-être pas tous dans la bouche d'un terrien. Mais le romancier surtout est présent. Il dessine en quelques paroles l'un des héros de la scène, celui qui affronte tant bien que mal la tempête : le navire lui-même. Ainsi apparaissent naturellement les éléments du bateau, ceux qui le constituent extérieurement, sa « concavité », son « gouvernail » et même intérieurement, la « chambre du capitaine », ce qui meuble les cabines : « tables, lits, coffres,... » et ce qui protège les bâtiments souvent encore à la merci de quelque pirate, « les armes ». On sent que Chateaubriand, sur un navire, est tout à fait à l'aise, dans un milieu familier. Mais la marque du récit est surtout une atmosphère dramatique, que tournures et choix du vocabulaire entretiennent. Ce sont des phrases courtes sans ponctuation qui traduisent la peur ; « // une voix effrayée appelle le capitaine ; // » par exemple. Volontairement Chateaubriand ne précise pas les termes de l'appel du matelot, il en résulte une impression confuse et troublante. Même procédé, celui d'une incertitude inquiète dans : « il me semble » que le verbe laissant entendre que Chateaubriand n'a pas bien réalisé ce qui lui arrive et reste d'abord sous l'effet d'une surprise tendue. Le malaise du lecteur croît lorsque le narrateur laisse entendre la crainte des marins « discutant sur le gisement d'une terre ». Sensation et compréhension indistinctes là encore : s'agit-il d'un écueil qu'aurait heurté le navire ou d'une terre aperçue au loin ? Mais lorsque l'auteur réalise ce qui arrive au bâtiment le ton s'élève, après avoir transmis l'émotion, il transcrit le drame, suite au branlebas précédent. « L'enchanteur », comme l'appelèrent ses contemporains condense l'intensité tragique en une phrase ternaire : « Une vague *enfonce* le château de poupe, / *inonde* la chambre du capitaine, / *renverse* et *roule* pêle-mêle tables, lits, coffres, meubles et armes ; //. Cette phrase est structurée en trois membres, renforcés chacun par un (même deux dans le dernier membre de phrase) verbe qui précise l'action : « enfonce », c'est l'agression de la vague contre l'intérieur du bateau ; « inonde » indique la pénétration de l'eau jusque dans la pièce la plus importante, située d'ailleurs la plupart du temps contre le « château de poupe » : « la chambre du capitaine » ; enfin « renverse et roule » se complètent et s'additionnent avec l'adv. « pêle-mêle » en une redondance volontaire suggérant le tohu-bohu chaotique de tous les « meubles » et objets dont l'énumération prolonge – procédé assez fréquent d'équilibre harmonieux de la période chez Chateaubriand – l'ampleur de l'ensemble. On comprend que l'auteur, pris d'une peur légitime agisse brusquement : « je me jette en bas de mon branle » et « gagne... noyé » ; d'autre part Chateaubriand glisse au passage sans avoir l'air d'insister sa situation peu enviable : « à demi noyé ». – Ainsi est dressé un récit dramatique dirigé d'abord par la surprise inquiète, mais que complètent ensuite des éléments supplémentaires intensifiant l'intérêt angoissé. Sorti de sa cabine, ayant mis « la tête hors de l'entrepont », le passager va noter d'autres détails. Il perçoit tout ce qui dans une tempête est inquiétant et peut constituer un drame. La puissance de la mer : « la mer boursouflait ces flots » ; la force extrême du vent, « dont les vagissements étaient confondus avec ceux de l'abîme », la violence des lames de fonds avec l'utilisaion du verbe « détaler » sous forme de substantif « *le* détaler » qui vient soutenir l'effet de furie « des courants », enfin la proximité des récifs dont on entend « le sifflement ». D'autres précisions sont encore plus terrifiantes car elles prouvent que le « bâtiment » est dans une situation critique : « affalé sous le vent » il risque de ne plus pouvoir se relever ce qui serait fatal ; il lui faut aussi résister aux excès des vagues : « La **pr**oue du na**vi**re **tr**anchait la ma**ss**e épai**ss**e des vagues avec un *f*oi*ss*ement *aff*reux », vagues « **tourbi***llonnant* » en « **torr**ents », bref accumulation d'expressions violentes avec harmonies sifflantes et imitatives. C'est donc auditivement que les instances les plus dramatiques des événements sont perçues, atteignant leur apogée en ce « murmure sourd » si « alarmant » qui indique la présence d'une voie d'eau dans la coque du navire.

*
* *

Mais Chateaubriand est avant tout un grand artiste, véritable peintre en prose, et... préromantique. Il saisit donc l'occasion de ce spectacle terrifiant pour nous émouvoir – comme il a été touché lui-même, malgré le danger – par la beauté des « choses vues » –, pour reprendre une expression de V. Hugo, – spectacle qui le remplit d'une admiration lyrique. C'est en faisant appel à l'ouïe et à l'aide d'une phrase ternaire que l'auteur fait jaillir de ce drame une impression émotive et esthétique immédiate : // « cette voix, / au milieu de la nuit et de la tempête, / avait quelque chose de formidable. // ».

(3 / 11 / 10)

Les deux premiers membres de la période sont impairs et correspondent au choc et aux chaos; puis le rythme s'harmonise en un membre de phrase pair qui traduit le passage à une vision très belle malgré et dans son aspect terrifiant. L'auteur s'y trouve confronté subitement : « je fus frappé d'un spectacle sublime », portion de phrase essentielle. En utilisant un verbe d'action « frappé », Chateaubriand indique tout de suite à quel point il est emporté par cet instinct du beau qui se place au-dessus du drame. C'est donc un véritable **tableau** qui s'impose à ses regards et qu'il va reproduire en peintre du langage. Nous distinguons nettement dans cette *marine* les mouvements, transcrits soit à l'aide de verbes: « la lune [...] *émergeait* des nuages pour s'y *replonger* aussitôt »; « la mer *boursouflait* ses flots », soit même par un terme technique : « le détaler des courants », autant de phrases qui agissent telles qu'un pinceau, fixant ces élans marins sur la toile. Un tableau cependant ne fixe pas seulement des mouvements, il utilise, dessine lignes et formes qui les complètent et précise ainsi l'ensemble de la scène : le ciel est habillé d'une « lune écornée », les contours des côtes sont, malgré la tempête, perçus distinctement : « des côtes hérissées de rochers », donc un paysage très ciselé ; l'aspect de la mer est précisé et détaillé, c'est « une surface huileuse » donc très plane chaque fois qu'elle n'est pas « boursoufl[ée] » (formes rondes au milieu d'éléments horizontaux); elle est aussi constituée de la « masse épaisse des vagues », comparée même à des « monts » (autre forme qui se dresse sur un plan horizontal). Dans ce tableau l'auteur n'omet pas bien sûr tons et couleurs; la lune apporte une luminosité très faible, estompée, d'où la formule « à la lueur »..., de plus l'ensemble est emmitouflé dans une « brume jaune » ce qui crée une atmosphère étrange. La mer, elle, selon les endroits que saisit l'œil de l'artiste, est tantôt blanche et brillante, « en écumes et en étincelles », tantôt reflète la couleur des fonds : « surface » glauque donc « marbrée de taches noires, cuivrées, verdâtres », trois couleurs bien différentes dont l'énumération et la confrontation traduisent le chaos des vagues. Un peintre n'aurait pu apporter plus à la présentation de ce paysage en furie, mais Chateaubriand bénéficie d'un autre art, il a à sa disposition le langage écrit grâce auquel il va animer sa *marine* avec des sensations auditives pénibles à ouïr : « les vagi*ssements* de l'abîme et ceux du vent » « confondus » d'ailleurs, « le *sifflement* des récifs », les flots qui *« mugissaient »,* « le *froissement* affreux » de la proue, le *« fracas »* de l'ensemble sur fond de ce *« murmure sourd »* si « alarmant » et de « la voix de la lame lointaine », bref sonorités – spécialement de sifflantes prolongées par les nasales – et rythmes imitatifs, autant d'expressions qui saisissent l'auteur très sensible à l'harmonie de ses propres phrases et le placent en état propice à sa création poétique, lorsque – des années plus tard – il recrée et transmet ses sensations. – Ainsi brossé le cadre grandiose, c'est en grand artiste que Chateaubriand peut peindre la pièce centrale de la *marine :* le bateau. Il va accumuler des détails qui au fur et à mesure vont situer la position du navire et montrer l'extérieur du bateau en danger : « Le bâtiment avait essayé de virer de bord » / (position penchée), « s'était affalé sous le vent », « la proue du navire tranchait la masse épaisse des vagues », efforts désordonnés du schooner en perdition. La précision : « concavité » attire l'attention sur la partie du bâtiment où va se situer le drame le plus grave, – dont le passager ne prend que lentement conscience –, cette voie dans la coque par laquelle l'eau envahit et risque de couler le bâtiment et dont il se rend compte par l'intermédiaire des « bruits » qui en « sortaient » et « faisaient battre le cœur aux plus intrépides matelots ». Parallèlement cette forme en creux est épousée par les vagues : « le canal où nous nous trouvions engouffrés ». Comme le peintre Delacroix par ex. dans *Les massacres de Scio* – 1824 – le romantisme de Chateaubriand s'exprime dans la structure même de la fresque tragique. Il part d'une vue assez vaste de la mer pour se rapprocher de plus en plus du bateau sur lequel il centre la peinture d'ensemble, en analysant chaque détail, puis fait converger le regard vers la partie du navire où risque de se jouer son sort et celui des hommes qui s'y trouvent : le « gouvernail », où « des torrents d'eau s'écoulaient en tourbillonnant ». Ainsi récit et tableau se confondent en une phrase angoissante : « rien n'était aussi alarmant qu'un certain murmure sourd, pareil à celui d'un vase qui se remplit. », qui laisse le lecteur sous une impression d'angoisse.

*
* *

Donc malgré le détachement artistique – qui semble objectif – de Chateaubriand absorbé rapidement, nous dit-il, par l'admiration devant ce « spectacle sublime », cependant le drame sous-jacent n'est jamais oublié. La peinture elle-même est menée avec intensité dramatique. Exprimant – souvent précédant – les goûts pour le spectaculaire de l'époque romantique, Chateaubriand dans ce panorama d'une mer déchaînée atteint la grandeur d'une fresque épique, mais on y sent toujours une pointe de pathétique. Ne peut-on pas aussi se demander si l'orgueilleux René n'éprouve pas une secrète satisfaction à nous laisser percevoir avec quelle grandeur indifférente il ignore le danger quand il est saisi par la beauté qu'il sait si bien recréer en longues et harmonieuses périodes ? N'est-ce pas toujours celui qui s'écriait adolescent : « Levez-vous orages, désirés qui devez emporter René dans les espaces d'une autre vie ! », qui se fit peindre cheveux fouettés par le vents, et enterrer à la pointe du Grand-Bé, face à la mer ?

quelques formules

- « Le vrai Chateaubriand est fait de souvenirs vécus ».
Le Savoureux.

- « Ce qui fait la beauté du livre *(Les Mémoires)*, c'est l'unité du personnage, de l'homme stylisé dans l'esprit duquel se reflètent les événements. » **A. Maurois.**

- « Chateaubriand a restauré la cathédrale gothique, rouvert la grande nature fermée et inventé la mélancolie moderne. » **T. Gautier.**

- « Rien de moins bien composé au sens classique du mot que les *Mémoires* ; rien de mieux ordonné au sens poétique. » **V. Giraud.**

- « La vraie phrase de Chateaubriand, celle qui naît d'une émotion de son être intime, est une phrase de mouvement [...] ; les mots y sont subordonnés au mouvement. » **J. Mourot.**

- « Avec Chateaubriand, lointain précurseur d'un Proust, s'entrouvre un univers poétique plus fluide de fragiles sensations, de rêves, qu'accompagne le bruissement du temps écoulé. » **A. Mousset.**

bibliographie

- **Chateaubriand,** *Mémoires d'outre-tombe,* Préface et notes de **M. Levaillant** et **G. Moulinier,** 2 vol, Gallimard/Pléiade, 1976.

- **Chateaubriand,** *Mémoires d'outre-tombe,* Extraits commentés par O. Morisset, Bordas/Univers des lettres, 1965-1976...

- V.L. Tapié, *Chateaubriand,* Écrivains de Toujours/Seuil, n° 71, 1965.

- **A. Vial.** *Chateaubriand et le temps perdu.* Julliard, 1963.

- **J.-P. Richard,** *Paysage de Chateaubriand,* Seuil, 1967.

- **P. Barbéris,** *Chateaubriand, une réaction au monde moderne,* Larousse Université/Thèmes et textes, 1976.

- **J. Mourot,** *Le génie d'un style. Rythme et sonorité dans les « Mémoires d'Outre-Tombe »,* 1960.

28 REMARQUE
Maroc/1re

Venise, quand je vous vis, un quart de siècle écoulé, vous étiez sous l'empire du grand homme (1), votre oppresseur et le mien ; une île attendait sa tombe ; une île est la vôtre : vous dormez l'un et l'autre immortels dans vos Sainte-Hélène. Venise ! nos destins ont été pareils ! mes songes s'évanouissent à mesure que vos palais s'écroulent ; les heures de mon printemps se sont noircies, comme les arabesques dont le faîte de vos monuments est orné. Mais vous périssez à votre insu ; moi, je sais mes ruines ; votre ciel voluptueux, la vénusté (2) des flots qui vous lavent, me trouvent aussi sensible que je le fus jamais. Inutilement je vieillis ; je rêve encore mille chimères. L'énergie de ma nature s'est resserrée au fond de mon cœur ; les ans au lieu de m'assagir, n'ont réussi qu'à chasser ma jeunesse extérieure, à la faire rentrer dans mon sein. Quelles caresses l'attireront maintenant au dehors, pour l'empêcher de m'étouffer ? Quelle rosée descendra sur moi ? Quelle brise émanée des fleurs, me pénètrera de sa tiède haleine ? Le vent qui souffle sur une tête à demi dépouillée, ne vient d'aucun rivage heureux !

CHATEAUBRIAND, *Mémoires d'outre-tombe.*

Vous expliquerez ce texte sous la forme d'un commentaire composé. Vous montrerez par exemple comment ce poème en prose constitue une méditation dont vous essaierez de préciser les thèmes et l'art avec lequel Chateaubriand les combine les uns avec les autres. Mais ces indications ne sont pas contraignantes : vous avez toute latitude pour orienter votre lecture à votre gré.

remarque

Outre le devoir précédent, utiliser pour traiter ce texte, la formule suivante de **Sainte-Beuve :** « Quand on est René, on est double ; on est deux êtres d'âge différent, et l'un des deux, le plus vieux, le plus froid, le plus désabusé, regarde l'autre agir et sentir... ».

---

(1) Napoléon Ier
(2) Grâce, beauté.

29 PLAN DÉTAILLÉ
Grenoble-Ile Maurice-Mayotte/1ʳᵉ

(La comtesse Pietranera revient chez son frère au château de Grianta situé sur les bords du Lac de Côme, au nord de Milan en Italie)

Au milieu de ces collines aux formes admirables et se précipitant vers le lac par des pentes si singulières, je puis garder toutes les illusions des descriptions du Tasse et de l'Arioste. Tout est noble et tendre, tout parle d'amour, rien ne rappelle les laideurs de la civilisation. Les villages situés à mi-côte sont cachés par de grands arbres, et au-dessus des sommets des arbres s'élève l'architecture charmante de leurs jolis clochers. Si quelque petit champ de cinquante pas de large vient interrompre de temps à autre les bouquets de châtaigniers et de cerisiers sauvages, l'œil satisfait y voit croître des plantes plus vigoureuses et plus heureuses là qu'ailleurs. Par-delà ces collines, dont le faîte offre des ermitages qu'on voudrait tous habiter, l'œil étonné aperçoit les pics des Alpes, toujours couverts de neige, et leur austérité sévère lui rappelle des malheurs de la vie ce qu'il en faut pour accroître la volupté présente. L'imagination est touchée par le son lointain de la cloche de quelque petit village caché sous les arbres : ces sons portés sur les eaux qui les adoucissent prennent une teinte de douce mélancolie et de résignation, et semblent dire à l'homme : la vie s'enfuit, ne te montre donc point si difficile envers le bonheur qui se présente, hâte-toi de jouir. Le langage de ces lieux ravissants, et qui n'ont point de pareils au monde, rendit à la comtesse son cœur de seize ans.

STENDHAL, *La chartreuse de Parme.*

Vous ferez de ce texte un commentaire composé, que vous organiserez de façon à mettre en lumière l'intérêt qu'il vous inspire.

Vous pourriez, par exemple, étudier comment Stendhal confère à cette page descriptive l'unité et la résonance d'une médiation poétique.

plan détaillé

Introduction

- *La Chartreuse de Parme,* publiée trois ans avant la mort (1842) de Stendhal : roman méconnu à son époque.

Commentaire composé   205

- Fin du roman : dédicace « To the happy few » (à l'heureuse élite).

- Celle qui est encore Comtesse Pietranera en ce tout début de l'œuvre, avant de devenir la Sanseverina, est une des représentantes de cette élite.

- Au moment où se situe ce passage, après la mort en duel de son mari, Gina – 31 ans alors et elle s'en croit « arrivée au moment de la retraite » –, réduite à une chiche pension, vient de recevoir de son frère marquis del Dongo (père de Fabrice) une lettre d'invitation : « il lui écrivit qu'un appartement et un traitement dignes de sa sœur l'attendaient au château de Grianta ».

- Cette demeure de famille – imaginée par **Stendhal** – est au bord du Lac de Côme, lieu « aux aspects sublimes et gracieux que le site le plus renommé du monde, la baie de Naples égale mais ne surpasse pas » écrit **Stendhal** peu de lignes avant cette page.

- De plus ce lac « sublime » est celui auprès duquel Gina est née, a passé enfance et adolescence.

- La présentation du passage est sous ce double signe :
– description de « lieux ravissants » retrouvés comme un hâvre au moment d'une page difficile de la vie de l'héroïne. Ainsi **Stendhal** insiste-t-il sur la calme harmonie d'un panorama « noble et tendre » (sa voix est présente entre les lignes);
– Mais en même temps : **méditation** sur la vie, inspirée par ce lac reconnu et par l'égotisme de Gina : « chasse au bonheur et culte de l'instant » (**Andrieu**).

- Ainsi s'explique le « je » utilisé et qui est celui de Gina elle-même.

- Ce sont ces deux aspects qui serviront de thèmes d'étude pour cette page.

I. Les bords du lac de Côme.

- Amour de **Stendhal** pour l'Italie (nombreux séjours).

- Il connaît très bien, entre autres, ce « pays encore plus beau que la Provence » (**Henry Brulard**), la région des Lacs (séjour particulièrement important pour lui en 1818, année où il tombera amoureux de Métilde Dembovski, peut-être événement majeur de sa vie).

- Si château de Grianta n'a jamais existé que dans imagination créatrice de Stendhal, la beauté du site est réelle, mais elle est encore sublimée par amour de Gina pour terre italienne et par extrême simplicité, naturel si pudique du style et de cet « égotiste » qui ne livre que le demi-mot de ses sentiments.

- Le panorama apparaît d'abord à travers la description comme un amphithéâtre semi-circulaire dont le centre – l'arène – est certainement le lac lui-même.

- Gina vient d'en parler quelques lignes auparavant et de son « hardi promontoire », qui le sépare en « deux branches », celle de Côme si voluptueuse et celle qui court vers Lecco pleine de sévérité.

- Dans le passage étudié ici, ce sont les bords qui sont présentés, ce qui l'environne ; on y remarque plusieurs étages (présentation en verticale) et plusieurs profondeurs en horizontale, les deux niveaux se réunissant pour constituer une forme en entonnoir avec pentes, les **lointains** horizontaux et verticaux se rejoignant.

- Reconstitué, le dessin géographique est donc le suivant :
— « Par-delà [les] collines », ce sont « les pics des Alpes », les plus élevés, les plus loin en distance...;
— « le faîte des collines » offre des « ermitages » : hauteur et distance encore importantes... ;
— partant de ces sommets, s'égrènent le long des « pentes » de haut en bas : « l'architecture » des clochers (« le verbe « s'élève » et le complément « au-dessus des sommets des arbres » les situent assez précisément), puis les « grands arbres », ensuite « les bouquets de châtaigniers et de cerisiers sauvages » moins élevés sans doute, enfin « les villages situés à mi-côte » et « quelque petit champ » disséminé çà et là.

- Mais si l'on veut tracer la carte des lieux en suivant les indications nettes données au cours du passage, on se rend compte que la narration est en réalité plus fantaisiste, passant d'un étage à un élément horizontalement plus lointain, ou d'un autre plus proche à un autre étage, le tout comme en butinant, sans rigueur excessive.

● C'est un « œil satisfait » qui perçoit les détails et qui les note, retenant non seulement cette *structure,* mais aussi des « formes », celles des « collines », qualifiées avec passion d'« admirables », mais présentées aussi avec rectitude comme « se précipitant vers le lac par des pentes ».

● Les *formes* priment d'ailleurs sur les couleurs, aussi pense-t-on plus à un **dessin** qu'à un tableau, la seule notion de teinte étant suggérée par la « neige » qui couvre les « pics ».

● Les *lignes* et *masses* par contre sont bien délimitées : les villages et les arbres sont groupés, « cachés » les uns sous les autres ; la ligne des clochers qui « s'élève » dépasse celle des sommets des arbres ; les îlots des champs « interrom[pent] les bouquets » (autre forme) de « châtaigniers et de cerisiers ».

● On va de formes arrondies à lignes pointées vers le ciel : « Clochers », « pics »...

● Mais ce n'est pas visuellement seulement qu'est transcrit le paysage, c'est aussi **auditivement** : un son adouci par la distance, « lointain », « caché sous les arbres », transformé par les eaux du lac qui le portent en ondes aux oreilles comme les collines pourraient s'en faire l'écho...

II. Ce que voit – ou revoit – la Comtesse Pietranera.

● Mais c'est **le cœur** en réalité qui écoute...

● ... car cette description est transmise de façon très subtile.

● Ce qui frappe d'abord, c'est que, malgré les deux voix qui parlent : la Comtesse – plus directement – ou en seconde main son « historien » (terme de **Stendhal** lui-même), i.e. **Stendhal,** ne font que transmettre le « langage » des « lieux ».

● C'est donc comme si le site parlait par leur truchement soit au lecteur, soit à Gina qui vient retrouver là ses sources, soit peut-être seulement au cœur de Stendhal – qui fut souvent tenté d'écrire pour lui seul.

- Ce paysage est d'ailleurs doté de qualificatifs plutôt réservés aux humains : « tout est *noble* et *tendre* », « architecture *charmante* », « *jolis* clochers », « plantes... plus *heureuses* là... », « austérité *sévère* », « lieux *ravissants* ».

- On est ainsi assez proche d'une certaine manière de peindre de Rousseau avec des qualificatifs qui sont des impressions, des notations qui à travers les sens touchent le cœur. Adjectifs sentimentaux et conceptuels...

- Ce choix de vocabulaire rappelle volontiers le XVIIIe siècle finissant.

- Un courant affectif s'établit entre paysage et Comtesse, et là, c'est le romantisme qui apparaît. Quelques lignes auparavant, l'indication « disait-elle » – juste avant cet extrait – a bien précisé qu'il s'agit d'une méditation.

- Mais ce n'est pas un monologue, c'est d'abord un dialogue avec lac et rivage.

- Ceux-ci lui donnent une direction : parce que « tout » ce qu'elle voit en leurs formes et lignes « singulières » (= uniques, particulières) est marqué dans ce dessin même de valeurs morales (« nobles ») et sentimentales (« tendre »), ce « tout » **parle.**

- Une beauté « noble » des lignes ne peut que rejeter ce qui est laid moralement : « rien ne rappelle les laideurs de la civilisation ».

- Une grâce (« jolis »), un charme envoûtant (« charmante ») entraînent vers des sentiments beaux et élevés : l'« amour », d'où le bonheur.

- Cet échange de bonheur est en celle qui regarde, « l'œil satisfait », et en ce qui est regardé, par ex. ces « plantes... plus heureuses là qu'ailleurs ».

- Car ce n'est pas seulement subjectif. Ces sentiments ne sont pas uniquement ceux que la Comtesse veut retrouver : souvenirs « doux » et « mélancoliques » d'une jeunesse heureuse sur ces bords...

- ... ce sont les éléments mêmes du paysage aussi qui constituent ces sentiments avant même de les transmettre.

- Ainsi « l'austérité sévère » des pics (deux termes moraux) est **avertissement**...

- ... ou l'effet d'onde et d'écho que les sons subissent dans l'eau du lac est **modèle** : d'adoucissement, donc de « résignation » (on ne se révolte pas devant une telle harmonie naturelle).

- La Comtesse en est convaincue, qui s'affirme à elle-même : « je puis garder toutes les illusions des descriptions du Tasse et de l'Arioste » – Les pages poétiques de ces deux grands écrivains italiens ont nourri son imagination qui les projette en référence sur la vue panoramique.

- Comme toute œuvre de création, elles procèdent en effet par choix et transposition, sublimant la réalité en une vérité poétique qui devient celle même du paysage contemplé.

- Tout ce qui risquerait de rappeler avec réalisme l'abrupt de l'existence humaine est en effet « caché » aux regards, comme les « villages » par les « grands arbres ».

- Ainsi font-ils surgir les sentiments de Gina qui est apaisée et « ravie » (sens des philtres magiques. *Cf.* **J.-J. Rousseau** en « ravissement » ou extase devant Lac de Bienne. *Rêveries d'un Promeneur solitaire*), au point de voir le temps s'abolir.

- C'est « le langage » même du paysage qui l'envoûte et la reporte en arrière, qui lui « rend [...] son cœur de seize ans. »

- Le double courant continue à s'écouler de ce qu'elle voit, entend à ce qu'elle ressent.

- De son côté, c'est l'imagination [qui] est touchée ». Le lointain de l'espace aide le lointain dans le temps.

- Du côté des collines ou des sons qu'elles renvoient (noter d'ailleurs une « correspondance » – avant **Ch. Baudelaire** – entre le domaine auditif : « les *sons* portés sur les eaux » et visuel : « prennent une *teinte*... »), le langage est presque palpable : « ils semblent dire à l'homme »...

- Tantôt en **style indirect :** « lui rappelle des malheurs de la vie ce qu'il en faut pour accroître la volupté présente »...

- ... tantôt plus nettement encore, en **style direct** : « semblent dire à l'homme : *La vie s'enfuit,* **ne te montre point** *si difficile envers le bonheur qui se présente,* **hâte-toi** de jouir... »

- L'harmonieuse beauté des lieux **conseille** le spectateur (noter l'expression de défense : « ne te montre » et l'ordre » : « hâte-toi », ainsi que le contact direct par l'intermédiaire de la deuxième personne du singulier : « te, toi »).

- Conseil de véritable *égotisme* et voilà la 3e voix qui se mêle aux 1res : celle de **Stendhal** parlant de « volupté », de « joui[ssance] ».

- **Mérimée** précise bien dans le court texte publié en 1850 sur son ami, et intitulé *H.B.*, que **Stendhal** a toujours considéré que « l'existence ne mérite de notre part aucune ingratitude ».

- Passion, plaisir, bonheur sont « nos devoirs les plus impérieux », comme nous devons suivre les élans de notre cœur et rejeter les prudences mesquines.

- La future Sanseverina aux lumineuses et insolentes folies passionnées apparaît déjà en puissance en cette jeune veuve, Comtesse Pietranera, qui, à 30 ans, retrouve face à et à l'aide de ce paysage connu et reconnu toute son ardeur, toute sa « virtú ».

- Mais c'est aussi **Henri Beyle** et sa leçon : « Il faut secouer la vie, disait-il, autrement elle nous ronge », et comment ? Sinon mieux qu'en des lieux naturels, sans artifice, encore un peu « sauvages ».

Conclusion

- « Qu'il parle de ses Voyages, de l'Italie, de l'amour, de la politique ou de la littérature, **Stendhal** nous offre la plus séduisante des conversations, car le cœur et l'esprit, l'intelligence et l'émotion n'y sont jamais séparés. » (**F. Bott**).

- Entretien familier en effet que cette page, avec l'auteur, avec l'héroïne, avec une nature source de beauté, de vie, de bonheur.

● Intimité du lecteur avec ces trois voix qui lui parlent en une proximité si simple qu'elle devient intensément véridique.

● Souvenir authentique, tout de sensibilité retenue, que cette vue des rivages du lac de Côme, mais présenté en quelque sorte en effet de surimpression : sous les retrouvailles de Gina avec le paysage, sont celles de **Stendhal,** romanesques et tendres, exprimées en un lyrisme dépouillé, car il « aime mieux manquer quelque trait vrai que tomber dans l'exécrable défaut de faire de la déclamation comme c'est l'usage. » *(Vie d'Henri Brulard).*

● Mais surtout en même temps, chaque texte, chaque ligne de **Stendhal** est un avertissement discret ; il précise certes que « toutes nos entreprises finiront par une nécessaire désillusion, mais c'est ainsi, paradoxalement qu'il nous rend le goût de la chasse au bonheur ». (**François Bott**).

quelques formules

● « Je ne sais comment exprimer ce que je vois si bien ; je n'ai jamais senti plus péniblement le manque de talent. » **Stendhal.**

● « Tout bonheur demande une tension et une attention soutenues. Stendhal a donc raison de dire qu'il faut le « courir ». Le bonheur ne vient pas à l'homme du ciel, il vient à l'homme de l'homme. » **Cl. Roy.**

● « On lit Stendhal dans une sorte d'intimité, de proximité qui paraissent aussitôt naturels. » **F. Bott.**

● « Si je pousse la porte d'un livre de Beyle, j'entre en Stendhalie, comme je rejoindrais une maison de vacances. » **Julien Gracq.**

● Comment ne pas pressentir l'ambiguïté de l'œuvre stendhalienne, au-delà de sa clarté fameuse ! Et d'abord dans ce qu'elle passe pour peindre le mieux : le cœur humain. » **B. Poirot-Delpech.**

● « Le roman est un livre qui amuse en racontant. » **Stendhal.**

● « Toute sa vie il (Stendhal) fut dominé par son imagination et ne fit rien que brusquement et d'enthousiasme [...] Je ne l'ai jamais vu qu'amoureux ou croyant l'être. » **Mérimée.**

bibliographie

● **Prosper Mérimée,** *H. B.*, préface de **M. Parfenov,** Solin/Dérives, 1983.

● **M. Crouzet :** Quatre études sur « Lucien Leuwen », Sedes/C.D.U., 1983.

● **R. Andrieu,** *Stendhal ou le bal masqué,* Lattès, 1983.

● **H. Martineau,** *Le cœur de Stendhal, histoire de sa vie et de ses sentiments,* 2 vol., Albin-Michel, rééd. 1983.

● **G. Monfort,** nelle édition (1983) de *Stendhal et la pensée sociale de son temps,* augmentée de l'essai de **F. Rude.** Imago Mundi, 1983.

● **V. Del Litto** et **H. Harder,** *Stendhal et l'Allemagne,* Actes du Congrès international stendhalien de Brunswick (1978) recueillis par V.D.L. et H.H., Nizet, 1983.

● **E. Richer,** *Stendhal,* Bordas/Univers des Lettres, 1971.

---

30 REMARQUE D'ENSEMBLE
Amiens/Terminale

Nous sommes sous la Restauration. Plébéien ambitieux, Julien Sorel a quitté la scierie paternelle où il travaillait dans l'ennui pour devenir précepteur chez le maire de son village jurassien, Monsieur de Rênal, un ultra. Il se bat pour ménager son indépendance jusque dans la liaison qu'il noue avec Madame de Rênal. Il entre ensuite au séminaire de Besançon dans l'espoir que le « noir » lui livre les clefs de la réussite. Le voici maintenant à Paris secrétaire du marquis de La Mole, un des seigneurs les plus influents du parti ultra, et qui pourrait être bientôt ministre. Il est amené à rencontrer souvent la fille du marquis, Mathilde, hautaine et méprisante. Entre les deux jeunes gens, les relations ne sont pas simples. En voici un exemple :

    Les guerres de la Ligue sont les temps héroïques de la France, lui disait-elle un jour, avec des yeux étincelants de génie et d'enthousiasme. Alors chacun se battait pour obtenir une certaine chose qu'il désirait, pour faire triompher son parti, et non pas pour gagner platement une croix comme du temps de votre empereur. Convenez qu'il y avait moins d'égoïsme et de petitesse. J'aime ce siècle.
— Et Boniface de La Mole (1) en fut le héros, lui dit-il.
— Du moins il fut aimé comme peut-être il est doux de l'être. Quelle femme actuellement vivante n'aurait horreur de toucher à la tête de son amant décapité?
    Madame de la Mole appela sa fille. L'hypocrisie, pour être utile, doit se cacher; et Julien, comme on voit, avait fait à mademoiselle de La Mole une demi-confidence sur son admiration pour Napoléon.
    Voilà l'immense avantage qu'ils ont sur nous, se dit Julien, resté seul au jardin. L'histoire de leurs aïeux les élève au-dessus des sentiments vulgaires, et ils n'ont pas toujours à songer à leur subsistance ! Quelle misère ! ajoutait-il avec amertume, je suis indigne de raisonner sur ces grands intérêts. Ma vie n'est qu'une suite d'hypocrisies, parce que je n'ai pas mille francs de rente pour acheter du pain.
— A quoi rêvez-vous là, monsieur? lui dit Mathilde, qui revenait en courant.
    Julien était las de se mépriser. Par orgueil, il dit franchement sa pensée. Il rougit beaucoup en parlant de sa pauvreté à une personne aussi riche. Il chercha à bien exprimer par son ton fier qu'il ne demandait rien. Jamais il n'avait semblé aussi joli à Mathilde ; elle lui trouva une expression de sensibilité et de franchise qui souvent lui manquait.

                      STENDHAL, *Le Rouge et le Noir* – 11 – 10.

---

(1) Boniface de la Mole fut l'amant de la reine Marguerite de Navarre. Une conspiration héroïque et imprudente fut la cause de sa perte : il eut la tête tranchée en place de Grève le 30 avril 1574. La reine Marguerite « osa faire demander au bourreau la tête de son amant. » Mathilde prend le deuil chaque année le jour anniversaire de la mort de son ancêtre.

Sans dissocier la forme et le fond, vous ferez un commentaire composé de ce texte.
Vous pourrez par exemple étudier le jeu subtil qui préside à l'échange des idées entre les deux personnages, les données psychologiques et sociologiques sur lesquelles s'organise la relation, l'attirance qui porte de plus en plus les deux jeunes gens l'un vers l'autre.

31 Nice/Terminale

(Fabrice del Dongo de retour en Italie dans sa famille, à Grianta, après avoir participé à la bataille de Waterloo, vient de passer la nuit chez le vieil abbé Blanès son ami, au haut du clocher de l'église. A son réveil, il assiste aux préparatifs d'une fête donnée en l'honneur de Saint Giovita, patron du village).

Fabrice chercha un endroit convenable pour voir sans être vu; il s'aperçut que de cette grande hauteur, son regard plongeait sur les jardins, et même sur la cour intérieure du château de son père. Il l'avait oublié. L'idée de ce père arrivant aux bornes de la vie changeait tous ses sentiments. Il distinguait jusqu'aux moineaux qui cherchaient quelques miettes de pain sur le grand balcon de la salle à manger. Ce sont les descendants de ceux qu'autrefois j'avais apprivoisés, se dit-il. Ce balcon, comme tous les autres balcons du palais, était chargé d'un grand nombre d'orangers dans des vases de terre plus ou moins grands : cette vue l'attendrit l'aspect de cette cour intérieure, ainsi ornée avec ses ombres bien tranchées et marquées par un soleil éclatant, était vraiment grandiose.

L'affaiblissement de son père lui revenait à l'esprit. Mais c'est vraiment singulier, se disait-il, mon père n'a que trente-cinq ans de plus que moi ; trente-cinq et vingt-trois ne font que cinquante-huit ! Ses yeux, fixés sur les fenêtres de la chambre de cet homme sévère et qui ne l'avait jamais aimé, se remplirent de larmes. Il frémit, et un froid soudain courut dans ses veines lorsqu'il crut reconnaître son père traversant une terrasse garnie d'orangers, qui se trouvait de plain-pied avec sa chambre : mais ce n'était qu'un valet de chambre. Tout à fait sous le clocher, une quantité de jeunes filles vêtues de blanc et divisées en différentes troupes étaient occupées à tracer des dessins avec des fleurs rouges, bleues et jaunes sur le sol des rues où devait passer la procession. Mais il y avait un spectacle

Commentaire composé

qui parlait plus vivement à l'âme de Fabrice : du clocher, ses regards plongeaient sur les deux branches du lac à une distance de plusieurs lieues, et cette vue sublime lui fit bientôt oublier toutes les autres; elle réveillait chez lui les sentiments les plus élevés. Tous les souvenirs de son enfance vinrent en foule assiéger sa pensée; et cette journée passée en prison dans un clocher fut peut-être l'une des plus heureuses de sa vie.
STENDHAL, *La Chartreuse de Parme.*

Vous ferez de ce texte un commentaire composé, que vous organiserez de façon à mettre en lumière l'intérêt qu'il vous inspire. Vous pourriez étudier par exemple tous les éléments (émotions, sensations, souvenirs...) qui contribuent à faire naître des sentiments complexes dans l'âme du jeune homme. Ces indications ne sont pas contraignantes et vous avez toute latitude pour orienter votre lecture à votre gré. Vous vous abstiendrez seulement de présenter un commentaire linéaire ou une division artificielle entre le fond et la forme.

remarque d'ensemble

Utiliser le devoir précédent pour vous aider à traiter ces deux autres extraits de **Stendhal.**

---

32 PLAN DÉTAILLÉ AVEC REMARQUE
Dijon/Terminale

Pierrots
C'est, sur un cou qui, raide, émerge
D'une fraise empesée idem,
Une face imberbe au cold-cream (1)
Un air d'hydrocéphale (2) asperge.

Les yeux sont noyés de l'opium
De l'indulgence universelle,
La bouche clownesque ensorcèle
Comme un singulier géranium.

Bouche qui va du trou sans bonde
Glacialement désopilé (3),
Au transcendantal en-allé
Du souris vain de la Joconde.

Campant leur cône enfariné
Sur le noir serre-tête en soie,
Ils font rire leur patte d'oie
Et froncent en trèfle leur nez.

Ils ont comme chaton de bague
Le scarabée égyptien,
A leur boutonnière fait bien
Le pissenlit des terrains vagues.

Ils vont, se sustentant d'azur !
Et parfois aussi de légumes,
De riz plus blanc que leur costume,
De mandarines et d'œufs durs.

Ils sont de la secte du Blême,
Ils n'ont rien à voir avec Dieu,
Et sifflent : « Tout est pour le mieux,
« Dans 'la meilleur' des mi-carême ! »

Jules LAFORGUE, *L'imitation de Notre-Dame la lune.*

Vous ferez de ce texte un commentaire composé. Le poète rêve et joue avec ce personnage – le Pierrot – né en France au XIXe siècle et toujours présent dans l'imagerie contemporaine. Vous étudierez par exemple comment ce texte mêle la facétie, l'humour et la mélancolie.

remarque

Le libellé qui suit le poème incite à apporter les précisions suivantes :
Pierrot – forme campagnarde de Pierre – populaire = nigaud : « Un drôle de Pierrot ».

---

(1) Cold-cream : crème de beauté à base de blanc de baleine.
(2) Hydrocéphale : atteint d'une déformation qui fait grossir le crâne et entrave le développement intellectuel.
(3) Désopilé : fendu de rire.

Commentaire composé

Dans l'ancienne comédie italienne qui passa dans l'ancien théâtre français, Pedrolino = petit Pierre (XVIᵉ siècle), ressuscité en 1673 par **Giuseppe Gieratone,** comme un valet ignorant et naïf en remplacement de Trivelin qui venait de mourir. Après 1697 (date de la suppression de la comédie italienne en France) il apparaît dans les théâtres de foire, puis à l'Opéra-Comique, en nigaud sentimental puis dans des parodies (**Lesage**).

Le costume est celui du *Gilles* de **Watteau** (qui peignit là sans doute un acteur de la Comédie-italienne Biancollelli). Après le *Tableau Parlant* de **Grétry** où Pierrot est toujours dans la tradition de la Comoedia dell'arte, va apparaître le **Pierrot muet** dans les pantomimes et parades, créé par **Deburau** (1796-1846) aux **Funambules** et que **Nodier, Gautier, Sand...** vont louer hautement, comme « l'illustre Pierrot, le plus grand artiste du temps. »

plan du commentaire composé

Introduction

- Jules (pour honorer Jules César : désir du père) **Laforgue** 1860-1887, mort phthisique à 27 ans.

- *Symboliste,* traité même souvent de *Décadent,*

- Voulait écrire un roman : *« Un Raté »* = symbole de ce qu'il pense trop souvent de lui...

- Se sent battu d'avance...

- Mais après avoir poussé les cris de son angoisse ; à partir des *Complaintes,* puis dans *L'Imitation de Notre-Dame la lune, Des Fleurs de Bonne Volonté...*, c'est la « mélancolie humoristique »...

- ... avec vocabulaire, tournures, images qui détournent volontairement de la banalité en grisaille, de l'aigre quotidien.

- Poésie « massacrilège ».

- Annonce du plan.

I. Humour et facétie : antidote d'un rire jaune.

● Ici croquis plus encore que peinture. Cependant fait penser au *Gilles* de **Watteau**.

● Comme lui, ces « Pierrots » ont un extérieur traditionnel, toujours celui de la **Comoedia dell'arte**.

– **habit typique :** « fraise empesée » – « cône enfariné » « noir serre-tête en soie » ; même « scarabée égyptien », comme « chaton de bague » (symbole de l'immortalité, un des attributs du dieu Phtah-scarabées égyptiens en pierres précieuses dures, travaillées en camées et hiéroglyphes dans le dessous, creusé.)

– mais surtout **masque blanc,** en « cold-cream », à la fois très blanc sur la figure et faisant ressortir la « bouche clownesque » ; à la fois parallèle et opposé à Scaramouche, l'acteur italien qui fit rire Louis XIV enfant, tout de noir habillé de la tête aux pieds, figure très blanche, sourcils très noirs, moustache en parenthèse, guitare au côté.

– *attitude, tenue, démarche.* Représentent le naïf « hénaurme » ; **Laforgue** additionne dans ses personnages tout ce qui s'est précisé chez le Pierrot, au cours des siècles ;

● bêta : « air d'hydrocéphale » ;

● tenue de pantomime – cf. **Debureau,** si bien repris par **Carné-Prévert** dans *Les Enfants du Paradis* au cinéma : « un cou qui, raide, émerge
D'une fraise empesée... »
(l'enjambement accentue encore ligne et mouvement) ;

● à la fois gauche, dégingandé : « asperge »,

● mais devant faire rire, précisément de ses rêves utopiques, de ses chimères :
« La bouche clownesque ensorcèle
Comme un singulier géranium »
(mais sorcellerie plus apparente que réelle : tache rouge d'une fleur sans parfum sur ce teint « blême » ; noter singulier = bizarre, à part).

● Tout désigne le rire forcé, d'autant plus frappant par suite des alliances de termes qui s'opposent « glacialement désopilé » (*désopiler* = exciter une grande gaieté particulièrement chez une personne triste et mélancolique; mais ici un rire plus que froid...) ou « souris (= sourire) vain ».

● Ce sont des baladins, obligés de distraire, d'où grimaces soulignées par et soulignant les jeux de physionomie : « Ils font rire leur patte d'oie » (= les rides du coin de l'œil ce qui souligne le masque); identique exagération forcée dans « froncent **en trèfle** leur nez », même dessin en trois lignes...

● Toutes les expressions qui ont « croqué » les Pierrots ont été elles-mêmes clownesques. Elles pirouettent, trébuchent, retombent sur l'inattendu ; ce sont elles qui donnent l'apparence facétieuse par :
– *vocabulaire* surprenant – car étranger, comme « cold-cream » – ; ou faussement recherché tel hydrocéphale (notons à ce sujet l'attrait de **J. Laforgue** pour les mots de cette famille ; il était lui-même membre fantaisiste des *Hydropathes*) ;
– *rimes* baroques avec « idem » et « cream » ;
– *sonorités* qui s'amusent, telles : « trou sans bonde » ;
– *alliances de mots* qui choquent et se choquent, ainsi « hydrocéphale asperge » ;
– *retombées métriques* inattendues avec enjambements très marqués (fort nombreux dans le poème), semblables aux mouvements d'une marionnette à fils que les Pierrots vivants imitent dans la pantomime ; *cf.* **Debureau.**
ex. : « C'est, / sur un *c*ou *q*ui, / raide /, émerge
D'une fraise empesée idem, »
(noter au passage le jeu allitératif des gutturales et celui des coupes du 1er vers) ;
– *gambades* entre allégorie et parodie : on attend telle idée ou tel sentiment, on retombe sur un autre. Ex. :
« A leur boutonnière fait bien
Le pissenlit des terrains vagues »,
ou la mise sur le même plan de : « azur – légumes – riz – mandarines – œufs durs » (6e strophe).

● Le poète semble folâtrer avec mots, sonorités (ex. : « se sust*ent*ant »), symboles.

● De même **humour** face aux apparences ligniformes ou risibles. Rit-il des Pierrots ou de lui-même?

II. Sous le masque : mélancolie et mal de vivre.

- Car le personnage de Pierrot est un masque du Poète, un de ceux qu'il préfère et fait le plus souvent apparaître dans ses œuvres.

- Pierrot c'est lui, son parfait double, celui qui pleure en secret mais doit ou veut faire rire par ses grimaces.

- A l'aide du saugrenu du langage où un terme changé provoque étonnement et rire, c'est la folie des rêves humains qu'il présente...

- Pierrot est depuis sa création symbole d'*échec*.

- D'abord parce qu'il est un naïf ; il a cru à tous les idéaux, ainsi : à « l'indulgence universelle ».

- Comme il est utopiste sans espoir de raison, ses « yeux [en] sont noyés [d']opium. »

- Aveugle volontaire ou lucide qui s'aveugle ?

- Laforgue, lui, a décidé, affirmé une véritable métaphysique. Parti de l'incommensurablement pessimiste Shopenhauer, plus il s'enfonce dans le « déchirement de l'Illusion » (**M. J. Durry**), plus il va se délivrer par l'humour.

- Ce Pierrot qui est Lui, il en fait une caricature grinçante.

- Ainsi Pierrot blanc sous humour noir = typiquement imbécile puisque grosse tête vide (« hydrocéphale ») et grotesque, puisque sur long corps « raide », « empesé », « asperge ».

- Symbole même de son utopique obstination à croire que tout est bon.

- Véritable marionnette de l'illusion, car son règne est à la « Mi-carême », i.e. le carnaval, où il siffle.
« Tout est pour le mieux,
Dans la meilleur' des mi-carême ! »

- Parodie de **Voltaire** *(Candide)* qui ironisait lui-même sur l'optimisme de **Leibnitz.**

- Parodie obtenue par la chute inattendue de la phrase de **Leibnitz** (reprise par Voltaire) qui, elle, se termine par « dans le meilleur des mondes ».

Commentaire composé 221

● Bouffonnerie aigre sur « mi-carême », parade grotesque du « monde », soulignée par licence poétique (comme chansons populaires) : « la meilleur' ».

● Tout en ces Pierrots est mirlitonnade. Ils s'étourdissent de grandeurs : ampleur de l'octosyllabe :
« De l'indulgence universelle » ;
d'idéal et des termes qui l'évoquent :
« Au transcendantal en-allé »,
terme qui est un rebondissement prémédité, un tremplin pour « souris vain ».

● Mais ils sont *dérisoires ;* le souligne le « en-allé » très verlainien (qui fuit dans le rêve, les chimères (1)) allié au terme philosophique « transcendantal » (= ce qui est au-dessus du monde sensible, ce qui paraît venir de la raison pure – **Kant** –), puis l'adjectif « vain » qui suit.

● Vanité = inanité de leurs mimiques : « bouche » qui est un « trou sans bonde » (= pièce cylindrique qui obture le trou d'un tonneau), elle qui s'ouvre et ne parle pas : il s'agit des mimes du XIXe siècle.

● Inanité surtout du rire qui est plus masque encore que le blanc qui les enfarine.

● Décalage ridicule tristement entre tant d'idéal mais aussi tant de manifestations extériorisées : « scarabée égyptien » par exemple, et la réalité sordide, ce « pissenlit des terrains vagues » en contraste (aucun moyen financier ou autre pour se fleurir, se parer, se réaliser).

● Autre exemple : leur apparence crâne : « *Campant* leur cône. »

● Aliénation contraignante d'un rire qui n'est plus qu'apparence, aussi figé que celui « de la Joconde », traduite par contrastes, discontinuités, fêlures de rythmes et des musiques internes de l'octosyllabe. Exemple : « mandarines ≠ œufs durs ».

---

(1) *Art Poétique (Jadis et Naguère) :* « une âme en allée
Vers d'autres cieux à d'autres amours. **Verlaine.**

● Véritables discordances spirituelles, sentimentales et métriques, qui recouvrent une réelle intention métaphysique, exprimée dans la cassure du langage (= fêlure de l'âme) ou directement dans la dernière strophe :

« Ils sont de *la secte* du Blême,
Ils n'ont rien à voir avec Dieu ».

● N'ayant plus le soutien de la religion (idem pour **J. Laforgue**), ils se rejettent dans des cultes parallèles (faux? troubles? incertains?... en trompe l'œil !) = secte (ensemble de partisans faisant bande à part en marge de religion officielle).

● Souvent refuge ou pis-aller d'autant plus que c'est « la secte du Blême », i.e. doctrine du blanc maladif, malsain, rendu allégorique par la majuscule : fantaisie amère...

● Tout cela est finalement bien mélancolique, bien triste. Pierrots = pantins qui ont tant rêvé, tant idéalisé et ne sont que des mimes loin des étoiles et de l'infini.

● Mais ils semblent – comme **J. Laforgue** – refuser toute commisération, malgré tragédie de cœur profonde. Cf. un autre des masques de Laforgue : Hamlet.

Conclusion

● Ainsi Laforgue « se cache et se reconnaît » dans son double, le Pierrot. Véritable allégorie.

● « Il est le *Gilles* de **Watteau** descendu de sa toile avec Laforgue en surimpression » (**M. J. Durry**).

● Faire rire avec cœur lézardé et œil aux « lueurs gavrochardes » d'un « bateleur ingénu ».

● Il est piteux, faussement frivole ; c'est un être qui n'a pas assez de poids pour un humain ni assez d'élévation pour échapper à la terre.

● Donc charge, mais d'un cœur profondément déçu.

● Air guilleret qui dissimule souffrance, comme son créateur.

- Fausse désinvolture de **J. Laforgue** soutenue par jeux de mots et de tournures qui dissimulent angoisse latente.

- Sincérité sous déguisements utopiques et pleins de pudeur.

- « Le désaccord entre lui et le monde, entre son deuil et son rire, sa tendresse et ses refus, sa gravité et sa pantomime, il le fait passer dans ses vers où le désaccord devient discord. » **M. J. Durry.**

quelques formules

- « M'est avis qu'il est l'heure
De renaître moqueur : » **J. Laforgue.**

- « Je rêve de la poésie qui ne dise rien, mais soit des bouts de rêverie sans suite. » **J. Laforgue.**

- « En attendant qu'on m'enterre,
Aujourd'hui, j'veux êtr'très gai.
Flon, flon, flon, lariradondaine,
Gai, gai, gai, lariradondé. » **J. Laforgue.**

- « Un fou   Silence
S'avance   Lui, où?
Et danse.   Coucou. » **J. Laforgue.**

bibliographie

- **Marie-Jeanne Durry,** *Jules Laforgue,* 5 rééditions avec « Jules Laforgue et son temps » ajouté, Seghers, 1952... 1971...

- **G. Michaud,** *Message poétique du symbolisme,* Nizet 1947.

- **R. Reboul,** *Laforgue,* Hatier/Connaissance des Lettres, 1960.

- **L. Guichard,** *J. Laforgue et ses poésies,* P.U.F., 1950.

- **G. Blin,** *A la recherche de l'infini, Laforgue et Baudelaire,* Revue Hebdomadaire, 1938.

33 REMARQUE
Orléans/1ᵉ

On les voit chaque jour, filles-mères, souillons,
Béquillards mendiant aux porches des églises,
Gueux qui vont se vêtir à la halle aux haillons,
Crispant leurs pieds bleuis aux morsures des bises ;
Mômes pieds nus, morveux, bohèmes loqueteux,
Peintres crottés, ratés, rêveurs humanitaires
Aux coffres (1) secoués de râles caverneux,
Dans leur immense amour oubliant leurs misères :
Les rouleurs d'hôpitaux, de souffrance abrutis,
Les petits vieux cassés aux jambes grelottantes
Dont le soleil jamais n'égaye les taudis,
Clignant des yeux éteints aux paupières sanglantes
Et traînant un soulier qui renifle aux ruisseaux
– Tous vaincus d'ici-bas, – quand Paris s'illumine,
On les voit se chauffer devant les soupiraux,
Humer joyeusement les odeurs de cuisine,
Et le passant qui court à ses plaisirs du soir
Lit dans ces yeux noyés de lueurs extatiques (2)
Brûlant de pleurs de sang un morceau de pain noir :
Oh ! les parfums dorés montant des lèchefrites (3) !

Jules LAFORGUE, (1860-1887), *Premiers poèmes.*

Vous ferez de ce poème un commentaire composé. En vous gardant de faire une simple explication juxtalinéaire et de séparer la forme du fond, vous pourriez montrer par exemple comment l'accumulation de figures ainsi mises en scène évoque un univers et des sentiments particuliers.

remarque

Se reporter au devoir précédent pour traiter ce devoir, en retenant que dans les *Premiers Vers* (en alexandrins ici) l'influence de **Baudelaire** *(Croquis parisiens* in *Les Fleurs du Mal)* et **Rimbaud** *(Les Effarés...)* est encore sensible.

---

(1) Coffre : poitrine.
(2) Extatique : voir en extase.
(3) Lèchefrites : ustensile de cuisine destiné à recueillir le jus de la viande qui rôtit.

troisième sujet

composition française sur un sujet littéraire

instructions ministérielles

● Note de service n° 83-245 du 27 juin 1983 parue au B.O. du 7 juillet 1983.

Troisième sujet
Composition française sur un sujet littéraire
Le troisème sujet, comme les deux autres, demande au candidat de réfléchir et de s'exprimer à propos de ce qu'il a lu. Mais ici il s'agit de ses lectures personnelles dans leur diversité et dans leur étendue – celles qu'il a faites pour la classe (et dont la liste présentée à l'oral contient les références) comme celles dont il a pris lui-même l'initiative. C'est dans sa culture littéraire personnelle (et facultativement dans sa connaissance d'autres langages et d'autres arts) qu'il trouve le matériau de sa réflexion et les exemples dont il a besoin pour étayer son exposé.

Le sujet n'est pas une « question de cours » portant sur des auteurs, des ouvrages, une époque, un mouvement littéraires impérativement désignés et supposés connus. Il n'est pas davantage un débat de doctrine ou de haute théorie littéraire. Il invite explicitement à une réflexion plus modeste, qui a pour objet une expérience vraie, nourrie de souvenirs de lecture, d'observations concrètes et précises. L'aptitude à examiner ces données, à les analyser, à établir des rapprochements et des différences, à interroger les œuvres qu'il a lues et appréciées permet au candidat d'esquisser des vues synthétiques sur des aspects significatifs de la littérature et des genres littéraires et de présenter en le justifiant son sentiment personnel.

La composition française sur un sujet littéraire n'appelle en aucune manière une réponse unique et prédéterminée à la question posée. Excluant tout dogmatisme, l'évaluation de l'exercice prendra pour critères :
— *la qualité et la richesse de la culture personnelle ;*
— *la qualité de l'expression et l'efficacité de l'argumentation ;*
— *la pertinence et la justesse de la réflexion.*

● **Difficultés principales**

1. **Sujets amples** qui doivent être traités avec fermeté et précision. En particulier il faut les appuyer sur bon nombre d'exemples, la plupart littéraires, parce qu'ils sont reconnus comme valables, et ne pas abuser de ceux empruntés à votre vie quotidienne, car trop particuliers (d'importance exagérément grossie ou délibérément inventés, ils manquent tout à fait de portée).

2. **Ce n'est pas une dissertation philosophique,** mais un devoir *littéraire*.
Donc multiplier les références aux écrivains, artistes, cinéastes aussi, aux écoles poétiques, dramatiques ou romanesques.

● **Méthode proposée**

● La première chose à faire est de **lire attentivement** la question ou la phrase qui vous sont soumises.

● Puis de les **analyser soigneusement,** crayon à la main, en pesant le sens des mots pour être sûr de bien les comprendre et en les classant par ordre d'importance, après avoir dégagé le ou les termes clés qui doivent déterminer la direction et les limites du sujet.

— La **conception du plan** est désormais très souvent **explicative,** chaque nuance principale de la phrase citée constituant une partie du développement.
Elle peut aussi être : **explication/discussion.**

— Ne jamais oublier de démontrer à l'aide d'**exemples** et de bien **grouper** les remarques et nuances.

Composition française littéraire

– Pour personnel qu'il soit, un développement doit être **structuré.**
– Avant de rédiger quoi que ce soit, il faut que vous ayez fait au brouillon un plan très net : ● **introduction** – **1ʳᵉ partie** et toutes ses nuances bien classées – **2ᵉ partie**... 3ᵉ... 4ᵉ... (selon nécessités du sujet) – **conclusion.**

remarques

● Les sujets de ces **Compositions Françaises Littéraires** se classent presque tous en quelques grands THÈMES périodiquement présentés en leurs multiples nuances. Celles-ci constituent chaque fois un sujet déterminé.

● Penser à bien **délimiter** chacune d'entre elles et à ne pas tomber dans *l'erreur grave* qui consiste à dire tout ce que l'on sait sur un thème au lieu de sérier exactement le point précis demandé.

l'art

34 COMMENT RÉDIGER UNE INTRODUCTION? PLAN - REMARQUE
Montpellier - Japon - Hong-Kong - Singapour/1ʳᵉ

La littérature, la peinture, la sculpture, la musique, le théâtre, le cinéma appartiennent au domaine de l'art. Chacune de ces activités a son langage particulier.
Essayez, à l'aide de l'expérience que vous en avez et en citant des œuvres précises, de réfléchir sur ce qui leur est commun.

comment rédiger une introduction

Méthode et procédés	Texte rédigé
1. Il est souvent agréable et vivant de commencer une **situation** par une formule percutante – d'un auteur – ou une formulation un peu originale : phrase nominale, comme ici – personnelle ; surtout lorsque le libellé de sujet n'en comporte pas et qu'il est présenté de façon à la fois neutre et didactique, ce qui est le cas pour ce devoir. **2.** Ici situation très générale car le sujet est très vaste et assez vague. **3.** Explication de l'**idée générale** : *le langage ar-*	Art... tentative du créateur pour atteindre le Beau, la Connaissance... Tentative pour trouver et utiliser un truchement qui lui permettra de transmettre aux autres ses découvertes ou ses rêves (1)... Ainsi le domaine artistique possède-t-il différents langages qui évoluent, se rencontrent ou se cumulent au cours de l'histoire des arts (2). Chaque initié (= artiste) se voit contraint de découvrir comment se faire entendre des hom-

tistique, dont le premier élément : *langage* était détaché dès la situation (2).

4. En voici donc la *1re partie* que l'on précise nettement car elle représente l'opinion courante sur cette question.

5. Et juste après avec un **mot de liaison** fort : *2e partie* de l'idée générale.

6. Présenter ensuite les diverses parties du **développement** (au moins deux : il faut *charpenter* le tout solidement) : une phrase par partie.

7. Ne pas hésiter à utiliser des **liens logiques** ou **d'opposition** entre chaque phrase de présentation des parties (elles peuvent être interrogatives, puisque le développement sera la réponse; ou simplement annonciatrices).

mes (3). Par exemple le poète travaille avec les mots, le musicien avec sonorités et cadences, le peintre scrute la lumière et choisit les couleurs... Ces différents matériaux vont se présenter aux profanes sous leurs formes diversifiées n'ayant à première vue guère de rapports entre elles (4). Pourtant (5) l'art dans sa recherche comme dans sa transmission, poursuit les mêmes buts. L'artiste veut d'abord (6) dévoiler les vérités cachées de la nature, de l'univers. Mais (7) il ne les garde pas pour lui seul quand il les frôle, il désire transmettre son idéal, ses perspectives, ses espoirs.

plan

I. Élan vers la connaissance.

● Une des deux périodes du travail de l'artiste : l'époque de la recherche - *cf.* **Baudelaire** : *Correspondances.*

● Déjà un des aspects du langage artistique, celui qui permet la quête...

● Pas le même pour diverses formes d'art :

● Matière et manière sont adaptés à chacun : mine de plomb, aquarelle, peinture à l'huile pour peintre ; bloc de marbre, outils divers pour sculpteur.

● Différences aussi pour éléments mêmes où artiste travaille : lumière pour peintre, son pour musicien...

● Aussi certains critiques proposent-ils classification des arts ; le philosophe Hegel considère de ce fait la poésie comme le premier des arts car travaillée avec un matériau plus profond, le *langage* proprement dit.

● Pourtant les artistes recherchent le même absolu, un idéal supérieur : quel que soit l'élément où ils se meuvent, ils tendent à percevoir les révélations de la Nature, si difficile à joindre malgré sa bonne volonté, ces signes de reconnaissance (= symboles) qu'elle laisse paraître :

« La Nature est un temple où de vivants piliers
Laissent parfois sortir de confuses paroles... »

(Baudelaire : *Correspondances*).

● C'est, comme le fait encore remarquer Baudelaire qu'elle est « Dans une ténébreuse et profonde unité
Vaste comme la nuit et comme la clarté ».

● Il souligne ainsi la puissance de l'art qui peut seul harmoniser les divers éléments confondus « Les parfums, les couleurs et les sons se répondent », en donnant une application d'un tel ouvrage dans les deux tercets de ce même sonnet...

● De plus autre tâche en matière artistique : dévoiler la vérité, une vérité, sa vérité. Exemple **Rimbaud :** *Aube :* « Alors je levai un à un les voiles », après que « réveillant les haleines vives et tièdes », le poète ait fait « les ailes se lever [...] sans bruit ». *(Illuminations)*.

● Ainsi quand l'art s'intéresse à l'essence des choses, il a une optique commune, quelle que soit sa direction.

● Il perfectionne ses canons, sa technique pour atteindre ses buts, quête universelle. Multiplier les exemples tels **Racine, Corneille** (théâtre), **Léonard de Vinci, Raphaël** (peinture), **Mozart, Beethoven** (musique) etc...

II. Communication.

● Seconde fonction de l'art : transmettre aux profanes.

● Le langage est alors pleinement utile et même indispensable.

● Les moyens de transmission différents selon les matières artistiques : mais n'est-ce pas seulement à première vue ?

Composition française littéraire　　　　　　　　　　　231

● En se basant sur l'apparence extérieure des œuvres, les différences de forme, composition, communication apparaissent : ainsi entre l'œuvre littéraire, la peinture, le cinéma... Hommes ne reçoivent pas de même manière un roman de Balzac ou une sculpture de Michel-Ange... Multiplier les exemples.

● Pourtant un point commun se dégage rapidement : toute production artistique a le même désir d'assaillir le profane, de l'amener à contempler et surtout à discuter les sujets que l'artiste voulait aborder.

● L'œuvre d'art doit réveiller les hommes qui la reçoivent ; elle engage chacun de nous dans la mesure où nous savons être de l'*échange* qui doit exister entre elle (donc l'artiste) et nous : *cf.* **Montaigne** ou **Gide** (réclamant un lecteur actif).

● Part de l'initié (= artiste) dans cet échange : se sert d'œuvre pour transmettre le message, influencer, orienter – **V. Hugo** : « La poésie n'est pas un ornement, elle est un instrument. »

● Part du profane : côté empirique peut-être. Mais certains hommes sont plus réceptifs à telle forme d'art qu'à telle autre ; de toute façon ce qu'il faut c'est être **ouvert** au langage artistique quelle que soit la forme prise.

● Donc langage – du moins la partie qui constitue communication – est façonné à la fois par l'artiste et par son public – **Balzac** : « Lire, c'est créer à deux. »

● Tempérament, milieu, siècle, mode même joueront sur choix du profane. Exemple à notre époque, un nouveau langage : le cinéma, une nouvelle mode : la chanson.

● Pour tout art d'ailleurs, le premier contact est le plus productif. Sans avoir répulsion pour d'autres formes artistiques, l'artiste s'attache plus particulièrement à **une** précise. Rare l'artiste comme **V. Hugo** à la production littéraire si diversifiée et en même temps dessinateur original.

● De même pour le public : ses préférences pourraient bien venir du fait que contemplation ou pénétration d'œuvre artistique est considérée aussi comme un plaisir.

Conclusion

- Certes les nuances s'établissent entre arts.
- Mais intercommunication artistique.
- Art forme un **tout.**
- Chacun se base sur les mêmes recherches.
- Poursuit universellement le même but : transmettre les révélations reçues.
- A travers les images et les langages diversifiés mais semblables en profondeur, même vision du monde : soif insatiable de retrouver cette « dignité » supérieure à la condition des êtres mortels. *Cf. Les Phares* (**Baudelaire**).

quelques formules

- **L'Art :** ...
« C'est vraiment, Seigneur, le meilleur témoignage
Que nous puissions donner de notre dignité
Que cet ardent sanglot qui roule d'âge en âge
Et vient mourir au bord de votre éternité ! » **Baudelaire.**

- **La Beauté :** « Je trône dans l'azur comme un sphinx incompris. » **id.** *Ses yeux sont :* « De purs miroirs qui font toutes choses plus belles » **Ch. Baudelaire.**

- « L'artiste déchire l'image conventionnelle et hypocrite que les bien-pensants tentent de se donner d'eux-mêmes » **Paul Ricœur.**

- « L'art n'est pas à mes yeux une réjouissance solitaire. » **V. Hugo.**

bibliographie

- L. Krestovsky, *Le problème spirituel de la Beauté et de la laideur*, P.U.F., 1948.

- **M. Dufrenne**, *Phénoménologie de l'expérience esthétique,* P.U.F., 1953-1967, réédit.
- **P. Francastel**, *Peinture et Société,* Gallimard/Idées – Arts, n° 4 – 1965 et réédit.
- **M. Dufrenne**, *Pour l'homme,* Seuil, 1968.
- **R. Barthes**, *Le Plaisir du texte,* Seuil/Tel Quel, 1973.

remarque

A rapprocher de cet autre sujet donné à

35 *Reims/1re*

A l'aide d'exemples tirés de vos lectures ou puisés dans d'autres domaines artistiques, vous commenterez et vous discuterez ces propos d'Alfred de VIGNY, dans la préface de son roman Cinq Mars *(1826) :*

« A quoi bon les Arts, s'ils n'étaient que le redoublement (...) de l'existence? Eh! bon Dieu, nous ne voyons que trop autour de nous la triste et désenchanteresse réalité : la tiédeur insupportable des demi-caractères, des ébauches de vertus et de vices, des amours irrésolues, des haines mitigées, des amitiés tremblotantes, des doctrines variables, des fidélités qui ont leur hausse ou leur baisse, des opinions qui s'évaporent ; laissez-nous rêver que parfois ont paru des hommes plus forts et plus grands, qui furent des bons ou des méchants plus résolus ; cela fait du bien. Si la pâleur de votre vrai nous poursuit dans l'Art, nous fermerons ensemble le théâtre et le livre pour ne pas le rencontrer deux fois. »

Alfred de VIGNY, *Réflexions sur la vérité dans l'art*
Préface (1827) à ***CINQ-MARS*, (1826).**

l'universalité

36 LECTURE DU SUJET
DEVOIR D'ÉLÈVE
Paris/1re

*Selon le critique contemporain Antoine ADAM, « **les œuvres vivantes (sont) celles qui, à travers les siècles, continuent** d'éclairer, d'enchanter ou d'émouvoir ».*
Cette définition des « œuvres vivantes » vous paraît-elle satisfaisante? En vous appuyant sur l'analyse d'exemples tirés des œuvres littéraires (françaises ou étrangères) que vous avez lues ou étudiées, vous l'illustrerez et, au besoin, la discuterez.

lecture du sujet

1. Noter que le nom de l'auteur de la formule n'a presque jamais d'influence sur la phrase à expliquer.
2. A la lecture du sujet, la 1re question à se poser est : sur quel problème en général porte le sujet ? Il faut donc savoir bien détacher, le terme ou expression essentiels.
3. Il (ou elle) est ordinairement accompagné d'une précision. Omettre cette nuance serait fausser la démonstration. Par

Selon le critique contemporain Antoine Adam (1), « les œuvres vivantes (2) (sont) celles qui, **à travers les siècles (3), continuent** d'*éclairer* (4), d'ENCHANTER (4) ou d'ÉMOUVOIR (4) ». Cette

Composition française littéraire

exemple ici : « **à travers les siècles** » doit être rappelé régulièrement dans le développement car c'est une notion primordiale : l'évolution de la vie d'une œuvre à travers le temps. L'ignorer fausse tout.
4. Phrase très claire qui indique *3 parties* à délimiter et illustrer en suivant bien le conseil du libellé en :
5. Ne pas faire cependant une simple énumération d'exemples. Les classer par idées.
6. Au cours de chaque partie.

définition des « œuvres vivantes » vous paraît-elle satisfaisante? En *vous appuyant sur l'analyse d'exemples tirés d'œuvres littéraires* (5) (françaises ou étrangères) que vous avez lues ou étudiées, *vous l'illustrerez* (5) et, **AU BESOIN, LA DISCUTEREZ** (6).

devoir d'élève

« Je consacre ma vie à enseigner des œuvres d'auteurs morts, mais quelle joie ressentent mes élèves lorsque ces œuvres les séduisent toujours par leur fraîcheur ! », ainsi un professeur de lycée a-t-il témoigné lors d'une interview sur le Français. Cette anecdote définit parfaitement le rôle d'une véritable œuvre littéraire, celle qui reste actuelle malgré son ancienneté de création. C'est ainsi que s'exprime le critique contemporain **A. Adam** : « Les œuvres vivantes (sont) celles qui, à travers les siècles, continuent d'éclairer, d'enchanter ou d'émouvoir. » Un livre ne doit-il pas en effet nous faire découvrir le monde et les hommes qui nous entourent? Mais son pouvoir d'émerveiller et de toucher notre sensibilité n'est-il pas tout aussi important? Cette définition des « œuvres vivantes » est-elle réellement satisfaisante?

*
* *

« Connais-toi toi-même », telle est la devise de **Socrate**. L'œuvre littéraire ne nous permet-elle pas de nous étudier nous-mêmes, en véritable introspection? *Les Essais* de **Montaigne** représentent un témoignage intéressant de la vie d'un homme sincère. Ses analyses simples mais riches sur sa vie – la vie – m'ont permis de mieux comprendre mes comportements. Ses pensées sur l'imagination, les voyages, l'amitié... m'ont été d'un réel apport personnel. Son but n'était-il pas de « faire bien l'homme » ? Car selon lui « chacun porte en soi la forme entière de l'humaine condition », par conséquent en se peignant avec exactitude, c'est nous-mêmes qu'il peint. Je pourrais citer bien d'autres œuvres qui m'ont fait réfléchir et avancer : **F. Mauriac, A. Camus, A. Gide, J.-P. Sartre,** pour les nommer sans préférence et ces extraordinaires *Mémoires d'une Jeune Fille rangée* de **S. de Beauvoir** !... En cela, ces œuvres dépassent leur temps.

Un livre peut donc forger la personnalité de son lecteur, nous « éclairer » sur notre manière de vivre et sur l'homme éternel. Mais il nous « éclaire » aussi dans notre savoir – moins essentiel que la connaissance, bien sûr, mais fort nécessaire aussi ! Il peut nous faire découvrir d'autres univers : livres exotiques, de voyages, de documentation... tel **V. Segalen** décrivant Tahiti, **P. Loti** relatant ses voyages en Orient, avec quel charme ! *La Mort de Philae, Un pèlerin d'Angkor, Madame Chrysanthème*... m'ont transportée (1) sous des climats divers. – C'est sur le passé aussi que l'œuvre littéraire peut nous renseigner : outre les romans historiques qui abondent depuis le XIXe siècle – ainsi *Cinq-Mars* d'**A. de Vigny** –, c'est en se faisant les témoins de leur temps que les œuvres enrichissent notre savoir. Ce sont **Molière** ou **Marivaux** par exemple qui décrivent les mœurs de leur siècle dans *Le Misanthrope* (XVIIe siècle) ou le *Jeu de l'Amour ou du Hasard* (XVIIIe siècle) entre autres. A travers les *Fables* de **La Fontaine** nous glanons mille renseignements sur nobles, bourgeois et petit peuple. De même **Pascal**, dans *Les Provinciales* nous met au courant de la querelle religieuse. Janséniste contre jésuites qui marqua le XVIIe siècle. **La**

---

(1) L'accord dans le devoir était au féminin.

Bruyère et ses *Caractères* décrivent les conditions misérables du peuple sur l'influence de la pauvreté sur un comportement en société (giton) mais surtout dévoile l'envers du Grand Siècle où certains connaissaient une misère telle que celle qui sévit à notre époque dans le Quart Monde : « Il est des misères sur terre qui saisissent le cœur; il manque à quelques-uns jusqu'aux aliments; ils redoutent l'hiver; ils appréhendent de vivre... » *Germinal* de **Zola** nous fait toucher du doigt les conditions lamentables de vie des mineurs à la fin du XIXe siècle et les tentatives de grève et d'émancipation : c'est un document terrible. *L'Assommoir* aussi nous conduit à de profondes réflexions sur la vie du XIXe siècle : elles nous entraînent à méditer sur nos conditions propres. L'exigence de Gervaise semble humble à nos yeux : « du pain, un logis, une famille », mais constitue une véritable solution au bonheur de l'homme. Car c'est à travers ce savoir sur le passé que nous sommes « éclairés » sur ce que nous devons faire : « Cultiver notre jardin » par exemple comme le conseille *Candide* (**Voltaire**), n'est-ce pas le secret de la sagesse quotidienne, d'une vie à notre dimension? Enfin « éclairés », nous le sommes encore par le poète, l'étoile au XVIe, parmi les constellations de La Pléiade, le Mage (**V. Hugo**), le phare (**Baudelaire**) chez romantiques ou symbolistes. Les poètes sont d'authentiques « éclaireurs » qui donnent à l'homme le sentiment d'une dignité au-dessus de sa condition, lui permettant d'accéder aux « champs lumineux et sereins » (**Baudelaire**) :

« Envole-toi bien loin de ces miasmes morbides,
Va te purifier dans l'air supérieur,
Et bois, comme une pure et divine liqueur,
Le feu clair qui remplit les espaces limpides. »

(Élévation)

*
* *

Baudelaire est le poète « éclaireur », mais aussi le poète « enchanteur ». Les *Correspondances* m'ont séduite par leur mysticité, leur beauté d'expression : ...

« Il est des parfums frais comme des chairs d'enfant.
Doux comme les hautbois, verts comme les prairies,
Et d'autres, corrompus, riches et triomphants
Ayant l'expansion des choses infinies... »

Les correspondances entre les parfums (odorat), le toucher (chair), la musique (ouïe) et la couleur (verts) ne peuvent nous laisser insensibles. **Baudelaire** dans *Les Fleurs du Mal* « enchanté » ses lecteurs, il les enchantera dans les siècles futurs et même l'éternité ! Comment ne pas être emporté par le plaisir de l'atteinte du Beau, par la joie ressentie dans les mystérieuses régions idéales, loin d'un monde lourd, et ne pas partager le bonheur spirituel du Poète d'*Élévation* :

« Mon esprit, tu te meurs avec agilité,
Et, comme un bon nageur qui se pâme dans l'onde,
Tu sillonnes gaîment l'immensité profonde
Avec une indicible et mâle volupté... » ?

A sa suite nous sommes transportés dans le monde de l'indicible, mais dont nos sens et notre esprit à travers l'ampleur mélodieuse des vers, perçoivent la douceur des réalités supérieures.

Que de merveilleuses histoires ont aussi « enchanté » l'homme à travers les siècles. Si Ulysse garde sa force de séduction au point de servir de support à un dessin animé — c'est que nous admirons toujours son endurance et sa ruse, tandis que les péripéties de son périple en Méditerrannée sont toujours aussi attachantes. Un livre enchanteur peut même traverser plus que les âges : les cultures, comme le montrent bien Les *Mille et Une Nuits*. Même si goût, morale, mœurs, mode changent et évoluent, même si certaines œuvres connaissent des éclipses, le fait qu'elles réapparaissent est preuve de leur vitalité et il n'est pas besoin de les réactualiser pour que la puissance des sentiments et des mots nous frappe de nouveau. *Antigone* est portée au théâtre par **Brecht** et par **Anouilh,** mais la pureté des accents d'Antigone s'élevant contre les lois injustes et partant à la mort nous « enchante » toujours aussi intensément dans la grande tragédie de Sophocle.

Pour moi, *A l'ombre des jeunes filles en fleur* et même toute l'œuvre « *A la recherche du Temps perdu* » m'ont émerveillée ; **M. Proust** par son travail stylistique, la puissance de ses recherches à travers le temps m'a « enchantée ». Une telle vigueur porte une œuvre vers les cimes, et si elle m'élève vers un univers qui m'était inconnu auparavant, elle a provoqué la même révélation enchanteresse au fur et à mesure du siècle où les lecteurs en prenaient connaissance, affirmant ainsi qu'elle sait atteindre aussi bien le lecteur de 1930 que de 1983... C'est qu'elle emporte par la pertinence de son analyse mais aussi par l'ampleur enveloppante de sa phrase : « Entre les intervalles des instruments, si la mer était pleine, reprenait, couché et continu, le mugissement de l'eau d'une vague qui semblait emporter les traits du violon dans ses volutes de cristal et faire jaillir son écume au-dessus des échos intermittents d'une musique sans marine... ». Le personnage de **Proust** crée ici, en son imagination, une réalité qui lui est propre, à partir de bruits qu'il perçoit de l'extérieur de sa chambre fermée ; mais il nous entraîne à sa suite, nous aussi nous pourrions créer ainsi et nous nous retrouvons en lui. C'est cette faculté magique perçue de générations en générations qui donnera à l'œuvre sa valeur d'éternité : le monde irréel du *Grand Meaulnes* (**Alain Fournier**), la « princesse charmante », *Sylvie* de **G. de Nerval**, la simplicité mystérieuse de la *Salle à Manger* (**F. Jammes**) ou du *Buffet* (**A. Rimbaud**) ;

« O Buffet du vieux temps, tu sais bien des histoires
Et tu voudrais conter tes contes, et tu bruis
Quand s'ouvrent lentement tes grandes portes noires. »

*
* *

Enfin une œuvre éternelle est aussi celle qui nous « émeut », d'après **A. Adam**. Sans doute, les canons de la sensibilité se transforment, évoluent de siècle à siècle, de mœurs à mœurs. Pour qu'une œuvre demeure vivante grâce à ses qualités d'émotion, il faut donc que celles-ci soient capables de s'adapter, qu'elles dépassent modes et habitudes. *Les Misérables* de **V. Hugo** comporte un contexte propre au XIXe siècle, mais sa puissance émotionnelle subsiste. « Ah ! insensé qui croit que je ne suis pas toi ! » s'exclamait précisément **V. Hugo**. Si Jean Valjean nous touche toujours c'est que dans l'injustice subie par cet homme qui, affolé de voir sa famille affamée vole un pain et accomplit 17 ans de bagne, ce sont toutes les injustices dont les pauvres gens sont accablés qui nous frappent. Nous ressentons une émotion d'une valeur éternelle ; nous nous indignons devant les mauvais traitements endurés par Cosette, car à travers elle ce sont tous les enfants martyrs dont le sort nous émeut. **V. Hugo** sait atteindre en nous ce désir du bon et du grand qui créé l'admiration, mais en toute simplicité, comme si nous les rencontrions dans notre vie quotidienne : Gavroche est alors un modèle du genre. Aussi lorsqu'il meurt sur la barricade après s'être joué avec une bravoure à la fois pleine de panache et de désinvolture, quel cœur peut-il ne pas être ému !

> *Je suis tombé par terre,*
> *C'est la faute à Voltaire,*
> *Le nez dans le ruisseau,*
> *C'est la faute à...*

« Il n'acheva point. Une seconde balle du même tireur l'arrêta court. Cette fois il s'abattit la face contre le pavé et ne remua plus. Cette petite grande âme venait de s'envoler. » – Pas de rhétorique, la grandeur dans l'enfance et dans la mort... La sincérité d'un auteur ému lui-même... Ce sont des éléments qui éternisent l'émotion. Il semble qu'il en soit de même pour des textes comme *Le Père Goriot* (**Balzac**). Parce qu'il s'est sacrifié pour ses filles, parce qu'elles ne l'assistent pas lorsqu'il meurt en les réclamant, le lecteur voit se profiler à travers le cas de ce « Christ de la Paternité », tous les parents trop bons pour des enfants ingrats, comme il les voit dans *Le Roi Lear* de **Shakespeare.** Son émotion est d'autant plus profonde qu'elle pourrait trouver des exemples dans la réalité. Mais l'œuvre a su donner une valeur de symbole et elle garde donc sa « vie », de ce fait, à travers les temps. Comment rester insensible devant Goriot, ou Lear, véritables pélicans qui se sacrifient pour l'amour de leurs filles ? Le tragique d'un destin, voilà qui touche : de même l'amour impossible entre Laurence et Jocelyn (**Lamartine**) ou les amours parfaites de *Tristan et Iseut* ou de *Roméo et Juliette*. Enfin, l'émotion peut être esthétique ou métaphysique, les deux ensembles souvent, et c'est sa propre destinée qui angoisse le lecteur, lorsque **Baudelaire** sait par la beauté poétique de ses vers toucher le cœur de son « hypocrite lecteur », son « frère » en découvrant la souffrance, le spleen qui l'atteint, comme il peut tous nous atteindre :

> « Quand le ciel bas et lourd pèse comme un couvercle
> Sur l'esprit gémissant en proie aux longs ennuis
> Et que de l'horizon embrassant tout le cercle
> Il nous verse un jour noir plus triste que les nuits »...

Les monosyllabes « ciel », « bas », les assonances et allitérations sifflantes, l'encerclement, l'étouffement que traduisent rythmes et enjambements, contribuent à multiplier l'émotion ressentie. Le caractère dramatique du poème frappe intensément. C'est peut-être l'« œuvre vivante » qui m'a le plus émue.

**

Il existe des langues mortes et des langues vivantes, des œuvres littéraires aussi ; certaines tombent en désuétude, d'autres résistent vigoureusement au poids du temps. « L'œuvre vivante » est bien pour moi celle qui a su dépasser les goûts et coutumes particuliers ou provisoires pour savoir trouver comment « éclairer », « enchanter » et « émouvoir » ce qui subsiste éternellement dans l'homme de chaque époque : sa curiosité d'esprit, sa propension au rêve, les élans de son cœur. Ainsi nous sort-elle de notre morosité quotidienne : « Un livre est une fenêtre par laquelle je m'évade. » (**J. Green**) ; nous initie-t-elle au domaine de la pensée : « La lecture est au seuil de la vie spirituelle ; elle peut nous y introduire, elle ne la constitue pas. » (**Proust**), et nous pousser à penser par nous-mêmes ; ou simplement nous inquiéter, nous poser des questions : « Un livre est celui qui sème à foison les points d'interrogation ». Ne-pourrions nous conclure cette justification de la formule d'**A. Adam** par une pensée de **P. Valéry** : « Littérature ! Tu n'es rien si tu ne me donnes la sensation de la découverte ! » Peut-être est-ce le plus réel secret de la vie éternelle d'une œuvre.

remarque

- Ce devoir a obtenu 18/20 au baccalauréat.
- S'y rattacher pour traiter les sujets suivants. S'aider aussi des **formules** et **bibliographie** adjointes.

37 *Nouvelle Calédonie/1ʳᵉ*

Dans Dialogue des Vivants, *André MAUROIS fait dire à un des interlocuteurs, à propos des œuvres littéraires :*
« *Des succès parfaitement légitimes, et justifiés par la qualité, sont parfois éphémères parce que les manières de penser et de sentir qui les avaient engendrés, cessent d'être comprises... Vous parliez tout à l'heure de la* Nouvelle Héloïse. *Jamais l'engouement du public ne fut plus vif. Des femmes oubliaient un dîner ou un bal pour en continuer la lecture. Aujourd'hui ce roman n'est plus qu'une curiosité littéraire pour érudits et étudiants... Jamais drame fit-il autant de vacarme qu'*Hernani *? En notre temps si la Comédie-Française le reprend, les comédiens doivent le jouer en « charge » (1) parce que personne n'y croit plus... J'ai vu l'autre soir une représentation des* Précieuses Ridicules *devant un public provincial et populaire. Les meilleures scènes ne suscitaient pas le rire. Ce n'était pas la faute de Molière si les ridicules qu'il avait raillées étaient oubliées. Ces laquais bâtonnés n'amusaient pas ; ils choquaient... Bref les pièces et les livres meurent, comme leurs auteurs... La mort n'est pas une faute, ni le signe d'une faute ; elle est une loi pour tous, bons ou mauvais.* »
Qu'en pensez-vous ? Appuyez-vous sur des exemples précis et variés.

---

(1) exagération comique.

38 Rennes/1re

Depuis quelques années, la plupart des grandes maisons d'édition ont renouvelé et enrichi les collections qu'elles destinent aux jeunes, et les nouveaux ouvrages sont souvent accompagnés d'une indication d'âge (ex. : « de dix à douze ans », ou « à partir de treize ans », ou encore « pour les adolescents »).
A la lumière de votre expérience personnelle, estimez-vous qu'il y a effectivement des ouvrages qui s'adressent plus spécifiquement à une tranche d'âge, ou pensez-vous au contraire que chacun peut trouver son plaisir en puisant à son gré dans la littérature universelle, quel que soit son âge ? Répondez librement, en analysant des exemples précis.

quelques formules

- « Une œuvre classique est une pièce d'or dont on n'a jamais fini de rendre la monnaie. » **Jouvet.**

- « Les chefs-d'œuvre de la littérature ont un caractère de beauté absolue, qui est le principe tout à la fois de leur immortalité et de leur éternelle jeunesse. » **L. Pasteur.**

- « Le classicisme est un équilibre de pensée, de sensibilité et de forme, qui assure à l'œuvre d'art un intérêt humain et une diffusion universelle. » **Bayet.**

bibliographie

- **M. Tison-Braun,** *La crise de l'humanisme,* Nizet, 1958, et réédit, 2 vol.

- **P.-H. Simon,** *Théâtre et Destin,* Colin, 1959 et réédit.

- **P. de Boisdeffre,** *Métamorphose de la littérature,* Alsatia, 1951.

le héros

39 ORGANISATION DU DÉVELOPPEMENT PLAN DÉTAILLÉ
Caen/1re

De la mort de quel héros, ou de quelle héroïne, aimeriez-vous mourir ? Pourquoi ?

plan détaillé

(Conseils d'organisation pour la IIe partie).

Introduction

- Notre imagination est nourrie de héros et d'héroïsme.
- Tradition orale...
- ... multipliée par littérature, peinture et autres arts...
- ... sans compter les média qui répandent hauts faits historiques... ou sportifs!
- Assimilation à bien des héros est certaine ; nous avons tous rêvé d'être tel héros ou héroïne...
- Mais rêvé de la mort d'un héros ? Moins fréquent...
- Ce serait lequel?

Ire Partie : Tentation.

A. Pourquoi un héros ?

- Pourquoi cette tentation de nous assimiler au héros ?
- Qu'est-ce donc qu'un héros ?

- Mot grec dont sens a évolué au cours des siècles :
- demi-dieu (fils d'un dieu et d'une mortelle),
- puis personnage hors du commun,
- au début associé à exploits guerriers, maintenant à haut fait moral, ou à tout acte exceptionnel ou admirable,
- ou simplement sorte de « champion ».

- Associé à notion d'acte (« travaux » d'Hercule) et d'aventure. Sort de la vie terne, du train-train quotidien.

- D'où tentation de s'assimiler au héros. Rêve d'être un héros ; « parfaitement transparent » (**Proust**), débarrassé du poids des contingences, avec de plus surimpression : aventures/héros.

- Avec lui, on est en pleine apesanteur, on se laisse emporter, on goûte la joie de devenir cet « autre » si grandiose.

- Chacun a d'ailleurs un vaste choix de héros ! :
- historique : J. d'Arc, Napoléon...
- légendaire ou mythique : d'Ulysse à Don Juan...
- personnage de roman (ils sont légion!),
- personnage de théâtre (Hernani), de film ; ou les stars qui s'y superposent (Valentino),
- ou champion contemporain...

- Ils sont de toutes qualifications :
- fatal : Phèdre... ;
- amoureux parfait : Tristan ou Yseut, Roméo ou Juliette... ;
- populaire : Gavroche ;
- glorieux, tel Le Cid ;
- exemplaire comme la Princesse de Clèves ;
- patriote : Jeanne d'Arc... ;
- guerrier : Alexandre Newski... ;
- humaniste : Gandhi... ;
- artiste : Orphée... ;

- Il est bien possible que l'on ait la tentation d'être successivement l'un ou l'autre!

B. Pourquoi être tenté par la mort d'un héros ?

- Car héros très souvent associé à immortalité.

- S'il plaît, c'est précisément souvent parce qu'il échappe à échec, parce qu'il réussit, d'où ne meurt pas.

- Originellement pourtant est allié à notion de mort, car si demi-dieu, c'est que fils de dieu (ou déesse) et d'une ou un mortel(le), donc mortel lui-même.

- Mais sa mort est presque toujours suivie d'une re-naissance : Roland, « à la droite de Dieu »..., et il vit dans l'âme et le souvenir des peuples.

- De plus, la mort lui apporte grandeur supplémentaire et à peu près toujours une apothéose ou un accomplissement (Polyeucte).

- Notons que selon l'époque et le type de héros, celui-ci est plus ou moins allié avec la mort.

- Ainsi les romantiques aiment fins pathétiques : tous héros romantiques meurent dans le grandiose, l'émouvant (Ruy Blas) ou l'horreur (autre procédé de multiplication).

- Fréquent aussi au XXe siècle (peut-être plus en fin de siècle), particulièrement dans films.

- Héros d'amour très souvent accompagné de mort. Car difficile de voir les amours parfaites se maintenir à ce niveau de passion toute une vie, d'où nécessité de mort (Tristan et Yseut).

- La mort ajoute donc encore à la valeur du héros même quand elle s'accompagne d'orgueil et bravade.

organisation et explication de la IIe partie

IIe Partie : Une merveilleuse héroïne : Antigone (1).

Méthode et procédés	Accumulation, organisation, construction des idées
1. Il serait possible de réduire le développement	• Ainsi héros est situé au-delà du bien et du mal allant « droit son

Composition française littéraire

à cette seule **IIe partie** : ce serait une *composition française littéraire* axée sur les réponses directes posées par les questions du sujet. Cependant, celui-ci permet aussi une construction plus approfondie. Tout dépend de la manière de traiter :
a) *très personnelle* (mais pour un corrigé type voilà qui est délicat...) ;
b) tentative d'élaboration de *problématique*, le sujet n'en comportant pas. Pour un corrigé, il valait la peine de renseigner l'élève sur ce *thème littéraire important*, ce qui justifie la **Ire Partie**.

2. On commence par dégager **l'idée générale** du thème après un début de phrase, ou une phrase toute entière, qui établit la **liaison** avec l'introduction (Ire partie) ou la partie précédente (IIe partie). Elle peut être éventuellement soutenue par *l'opinion* (générale donc) *de quelque auteur* dont il sera toujours bon de *citer le nom*. Ne pas oublier les *guillemets*.

3. Rattacher très nettement au sujet. Ici deux questions, les deux réponses tout de suite sont esquissées ; elles ouvrent la démonstration qui va suivre. **Soigner les liaisons.**

4. Ici **précisions** nécessaires pour que le lecteur soit au fait sur l'essentiel des péripéties de l'histoire du héros. Le choix est ici celui d'un personnage hors de nos petites distinctions humaines... » (2) **A. Artaud.**

• C'est bien au-dessus du commun des mortels que se situe en effet Antigone, – qui serait mon choix s'il s'agit de mourir comme un héros. Car elle est ... une des héroïnes les plus complètes et les plus complexes (3), ce qui explique naissance de son mythe.

• Fille d'Œdipe, elle enterre – malgré les ordres de Créon successeur de son père maudit – un de ses deux frères auquel sont interdites funérailles rituelles. Enterrée vive elle-même en punition dans tombeau creusé dans roc. Quand, effrayé, Créon fera rouvrir le tombeau, Antigone est morte, elle s'est pendue avec sa ceinture (4).

• Création littéraire de **Sophocle**, dans plusieurs de ses tragédies.

• Dès l'origine, elle a au moins deux dimensions.

• A (5) L'une est grandeur morale. Antigone applique sereinement le devoir envers les parents ; tout homme – qui a bien du mal souvent à se surpasser lui-même mais en a nostalgie – aspire à cette hauteur. Véritable héroïne familiale.

• D'abord fidélité à son père. Elle est pieuse, douce, apaisante. D'où suscite l'admiration.

• Accompagne son père aveugle (Œdipe s'est crevé les yeux), mendiant sur la route, l'assiste jusqu'à mort, après avoir demandé pour lui asile et honneurs funèbres.

• [Thème repris par *Phéniciennes* d'Euripide]. Véritable image qui parcourt humanité. On dit « une Antigone » = modèle de piété filiale. Véritable idéalisation.

nage connu, mais il aurait pu se porter sur un moins célèbre ; il faut que le lecteur suive clairement, sinon le raisonnement lui échapperait en partie. Or **toute démonstration doit être lumineuse.**

5. Ce qui est présenté schématiquement dans le plan sera bien sûr rédigé avec souplesse et élégance. Mais les charpentes du développement doivent ressortir nettement, même dans une rédaction bien suivie. **Remarque :** Si le devoir se contente de cette **II⁰ Partie**, **A** et **B** en constituent les subdivisions normales. – Dans la II⁰ Partie d'un développement complet, elles sont les **nuances** détachées avec précision. La **structure intérieure** de chaque partie est essentielle; un plan extérieur ne suffit pas. Le plan intérieur doit être **très strict, perceptible** à première lecture.

6. Ne pas oublier de faire le point à la fin de chaque subdivision ou nuance en une **phrase de synthèse.** Celle-ci commencera avantageusement par une conjonction de coordination logique. On rappelle aussi régulièrement les questions du sujet en mettant l'accent sur les réponses qui sont données et que l'on n'hésite pas à marteler.

7. Entre chaque grande nuance ou subdivision,

● Fidèle aussi à ses frères – sens de pitié – charité – amour fraternel. Donc héroïne pure, touchante, pathétique qui entraîne le désir de l'imiter (6). **B.** (5). Mais (7) Sophocle lui-même donne une autre dimension à son héroïne dans sa tragédie *Antigone*.

● Elle est dépositaire et gardienne des « lois non écrites » qu'elle porte en son cœur, décrets de la conscience, preuves de la noblesse humaine : « Je ne pense pas que tes (ceux de Créon) décrets soient assez forts pour que toi, mortel, tu puisses passer outre aux lois non écrites et immuables des dieux. Elles n'existent ni d'aujourd'hui ni d'hier mais de toujours; personne ne sait quand elles sont apparues ». (**Sophocle**, *Antigone*) (8).

● Grandeur exceptionnelle de celle qui défend les valeurs supérieures, absolues. D'où conflit contre lois humaines, mesquines, partisanes ou égoïstes.

● Antigone défend une éthique : nul n'a le droit d'édicter ses lois personnelles, tout homme est soumis à une loi naturelle. Elle la défend jusqu'au bout, c'est son héroïsme.

● Bien que femme (handicap) petite, fragile (même pas belle chez **Anouilh**) elle a courage de résister : « fille aux mains nues (8) », puisqu'elle gratte la terre de ses ongles pour en recouvrir rituellement son frère, mais surtout symbole de sa lutte elle qui ne s'aide de rien sauf de sa conscience.

● Elle sait ce qu'elle risque, ira jusqu'à la mort d'où grandeur, d'où admiration.

phrase de liaison, donc **conjonction** de liaison – et souvent **d'opposition**, comme ici.
8. Mobiliser quelques **citations** d'auteurs bien précises (ou de critiques), chaque fois qu'on en connaît. Il n'est nullement déshonorant d'en retenir en cours d'année, souvent d'ailleurs pour son plaisir, certainement pour sa culture. Voir le **devoir d'élève** donné en *Épreuve 36* et qui en est agréablement soutenu. Ne pas oublier le nom de l'auteur, – la référence même si on la connaît. La meilleure utilisation de la citation est de l'introduire **à l'intérieur de la phrase personnelle** et comme un des ses éléments logiques.
9. Il faut en fin de raisonnement obtenir des réponses fermes, de **synthèse**, bien détachées, même par la **graphie** (souligné ici) si on le désire...
10. Et une dernière allusion précise au sujet : ici **raison essentielle du choix**.

- On peut désirer mourir comme elle le fait, parce qu'elle a une telle fermeté qu'elle honore et grandit l'espèce humaine.
- Face au tyran elle devient exemple « du sens individuel qui se donne à soi-même sa loi (8) **(Fraisse)**.
- C'est protestation de celui qui ose agir pour ses convictions humaines quelle que soit l'oppression. Elle représente *le bon droit* (9).
- Résiste jusque dans son tombeau puisqu'elle se tue elle-même.
- Très nettement elle est le symbole de lutte entre pouvoir et liberté individuelle, avec une grande pureté.
- Héroïne exigeante qui s'élève contre la compromission et refuse le petit bonheur quiet; elle veut vivre un absolu;
- Ainsi revue par **Anouilh :** « Je veux que cela soit aussi beau que quand j'étais petite – ou mourir »...;
- ... revue par **Cocteau,** associée au terme « anarchie »...,
- ... par **Brecht** symbole de Résistance...
- Mais plus belle et haute de toutes, celle de **Sophocle** défendant la loi à la fois naturelle et idéale (10).

Conclusion

- Ainsi Antigone est une héroïne qui dit non, qui ne se tait pas, qui tient tête, qui va jusqu'au bout.
- Inflexible dans la pureté de sa conscience, elle élève le défi du faible au puissant avec autant de constance qu'elle en manifeste dans sa piété familiale.
- En cela elle s'égale aux dieux, car l'homme quotidien rêve sans doute d'une telle force, de cette volonté sereine, mais n'y parvient guère, lui qui est aliéné.

- Elle représente amour, justice, conscience, toutes les grandes valeurs humanistes.

- Elle impose le respect. Et quelle beauté que la mort de cette jeune fille courageuse qui a su dominer le tyran, au moment même où il la condamne à une fin atroce :
« Je ne suis pas venue pour partager la haine, mais pour partager l'amour. » – **Sophocle** – !

- Voilà pourquoi...

remarque

- A rapprocher (donc on se servira pour les traiter des idées exposées de cette *Épreuve 39* et des **formules** et **bibliographie** adjointes) des sujets suivants :

– **héros et guerre :**

40 *Grenoble/Terminale*

Après l'Amour, la Guerre est sans doute le thème littéraire le plus exploité. Racontée, commentée, glorifiée ou critiquée, la Guerre occupe tous les genres de la littérature universelle.
En vous référant à des exemples précis, vous étudierez, en un développement organisé, la façon dont ce thème est abordé dans les œuvres littéraires que vous connaissez.

– **influence du héros de roman :**

41 *Rouen/1ʳᵉ*

« Si René n'existait pas, je ne l'écrirais plus : s'il m'était possible de le détruire, je le détruirais : il a infesté l'esprit

d'une partie de la jeunesse, effet que je n'avais pu prévoir, car j'avais au contraire voulu la corriger. » écrit Chateaubriand dans les Mémoires d'outre-tombe *à propos d'une de ses œuvres qui connut un succès littéraire exceptionnel mais aux effets inattendus et souvent nocifs sur la jeunesse de son époque : l'œuvre suscita des attitudes désespérées qui allèrent parfois jusqu'au suicide.*
Pensez-vous que l'écrivain ou l'artiste en général, quelle que soit l'époque où il vit, soit responsable des conséquences, individuelles et collectives, que le public peut tirer de son œuvre ? Vous appuierez votre démonstration sur l'analyse d'exemples précis.

quelques formules

● Le héros « déchaîne en nous tous les bonheurs et tous les malheurs possibles dont nous mettrions dans la vie des années à connaître quelques-uns et dont les plus intenses ne nous seraient jamais révélés. » **Proust.**

● « L'équitable demeure toujours et ne change jamais non plus que la loi commune, laquelle est selon la nature, tandis que les lois écrites changent souvent. » **Aristote.**

● Le Coryphée parlant d'Antigone : « Ah! qu'elle est bien la fille intraitable d'un père intraitable. Elle n'a jamais appris à céder aux coups du sort. » **Sophocle.**

bibliographie

● **Simone Fraisse,** *Le mythe d'Antigone,* Colin/prisme, 1974.

● **Sophocle,** *Tragédies : Antigone : tome I,* Les Belles Lettres, 1965.

● **Brecht,** *Théâtre complet : Antigone : tome X,* L'Arche, 1972.

● **Albouy,** *Mythes et Mythologies dans la littérature française,* Colin, 1969.

● **Mircea Eliade,** *Mythes, Rêves et Mystères,* Gallimard, 1967.

la révolte

42 COMMENT RÉDIGER UNE CONCLUSION ?
PLAN
Poitiers-Amérique du Sud/Terminale

Dans son Discours de Suède, *Albert Camus, déclare :*
« *L'art, dans un certain sens, est une révolte contre le monde dans ce qu'il a de fuyant et d'inachevé... Il ne s'agit pas de savoir si l'art doit fuir le réel ou s'y soumettre, mais seulement de quelle dose exacte de réel l'œuvre doit se lester pour ne pas disparaître dans les nuées, ou se traîner, au contraire, avec des semelles de plomb.* »
Commentez et éventuellement discutez ce point de vue concernant les rapports de l'art avec le réel, en vous appuyant sur des exemples précis.

plan

Introduction

- La révolte existe depuis que l'homme existe. Condition humaine bornée par mort ≠ puissance de pensée et désirs. *cf. Prométhée.*

- « Apparemment négative puisqu'elle ne crée rien, la révolte est profondément positive puisqu'elle révèle ce qui, en l'homme, est toujours à défendre. » (**Camus,** *L'homme révolté*).

- Camus la considère donc comme « une des dimensions essentielles de l'homme ». ***idem.***

- Explication et mise en ordre de la phrase de Camus qui est le sujet.

- Présentation du plan.

Ire Partie : Qu'est-ce que la révolte ?

- Révolte : mouvement souvent spontané, presque instantané, la plupart du temps à la recherche d'un idéal, part d'une protestation violente, ne sait pas où elle aboutit et invente ses justifications à mesure qu'elle se développe.

- Souvent révolte intérieure.

- Divers types :
  - révolte des intellectuels (**Erasme, Galilée, Agrippa d'Aubigné, Saint-Simon...**) ;
  - révolte politique (Les « philosophes » du XVIIIe siècle) ;
  - révolte sociale (XIXe et XXe siècles : **Zola, Sartre, Camus, Vailland, Sarraute, Arrabal...**) ;
  - révolte philosophique : l'homme devant son destin (**Socrate, Descartes, Spinoza, Kant, Hegel, Marx...**) ;
  - révolte artistique, esthétique : l'homme face à ce qui borne ses recherches, sa possibilité de communication, l'atteinte de ses idéaux, particulièrement la Beauté (*cf.* **Baudelaire, Mallarmé**, les Surréalistes...).

- Donc « révolte contre le monde », contre ce que l'homme ne parvient pas à joindre ou réaliser, contre cette profonde faille entre ses désirs et ce qu'il obtient.

- Ainsi se montre-t-elle « positive puisqu'elle révèle ce qui en l'homme est toujours à défendre. » **Camus.**

- Positive, car elle met en question un ordre institutionnel ou social, affronte les forces d'oppression ou s'élève contre le Destin. ≠ Révolution pourtant.

IIe Partie : La révolte est l'une des dimensions essentielles de l'homme.

- « L'homme révolté est celui qui dit non ; mais s'il refuse, il ne renonce pas. C'est aussi un homme qui dit oui dès son 1er mouvement. » **Camus.**

- La révolte est mouvement nécessaire, mais désespéré, par lequel l'homme oppose d'irrésistibles et impossibles exigences à ce qui est.

- *Cf.* **Camus : l'art** est une exigence d'impossible mise en forme, comme il est exigence de quête de l'absolu.

- Révolte de l'art : *élément créateur.* Car élan de l'Artiste vers Infini, Absolu, « Azur », comme dit **Mallarmé.**

- On se heurte à « l'incomplet de la destinée » – **Chateaubriand** –, à ce qui borne ses possibilités de réalisation, à ce « fuyant » (**Bergson**) de la conscience, de la connaissance humaines.

- Certes l'œuvre d'art ne doit pas « disparaître dans les nuées ». Pas d'utopie, pas d'imaginaire abusif. Camus attaque ici romanesque excessif ou même fantastique (qu'il n'aime guère)...

- Pas d'hermétisme (*cf.* **Mallarmé**) non plus.

- Donc il attaque le symbolisme (finissant surtout), peut-être même le surréalisme, en tout cas le Dadaïsme.

- Il faut une position lucide, donc une révolte contrôlée, non pas la fuite.

- Car l'art **construit.**

- Mais pas non plus réalisme strict, sinon l'art se « traînerait » terre à terre, que ce soit avec ou sans « semelles de plomb ». [Pense-t-il aux romanciers du XIXe siècle ?]

- C'est qu'il est bon que l'art prenne, certes, certaines racines dans réalité (*cf. Contes* de **Perrault :** valeur et impact universels parallèlement à ceux d'un fantastique échevelé ou d'un merveilleux évanescent...).

- Mais il est essentiel qu'il implique un **choix,** qui est **élévation** (terme avec au moins deux sens) :
  – dominer et remodeler le Réel,
  – sens spiritualiste. *(cf.* **Baudelaire,** *Élévation).*

- C'est alors revendication sous une tension extrême *cf.* **Goya** dont la peinture n'est pas acceptation du monde – *cf.* **Dada** et les surréalistes : rupture, rejet, d'où révolte.

- Révolte : engagement permanent, révolte contre l'absurde et absurdité de cette révolte même. C'est alors moyen de « se mettre en situation », d'« assumer » l'absurde, de dissiper l'aliénation – *cf.* (**Camus, Sartre**) ; ou phénomène cosmique, révolte contre la création. *cf.* (**Ionesco**) : développement indéfini du « cadavre d'Amédée ou comment s'en débarrasser » est symbolique.

comment rédiger une conclusion ?

Méthode et procédés

Texte rédigé

1. Articulation logique toujours nécessaire pour commencer une conclusion.

2. On fait le point sur ce qui a été dit.

3. Tous les détails essentiels sont à nouveau clairement « appuyés ».

4. Des citations du même auteur que la phrase du sujet (si ce dernier est constitué d'une opinion à discuter) viennent mettre – si on le peut – le dernier point à la démonstration.

5. Toujours trouver une ou 2 expressions fortes de **synthèse** pour que la réponse à la question posée par le sujet soit fermement détachée (car la phrase du sujet doit être prise comme matière à discuter avant d'en conclure ici).

6. Phrase de documentation facultative indiquée en sus ici – c'est un corrigé!

Ainsi (1) la révolte, violente et brève, jamais dépourvue d'idées même si elle n'est que populaire (2), a pris rapidement, depuis des siècles, la littérature pour véhicule privilégié. Qu'elle exprime la révolte philosophique de l'homme contre le « système de l'univers » (4), ou la colère de l'individu ou du groupe contre la société qu'ils refusent (3), elle a donc trouvé à travers les accents satiriques, ironiques ou épiques, une dimension parallèle à sa prise de conscience qu'elle est la « réalité historique » (4) de l'homme, qu'il doit trouver en elle « ses vraies valeurs » (4). Rejetant veuleries, bassesses, compromissions, l'homme révolté « est un homme qui dit non » (4) **Camus.** Il est aussi exigence, celle de saisir son idéal, et n'y parvenant point, il devient créateur d'un univers de remplacement (5). Voilà pourquoi la définition de la révolte et celle de l'art sont assez proches (5). [Car « l'exigence de la révolte, à dire vrai, est en partie une exigence esthétique » **Camus**] (6). Aussi, comme l'indi-

7. Élargissement sur un autre problème plus vaste, moral ou esthétique. Ne jamais oublier alors un **mot de liaison** entre la mise au point du début et cet élargissement final.

8. Terminer si possible sur d'autres noms que celui de l'auteur de la phrase à discuter.

que le sens étymologique du terme, le révolté fait-il « volte-face » ou mieux « fait face » **Camus** (7) ; ... face à ce comble de l'absurdité : le fait que l'homme soit mortel. « Quelle farce, quel piège, quel attrape-nigaud [que la vie]! : nous sommes nés trompés », grince **Ionesco** (8), et il le montre dans tout son théâtre. C'est pourquoi une certaine révolte est plus que bénéfique, ... indispensable.

quelques formules

- « L'histoire d'aujourd'hui, par ses contestations, nous force à dire que la révolte est l'une des dimensions essentielles de l'homme. » **A. Camus.**

- « A moins de fuir la réalité, il nous faut trouver en elle (= la révolte) nos valeurs. » **A. Camus.**

- « L'art, dans son essence, est contestation de la mort, contestation contre les pharisiens de tous poils, contestation de soi-même. » **J.-L. Barrault.**

- « C'est à la rupture que l'art commence ; elle n'est pas l'art, mais il n'y a pas d'art sans elle. » **A. Malraux.**

- « L'artiste veut arracher au monde son masque d'imposture... » **A. Malraux.**

bibliographie

- **Albert Camus**, *Discours de Suède ; Lettres à un ami allemand ; l'homme révolté ; Actuelles.* Tout son théâtre : *Caligula* et ses romans : *l'Étranger,* Gallimard/Pléiade n° 161 et n° 183, 1962, ou Gallimard/Folio, 1977.

- **André Malraux**, *Le Temps du mépris,* Gallimard/Pléiade, 1976.

- **P. Miquel,** *La Révolte,* Bordas/Univers des Lettres, 1971-1974, et réédit n° 701.
- **Jules Vallès,** *L'Enfant – Le Bachelier – L'Insurgé,* Extraits, commentés par Pierre Pillu, Bordas/Univers des Lettres n° 480, 1974.

43 REMARQUE
Besançon/Terminale

Dans les œuvres que vous avez étudiées ou dans les lectures que vous avez faites, vous avez pu rencontrer un certain nombre de personnages révoltés ou insoumis.
Vous évoquerez les types de révolte qu'ils incarnent et vous réfléchirez aux réactions que suscite autour d'eux leur comportement.

44 *Strasbourg/Terminale*

A propos des jeunes gens, François MAURIAC écrit :
   « *Ils attendent d'un auteur qu'il soit un homme, parlant à d'autres hommes de la condition humaine. C'est cela qui fait l'importance d'un écrivain : la réponse qu'il donne à l'apparente absurdité de la vie.* »
Vous exposerez en toute liberté, en évoquant de manière précise des œuvres que vous avez étudiées ou lues, les réflexions que vous inspire ce jugement.

remarque

Pour traiter ces deux sujets, utiliser celui d'**A. Camus** sur l'art – « révolte contre le monde ».

la littérature

45 PLAN DÉTAILLÉ
Poitiers-Amérique du Sud/1ʳᵉ

Littérature et Science.
Un écrivain contemporain affirme : « La science donne à l'homme un pouvoir grandissant sur le monde extérieur, la littérature l'aide à mettre de l'ordre dans son monde intérieur ».
Pensez-vous que la littérature ait effectivement ce pouvoir et que ce soit sa seule fonction ?

plan détaillé

Introduction

● Depuis grande montée des sciences au XIXᵉ siècle, on oppose souvent scientifiques et littéraires.

● Ici ce sont les pouvoirs ou les bienfaits respectifs de la science et de la littérature qui sont évoqués.

● Ceux de la science sont indéniables depuis 100 ans. **J. Rostand,** célèbre biologiste lui-même, va jusqu'à parler d'un « monstrueux pouvoir » des savants.

● Littérature, – dont la connaissance ou la possession ont si longtemps caractérisé les privilégiés de l'esprit –, devient-elle alors une parente pauvre ?

● Monde extérieur, monde intérieur sont-ils les domaines respectifs, l'un de la première (science), l'autre de la seconde (littérature) ?

I. « La science donne à l'homme un pouvoir grandissant sur le monde extérieur. »

● Puissance incontestable de la science sur le monde extérieur :
– du simple domaine des arts ménagers...
– aux progrès médicaux ou chirurgicaux,
– en passant par bienfaits du confort (chauffage central, électricité...),
– ou vitesse des déplacements (auto, avion, fusée...),
– on va maintenant « de la terre à la lune », comme le rêvait **J. Verne** ; on parcourt « 20 000 lieues sous les mers » (**id.**) et bien plus...
– cinéma, téléphone, T.V., électronique, robotique, bref une technique de plus en plus élaborée et étendue à de plus en plus d'applications : on ne sait plus où les progrès peuvent mener...
– et on en oublie! car tous les jours apparaissent de nouvelles commodités fournies par la science.

● Ainsi, la science dégage l'homme des contraintes :
– les machines permettent temps libre, loisirs...
– ou les média répandent une certaine culture, même si elle n'est pas parfaite,
– ou l'homme est libéré de distance (téléphone – télégraphe – radio – T.V. auto – avion – fusée...),
– libéré aussi en partie de certaines nécessités physiques : recul de bien des maladies, allongement de durée de vie, progrès extrêmes de chirurgie.

● Donc puissance de la Science sur les objets, sur la Nature (*cf.* pesticides aident agriculteurs), sur les difficultés matérielles qui entravaient la vie humaine depuis origines.

● Ainsi apporterait-elle libération physique, mais aussi morale et intellectuelle, connaissance du monde étant l'enrichissement. Ce plan spirituel est l'essentiel.

● Or la science a-t-elle apporté en ce domaine un progrès sensible et la littérature n'est-elle pas aussi utile qu'elle?

II. « La littérature aide [l'homme] à mettre de l'ordre dans son monde intérieur. »

● Car les plus remarquables découvertes de la science ne sont que bien peu face à l'**Absolu.**

● Tout savant digne de ce nom sait que sa connaissance n'est finalement que dérisoire dans le devenir de l'Univers.

● Quant aux progrès de la Science, le XXe siècle a compris – après l'optimisme du XIXe siècle – qu'ils étaient sans cesse remis en question.

● Ainsi l'esprit scientifique peut être dangereux et aussi l'application de ses trouvailles.

● Ne développe-t-il pas alors abusivement l'orgueil humain ?

● D'autre part, sa recherche est-elle toujours pure ? Ne se laisse-t-elle pas aller à l'utilitarisme ?

● Prise de conscience de ses limites, de son impuissance.

● C'est alors que littérature paraît un refuge et que son mode de connaissance vient remplacer et peut-être bien dépasser celui de la science.

● Penseurs et philosophes, comme poètes, dramaturges, romanciers, donc artistes, apparaissent des créateurs vivants « parmi les dieux dans le soleil. » **P. Valéry.**

● Littérature ouvre sur la culture gratuite, sur la Beauté désintéressée, sur l'Idéal détaché des exigences immédiates plus ou moins vénales.

● Déjà la deuxième moitié du XIXe siècle avait commencé à dresser – face à l'omniprésence (tyrannie ?) de la science – une **Connaissance** plus subtile, cette quête de l'absolu que mène l'artiste (*cf.* **Baudelaire** : *Correspondances*), ce « Prince des Nuées », celui
« Qui plane sur la vie et comprend sans effort
Le langage des fleurs et des choses muettes. » **Baudelaire.**

● « Le langage [...] des choses muettes » (*Élévation*) peut-il jamais être à la portée de la logique rigoureuse d'un scientifique ?

- Dès **V. Hugo,** on va rappeler que le savant n'est pas tout et que le Poète (l'artiste) apporte sa contribution à la quête humaine et sa part de vérité. *cf.* : *Les Rayons et les Ombres* : « Peuples ! écoutez le Poète !//Écoutez le rêveur sacré !...//... Il rayonne ! Il jette sa flamme//Sur l'éternelle vérité ! »

- A sa suite, des Parnassiens à Valéry ou Michaux ou René Char, on a opposé à esprit scientifique, la « voyance » (**A. Rimbaud**) de l'artiste et la pureté de sa recherche, puis de sa transmission aux profanes que nous sommes.

- Ainsi littérature apporte la formation intellectuelle qui permet d'avoir le temps de se pencher sur les grands problèmes de l'homme, de ne pas oublier que – quelles que soient ses avances – l'homme demeure *homme* en toutes circonstances, i.e. infini en ses vœux et recherches, mais « borné » en sa destinée (*cf.* **Chateaubriand**), toujours dans l'effroi et bien désarmé devant les « espaces infinis » (**Pascal**).

- Littérature apprend à dégager de l'obscurité de l'être ce que **Voltaire** appelait « l'essentiel de l'homme ».

- Cet « essentiel » est en priorité une *lucidité* sereine (*cf.* **Montaigne**), une mise en place (= « mettre de l'ordre ») des valeurs, **discipline** mentale et morale (*cf.* **Goethe**). « Accomplis-toi » ou **Pasteur :** « Être pleinement un homme. »

- Or **Montaigne :** « Il n'est rien si beau et légitime que de faire bien l'homme et dûment, ni science si ardue que de bien et naturellement savoir vivre cette vie. »

- C'est savoir aussi être un « suffisant lecteur » (**Montaigne**) ou auditeur, qui pénètre en littérature avec humilité et curiosité, afin d'y acquérir cette formation intellectuelle qui procure la tolérance, le sens du devoir intellectuel et collectif, l'altruisme (= bienveillance pour autrui, le désir de le comprendre, donc indulgence); l'honnêteté intellectuelle exigeante.

Conclusion

- C'est donc bien « à mettre de l'ordre dans son monde intérieur » dans ce Moi si difficile à cerner, juger, situer (sens du célèbre « Connais-toi toi-même » de **Socrate**) que la littérature aide l'homme.

- Si elle est très souvent considérée comme évasion ou simple distraction, c'est alors la minimiser.

- Car que ce soit par le truchement du **Beau** dont ses créateurs nous font joindre le reflet en leurs tentatives de nous transmettre les cimes sereines d'un Idéal mystérieux et mystique (*cf. Aube* d'**A. Rimbaud**, *L'Azur* de **Mallarmé**...),

- ou que ce soit par le truchement de la **Sagesse** (religieuse, philosophique ou humaine), celle qui consistera à accepter les hommes et nous-mêmes tels qu'ils sont (et nous sommes), à nous réaliser pleinement (*cf.* **Montaigne**)...

- ... la fréquentation de la littérature – à condition qu'elle ne soit pas savoir plat ou loisir superficiellement goûté nous apporte cette Culture qui se renouvelle d'elle-même, celle qui est exigence lucide et introspective et qu'une spécialisation outrée ne pourrait que borner.

46 REMARQUE D'ENSEMBLE SUR DES SUJETS NON TRAITÉS
Aix-Marseille/1re

– **Littérature et vie :**

La littérature vous paraît-elle avoir une influence sur la vie ? Vous fournirez à l'appui de votre argumentation des exemples précis tirés de vos lectures.

47 Clermont-Ferrand/Terminale

*Répondant à la question : « Que peut la littérature » ?,
l'écrivain Yves BERGER affirmait lors d'un débat (1) :*
   « **La littérature et la vie ne font pas bon ménage : comment le pourraient-elles alors que la première tourne le dos à l'autre ?... Pour moi, tous les livres, même les plus noirs, sont des livres paradisiaques. Des livres hors la vie, où rêver** »...
*Croyez-vous à un tel divorce entre la littérature et la vie ?
Votre réflexion devra s'appuyer sur des exemples précis.*

48 Nantes D'/Terminale

— **Littérature et liberté :**

Que pensez-vous de cette phrase d'un critique contemporain, S. ALEXANDRIAN :
   « **La littérature n'a de vertu que si elle est une initiation à la liberté, sinon une incitation aux libertés.** »
Vous appuierez votre analyse tant sur vos lectures personnelles que sur les textes que vous avez pu étudier.

---

(1) Débat organisé, à la Mutualité, par l'équipe du journal *Clarté* (1964), transcrit et publié en collection 10/18, sous le titre *Que peut la littérature ?* (Intervention d'Yves BERGER (pp. 99 et 100).

49 Poitiers – Amérique du Sud/Terminale

– **La littérature et le Moi :**

Claude ROY écrit dans Moi je :
« *Une des fonctions les plus importantes de la littérature, c'est de permettre à chacun de se retrouver dans le miroir de l'auteur* ».
Vous donnerez votre avis en illustrant vos arguments par des exemples précis.

50 Amiens/Terminale

– **Littérature l'élite :**

Bertrand POIROT-DELPECH, critique littéraire du journal Le Monde, écrit :
« *La littérature, en France, c'est l'élite s'adressant à l'élite; il n'y a pas à sortir de là* ».
André MALRAUX préconisait pour sa part « *de rendre accessibles au plus grand nombre les œuvres capitales de l'humanité.* »
Vous confronterez ces deux positions contradictoires et, en prenant appui sur des œuvres que vous connaissez bien, vous développerez votre propre opinion.

51 *Nancy-Metz/Terminale*

– Littérature engagée :

Dans une société en crise, où beaucoup se plaisent à proclamer la « fin des idéologies », la littérature engagée vous semble-t-elle encore de mise ? Tout en vous référant à la riche tradition des œuvres de témoignage, de dénonciation ou de combat, vous tenterez de définir les enjeux et les limites de la notion d'engagement de l'écrivain.

52 *Clermont-Ferrand/1re*

– Littérature et misère :

Jean GIRAUDOUX reproche à la littérature française en général d'escamoter la réalité de la misère. Selon lui, elle n'est que « le plus beau concours général d'éloquence, de finesse et de logique qui se soit livré entre les hommes... Il y a dans notre littérature des considérations sur la misère, pas une seule expression de la misère, et il en est de même de tous les grands besoins et de toutes les grandes souffrances primitives ».
(*Les Cinq Tentations de La Fontaine*, Grasset, 1936, P. 151).
En vous aidant d'exemples précis empruntés aux œuvres que vous connaissez, vous direz s'il est vrai que la littérature française n'a jamais su exprimer la misère, les grands besoins et les grandes souffrances primitives.

53 Nice/1ʳᵉ

– **Littérature et tristesse :**

André GIDE écrit : « Notre littérature, et singulièrement la romantique, a louangé, cultivé, propagé la tristesse (...) Pour moi, je tiens pour impie le vers de Musset tant prôné (1) :
   « Les plus désespérés sont les chants les plus beaux. »
Êtes-vous d'accord avec cette prise de position ? Appuyez-vous sur des exemples précis.

54 Dijon/1ʳᵉ

– **Le thème du monstre en littérature :**

La littérature et les autres arts ont toujours traité avec une particulière faveur le thème du monstre : être fabuleux, créature de cauchemar, personnage infernal, homme ou femme au comportement insolite et terrifiant.
Sans dresser un répertoire de ces créations, et donc en évitant toute énumération fastidieuse, vous essaierez d'expliquer, à partir d'exemples précis que vous analyserez soigneusement, l'espèce de fascination qu'exerce ce thème sur la personnalité du lecteur ou du spectateur, et même, si cet aspect vous intéresse, sur l'imagination du créateur.

---

(1) cité souvent et avec admiration.

remarque d'ensemble

- Utiliser le devoir précédent, les **formules** et la **bibliographie** ci-dessous pour traiter ces différents sujets.

quelques formules

- « Un des lieux communs qu'on rabâche dans certains milieux, c'est que désormais la littérature n'aura plus à jouer qu'un rôle secondaire ; l'avenir est au cinéma, à la télévision, : à l'image. Je n'en crois rien. » **S. de Beauvoir.**

- « Littérature : occupation des oisifs. » **G. Flaubert.**

- [L'homme] se projette [dans la littérature], s'y reconnaît ; seul ce miroir lui offre son image. » **J.-P. Sartre.**

- « La bonne littérature a toujours cette infériorité sur la mauvaise, c'est qu'elle n'est pas simple. » **Cl. Roy.**

- « La vraie vie [...] c'est la littérature, cette vie qui a un sens, habite à chaque instant chez tous les hommes aussi bien que chez l'artiste. » **M. Proust.**

bibliographie

- **Alain,** *Propos de littérature,* Gonthier-Denoël/Médiations, 1969 et réédit.

- **Claude Roy,** *Défense de la littérature,* Gallimard/Idées, 1968, et réédit.

- **Pirandello,** *Écrits sur le théâtre et la littérature,* Gonthier-Denoël/Médiations, 1971.

- **Raymond Jean,** *Pratique de la littérature,* Seuil, 1978.

- **M. Mansuy,** *L'enseignement de la littérature,* Nathan/Université, Information-Formation, 1977.

- **Duchet-Kuentz-Levaillant,** *Littérature,* Revue trimestrielle, Larousse.

le roman

55 PLAN DÉTAILLÉ
Lyon-Israël/1ʳᵉ

« ***Les histoires à dormir debout sont de celles qui tiennent le mieux éveillé*** », *écrit Marthe* ROBERT *dans* Roman des origines et origines du roman.
Vous direz, d'après vos lectures personnelles, comment vous vous expliquez ce pouvoir des contes, des récits merveilleux, de la littérature fantastique, de la science fiction...

plan détaillé

Introduction

- Douceur de s'évader dans les lectures romanesques : aventure, contes de fées, fictions fantastiques, amours idéales, bref ce que l'homme raisonnable appelle souvent : « histoires à dormir debout ».

- Plaisir, oubli bénéfique dans l'imaginaire, « éveil » de l'intérêt passionné pour l'anecdote étonnante.

- Est-il de bon ton qu'un être dit cultivé, un intellectuel « sérieux », admette de telles histoires ?

- Seraient-elles pourtant celles qui « tiennent le mieux éveillé » ? Voir **Rousseau** enfant...

- Doit-on, malgré cette puissance, les rejeter au niveau d'une littérature de second ordre ?

- Peut-on reconnaître que ces lectures correspondent à un besoin inné de l'homme d'enchanter son esprit dans ce domaine indéterminé où la limite s'efface entre le possible et l'impossible, entre la fiction et la certitude ?

I. Le pouvoir de toute lecture sur l'esprit.

• Pour un homme qui aime lire, il est souvent des lectures auxquelles il ne peut s'arracher, qu'il ne se décide pas à interrompre.

• Passionné par le livre qu'il tient entre les mains, il ne songe pas à l'abandonner pour se livrer même à d'autres occupations urgentes.

• Or c'est loin d'être forcément une « histoire à dormir debout » qui envoûte ainsi lecteur.

• Pourquoi donc ne peut-on s'arracher à un livre ?

• *Parce que* le lecteur retrouve dans le livre les questions qu'il s'est posées (ou aurait pu...), y découvre les **réponses ;** pénètre dans la pensée de l'auteur, dans ses « richesses ». *Cf.* **Montaigne** et ses lectures de Sénèque.

• Mais un « suffisant lecteur » n'est pas envoûté : si ce n'est pas compilation, cette lecture devient originale, i. e. base de création personnelle.

• *Parce que* le **personnage** (ou les...) retient : si vraie l'étude psychologique, il prend des dimensions universelles ; c'est l'Homme que l'on trouve en lui : Meursault, l'*Étranger* de **Camus,** ou tel héros balzacien, stendhalien... Écriture dramatique et analyse le rendent plus solide, plus visible que dans Réalité. Problème de la création littéraire.

• C'est alors **Vérité** (non Fiction) qui est demandée par le lecteur. Exemple : les réalistes *cf.* **Flaubert,** ou les psychologues, exemple : **Mme de La Fayette** *(Princesse de Clèves)*...

• *Parce qu*'on peut aussi obtenir un véritable **plaisir esthétique :** beauté de la langue, des tournures, des images : **Ch. Baudelaire, P. Verlaine, A. Rimbaud**... ex. personnels.

• *Parce qu*'on se laisse entraîner par le poète : « Voyant qui transmet au profane le résultat de sa quête, son interprétation des symboles, ses tentatives pour joindre le « monde des Idées » – **Baudelaire - Mallarmé**... **Valeur initiatrice.**

II. L'envoûtement provoqué par les « histoires » merveilleuses.

- Mais avant tout celui qui ne peut s'arracher à un livre est celui qui veut connaître la fin de l'« histoire ».

- D'où l'idée du *feuilleton* : repose sur le désir de connaître la suite des **aventures**. S'appuie sur l'histoire où priment événements, anecdotes, intrigues, méandres événementiels qui attirent par la diversité, la surprise, l'extra-ordinaire... Ex. romans d'**E. Sue**, d'**A. Dumas Père**. Veine toujours utilisée.

- Variété des péripéties, multiplication des actions emportent imagination dans leur **mouvement** et leur **projection** hors du banal.

- Certes fiction n'est pas sans rapport avec Vrai *(Mystères de Paris)*, mais donne un éclairage plus dense, plus serré sur les événements de vie qui eux sont dispersés.

- Toute œuvre fictive apporte une « vision plus complète, plus saisissante, plus probante que la réalité même. » **G. de Maupassant** – Relire à ce propos *Les Mots* de **J.-P. Sartre**.

- Également **identification au héros**, même et surtout s'il est un surhomme (*Goldorak* à notre époque).

- On s'offre une seconde vie parallèle, tel Don Quichotte et les romans de chevalerie, ou Emma Bovary et les romans romantiques. Relire page de **G. Flaubert** à ce sujet.

- Donc satisfaction apportée à notre besoin de nous projeter hors et au-dessus de nous-même, ce qui donne sa place à tous les « merveilleux » historique, légendaire, religieux, de science-fiction, magique...

- A toutes les époques : seules varient les réalisations : du surhumain cornélien à celui de *La guerre des Étoiles*...

- **Évasion** : exotisme-fantastique... dès l'enfance et n'est-ce pas retrouver l'enfance ?

- Homme dont le destin est souvent – il le sait – si insignifiant prend plaisir aux destins d'importance exceptionnelle qui sont ceux des histoires, monde cohérent cependant, véritable univers de remplacement qui semble apporter des réponses directement utilisables.

- C'est alors que sont préférées souvent les « histoires à dormir debout », celles qui sont : **illusoire absolu,** fantastique, contes où fantaisies se greffent sur fantaisies, fictions et récits merveilleux où l'esprit s'enchante, comme d'un philtre, de visions qu'il ne dirige plus.

Conclusion.

- On a souvent dénoncé depuis **Cervantès, J.-J. Rousseau, G. Flaubert, Colette...** **l'influence pernicieuse** du roman, des histoires romanesques : *Werther* (**Goethe**) – *René* (**Chateaubriand**) et responsabilité sur les jeunesses impressionnées par les histoires qui les marquaient.

- Certes ce qu'il faudrait obtenir d'une lecture, ce sont les réflexions neuves qu'elles suggèrent. Mais n'est-ce pas raisonnement d'intellectuel privilégié ?

- Même si les moyens sont médiocres, pourquoi l'homme, moyen lui aussi, n'aurait-il pas sa part de distraction, de fuite même ? *cf.* tradition orale des histoires.

- Chaque être, selon ses possibilités, besoins, mérites, par des méthodes et des procédés multiples (livres, feuilletons, B.D., cinéma, T.V. ...) acquiert ainsi sa part d'**absolu,** en se laissant bercer par des histoires même « à dormir debout ».

remarque d'ensemble sur des sujets non traités

– **Roman : une histoire ? une anecdote ?**

56 *Rouen/Terminale*

Alain ROBBE-GRILLET constate :
   « Un roman, pour la plupart des amateurs – et des critiques –, c'est avant tout une « histoire ». (...) Le jugement porté sur le livre consistera surtout en une appréciation de la

cohérence de l'intrigue, de son déroulement, de son équilibre, des attentes ou des surprises qu'elle ménage au lecteur haletant. »
En appuyant votre réflexion sur des exemples précis tirés de grandes œuvres de la littérature, vous vous demanderez si cette conception de l'art romanesque est juste, suffisante, et si elle convient à tous les romans, passés ou contemporains.

---

57 Lyon/1ʳᵉ

Certaines éditions de poche, pour faciliter le choix du lecteur éventuel, présentent au dos du volume un bref résumé de l'ouvrage publié.
Quelles réflexions cette pratique vous inspire-t-elle ? L'intérêt de l'œuvre romanesque se réduit-il à l'anecdote ou fait-il intervenir d'autres éléments ?

— **Roman : intrigue ou étude de caractères ?**

---

58 Montpellier/1ʳᵉ

Dans une lettre à sa sœur Pauline Beyle, datée du 3 août 1804, STENDHAL *écrit :*
  « **Tu sens bien que, dans les romans, l'aventure** (1) **ne signifie rien : elle émeut et voilà tout ; elle n'est bonne ensuite qu'à oublier. Ce qu'il faut, au contraire, se rappeler, ce sont les caractères.** »
                                STENDHAL, *Correspondance.*

---

(1) Comprenez ce mot ici dans le sens d'intrigue.

En prenant des exemples précis dans vos lectures personnelles, vous direz si vous partagez ce point de vue.

– **Roman : Réel ou imaginaire ?**

59 *Amiens/1ʳᵉ*

Opposant la notion d'imaginaire au réel, Yves BERGER affirme :
« ***C'est toujours contre le réel que l'écrivain travaille, et de façon à l'oublier.*** »
En prenant appui sur des œuvres précises que vous connaissez bien, vous direz comment vous comprenez ce jugement et si vous l'approuvez.

– **Roman : Vérité... ?**

60 *Orléans/Terminale*

En vous appuyant sur des exemples précis, expliquez et discutez cette opinion d'Albert THIBAUDET dans ses Réflexions sur le roman *(1938) :*
« ***Ou bien le roman fait découvrir au lecteur, dans la vie la plus humble, les mêmes puissances de noblesse et de tragique que dans les vies les plus illustres, les plus éclatantes, les plus dramatiques (...), ou bien il amène le lecteur à se dégonfler de ses illusions, à prendre conscience de sa misère, de son ridicule.***

D'un côté il découvre à l'homme ordinaire sa grandeur, de l'autre il lui montre sa misère ».

– ou « mensonge vrai » ?

61 Reims/Terminale

« *Le mensonge vrai est le domaine du romancier.* »
Vous analyserez et commenterez cette citation de Marthe RO-BERT, en vous interrogeant en particulier sur sa formulation paradoxale, formulation qui vise à définir le genre littéraire romanesque.

remarque d'ensemble

● Pour traiter ces sujets, utiliser le devoir précédent et les **formules** et **bibliographie** ci-dessous.

quelques formules

● « Qu'il est doux, qu'il est doux d'écouter des histoires, Des histoires du temps passé... » **A. de Vigny.**

● « Le roman doit être faux comparé à la réalité, car, autrement, il se confondrait avec l'histoire et autres sciences ; mais il doit sembler vrai, car créer l'illusion d'un monde est la fonction même de l'imagination. » **Hytier.**

● « Le monde romanesque n'est que la correction de ce monde-ci suivant le désir profond de l'homme. » **Camus.**

● « La vérité du roman n'est jamais autre chose qu'un accroissement de son pouvoir d'illusion. » **M. Robert.**

● « Le roman réalise la synthèse de la vie intérieure et de la vie permanente. » **A. Maurois.**

● « Le roman c'est d'abord un moyen d'explorer la vie, de nous reconnaître à l'intérieur de nous-mêmes. » **Le Clézio.**

bibliographie

- **C. E. Magny**, *Histoire du Roman français depuis 1918*, Seuil/Points, 1971.
- **M. Nadeau**, *Le Roman français depuis la guerre*, Idées/Gallimard, 1963, réédit.
- **G. Jean**, *Le Roman*, Seuil/Peuple et Culture, 1971.
- **M. Raymond**, *Le Roman depuis la Révolution*, Colin/U, 1978.
- **M. Robert**, *Roman des origines et origines du Roman*, Tel/Gallimard, 1977.
- **P. Sellier**, *L'Évasion*, Univers des Lettres/Bordas, Recueil Thématique n° 703, 1973.

la poésie

62 — PLAN DÉTAILLÉ
Lille/1re

« *Les poèmes ont toujours de grandes marges blanches... Leur principale qualité est, non pas d'évoquer, mais d'inspirer. On rêve sur un poème comme on rêve sur un être.* » *Voilà comment* ELUARD *conçoit la lecture d'un poème. En classe, par contre, on vous entraîne à analyser le poème afin de le mieux comprendre.*
Essayez d'apprécier ces deux attitudes de lecteur en illustrant votre propos d'exemples précis, et dites si, à votre avis, elles sont conciliables ou non.

plan détaillé

Introduction.

- Poésie : premier moyen d'expression utilisant le langage et ceci dans toutes les civilisations et cultures.
- Elle envahit, transcende, suggère, enchante...
- Donc elle inspire, fait rêver...
- Serait-ce alors un crime de lèse-poésie que ces analyses et commentaires élaborés obligatoirement en classe ?

I. « On rêve sur un poème ».

- Vers purs, lumineux, évocateurs... Mais sens précis ?
- C'est leur mystère même qui envoûte...
- Pas rationnel.
- Rêve et art. Rêves plutôt.
- Monde surréel. « Le rêve est une autre vie. » **G. de Nerval.**
- Tout se confond en correspondance d'époques, de vies, de réminiscences.
- Poésie est allusive.
- Qu'est-ce qui est réalité, chimère ? passé, présent ?...
- Poésie : signe, symbole, pénétration vers Connaissance.
- Véritables formules magiques.
- Les **mots** eux-mêmes ont une âme, sont à eux seuls images ou tableaux :
« Les mots sont les passants mystérieux de l'âme. » **V. Hugo.**
- On est saisi par l'harmonie, le songe... non seulement qu'exhale le mot, mais son contexte.
- – Cadences et rythmes ;
 – Musicalité ;
 – Couleurs, nuances, formes, images, tableaux ;

– Sonorités, harmonies imitatives, assonances ;
– Ou seulement des alliances aussi simples que mystérieuses ;
– Un autre monde – ou le quotidien –, une évocation – ou une peinture –, non **pas dits,** mais entrevus, ou suggérés ;
– ... tout concourt à envelopper âme, esprit, sensibilité du lecteur qui s'enchante « Je ne sais pourquoi » de la « chanson grise »...

● Évidemment, toute poésie ne pousse pas à rêver. Mais ces autres types de poèmes répondent-ils alors vraiment à leur mission poétique, ne sont-ils pas seulement vers et mètres alignés ?

● Rêver avec un poème, c'est par exemple sentir le vent iodé piquer les narines, faire plisser les paupières, en lisant : **Baudelaire :** *L'homme et la mer ;*
ou **Mallarmé :** *Brise marine ;* c'est entendre le rythme des tam-tams et vivre les mystérieuses nuits africaines avec **B. Senghor :** *Chants d'Ombre.*

● Plaisir immédiat ; sensations et sentiments spontanés.

II. Poésie et Connaissance.

● Mais ne faut-il pas se méfier de cet élan esthétique très subjectif ?

● *Goût* n'est pas démarche réelle de l'esprit.

● Il en est de poésie comme de tout art ; il ne suffit pas de dire « J'aime » ou « Je n'aime pas » et de trouver poésie bonne parce qu'elle incite à rêver.

● Même mot grec désignait à la fois *art* et *métier* (donc > artiste et artisan), c'était τεχνη *(teknê)* d'où vient *technique.*

● Il entre une part certaine de métier, de technique, dans création. *Don* existe mais n'est pas suffisant.

● Bien des poètes même sont de véritables ascètes de leur art, s'y adonnent intensément et, entre autres, à la recherche du langage, des méthodes, de l'art (formel) qui leur permettra de traduire ce qu'ils ressentent.

- Ainsi création est aussi élaboration, recherches techniques. Voir les multiples « arts poétiques ». Ex. Pléiade, Malherbe, Hugo et Romantiques... ; *Correspondances, Élévation* ou *Bénédiction* de **Baudelaire** ;
Une saison en Enfer d'**A. Rimbaud** ; ou la théorie de l'hermétisme (**Mallarmé**), celle de la suppression de la ponctuation et les *Calligrammes* (**Apollinaire**), les Manifestes surréalistes...

- Or ce ne sont pas les déclarations fracassantes s'opposant à ce qui précède.

- C'est le résultat de recherches patientes, parfois même angoissantes, d'un verbe poétique qui leur permette de joindre l'Absolu, la Connaissance... et de la transmettre aux profanes.

- Poètes se font tous une très haute idée de leur mission.

- Ils peuvent même en être victime, comme **G. de Nerval** qui se perd à « la lisière des saintes demeures » (folie), ou **A. Rimbaud** et ses efforts admirables de *Voyance*.

- Et quand ils n'y parviennent pas, quelle douleur !

- A-t-on le droit dans ces conditions d'ignorer un tel travail, une telle intensité de recherches, un tel don de soi à la Poésie, et de se contenter de goûter un texte ?

- Sous l'écorce de la beauté des sensations, et à condition de les lire et relire, de les analyser même, les textes dévoilent des vérités encore plus pures que le charme lui-même.

- Le lecteur découvre à tout moment d'autres lumières. Il ne se disperse pas, il se précise.

- Que ne laissons-nous passer, si nous nous contentons de rêver sur leurs « grandes marges blanches » ?

- Ne faut-il pas, aussi, après s'être laissé emporter sur les ailes poétiques, se rendre compte de ce que recouvre d'invisible, d'impalpable, ce qui semble si palpable, si simplement audible ?

Conclusion

● Donc l'explication donne à la pensée une double discipline :
– l'approfondissement (documentation et réflexion),
– la méthode (plan et analyse)
auxquels s'ajoute la nécessité si profitable de les traduire clairement dans un langage approprié, et qui ne se borne plus à des termes enthousiastes, obligatoirement relâchés, provisoires, comme le sentiment et la pensée restaient lâches tant qu'une démarche authentiquement littéraire n'avait pas été accomplie sur le texte poétique.

● « Rêver sur un poème » et l'analyser sont bien deux attitudes de lecteur mais nullement inconciliables.

● Le poème « inspire » cette part créative qui est en chacun de nous, comme chez l'enfant de **Prévert** qui joue avec l'oiseau-lyre *(Page d'Écriture)*.

● Mais il « évoque » aussi, transmet, « rayonne », « jette sa flamme »..., car le poète est lui-même « rêveur sacré » **(V. Hugo**, *Fonction du poète)*.

● Suivons **P. Valéry** qui réclame la plus grande exigence **et** du poète **et** du lecteur.

– **Poésie et connaissance :**

63 *Lille/Terminale*

Le poète breton contemporain Eugène GUILLEVIC écrit à propos de son art :
 « *Je crois que la poésie est un moyen de connaissance, un des moyens d'apprendre le monde. Il y a toutes sortes de moyens de connaissance. Pour important que soit le rôle de la science, ce n'est pas le seul. Nous ne devons nous priver*

d'aucun de ces moyens. Il n'y a pas que la connaissance purement intellectuelle qui est connaissance. Après tout, le meilleur moyen de connaître une pomme, c'est de la manger... »

Quelle conception personnelle avez-vous du rôle de la poésie dans la vie humaine ? Appuyez votre réflexion sur celle de Guillevic et sur des exemples précis.

— **Poésie-Magie :**

64 *Toulouse/Terminale*

« *De tous les poèmes écrits depuis des siècles, que reste-t-il ? Des cris du cœur. Si nous nous penchons au-dessus de ces flots parlants, se distinguent d'abord des phrases, des vers, comme si les poèmes sombraient dans la mémoire pour ne laisser sauves que des formules magiques où s'agrippent, au cours du naufrage, nos sentiments.* »

Max-Pol FOUCHET

Cette réflexion de Max-Pol FOUCHET coïncide-t-elle avec votre propre expérience de la lecture des poètes ou demandez-vous autre chose à la poésie ?
Essayer de préciser votre pensée dans un développement ordonné.

— **Il n'y a plus de place pour la poésie :**

65 *Limoges/Terminale*

A la fin de l'âge romantique, le grand critique russe BIÉ-LINSKI a affirmé que l'idéal, la beauté, la poésie, n'avaient

aucune place dans l'œuvre d'art : seul importait qu'elle fût un fidèle miroir de la réalité. Cinquante ans plus tard, Anatole FRANCE écrit : « **L'artiste doit aimer la vie et nous la montrer belle. Sinon nous en douterions.** »
A l'aide d'exemples empruntés à vos lectures, vous direz si, à votre avis, l'artiste, et spécialement l'écrivain, doit nous présenter une image idéale de la vie.

remarque

- Traiter les *épreuves 63-64* et *65* à l'aide de l'*épreuve 62* et des **formules** et **bibliographie** suivantes :

quelques formules

- « Les vrais poètes, dans le sens le plus libre et le plus général du terme, naissent avec deux ou trois chansons qu'il leur faut à tout prix chanter, mais qui sont toujours les mêmes : qu'importe, du reste, s'ils chantent chaque fois avec tout leur cœur. » **P. Loti.**

- « Il doit y avoir toujours énigme en poésie et c'est le but de la littérature d'évoquer les objets. » **Mallarmé.**

- « La poésie est l'expression, par le langage humain ramené à son rythme essentiel, du sens mystérieux des aspects de l'existence ; elle dote ainsi d'authenticité notre séjour et constitue la seule tâche spirituelle. » **Mallarmé.**

bibliographie

- **Jean Cohen**, *Structure du langage poétique*, Flammarion, 1966.

- **Henri Lemaire**, *La poésie depuis Baudelaire*, Colin/Coll. U, 1965 puis 1969.

- **Ceysson et Imbert**, *La Poésie comme un langage*, Larousse, 1978.

- **Grammont**, *Petit traité de versification française*, Colin/Coll. U, 1967 et réédit.

enseignement supérieur privé

CEPES

Centre de préparation aux examens et concours de l'enseignement supérieur

1.000 étudiants chaque année, depuis 1967...

sciences-po
médecine
pharmacie

stages d'été – classes préparatoires

et l'année américaine après le bac
sur le campus d'une grande université de Floride

57, RUE CHARLES-LAFFITTE,
92200 NEUILLY - Tél. 745.09.19 et 722.94.94

REVISION AVANT LES EXAMENS
BREVET des collèges - E.N. - BACCALAUREATS et 1re.
Epreuves d'essai et entraînement par correspondance

Le but de ces cours en 6 semaines est d'offrir l'équivalent d'examens blancs et de guider les révisions. Sans imposer un excès de travail, ils aident au contraire l'élève à combler ses lacunes et lui permettent de bénéficier de véritables leçons particulières dans les dernières semaines décisives. Complément précieux à la classe.

POUR LES ISOLES : Cours complets toute l'année, toutes classes.

L'ETE : VACANCES FECONDES grâce aux cours de vacances (rattrapages, initiations aux matières nouvelles) par correspondance, donc, sans nuire à vos déplacements. - Transition secondaire-supérieur.

DIVERS : Entrée Ecoles Normales concours interne ou externe.
Secrétariat - Comptabilité - Gestion - Entrée écoles infirmières, etc.
Entrée H.E.C. - E.S.C.A.E. - Ecoles kinésithérapie - Informatique.
E.P.S. : Préparation Brevet d'Educateur sportif, C.R.E.P.S.

CONCOURS ADMINISTRATIFS : Trésor, Police, PTT, Préfectures.

COURS ACADEMIQUES DE FRANCE
ETABLISSEMENT PRIVE D'ENSEIGNEMENT A DISTANCE
46, rue de l'Echiquier, 75010 Paris. Tél. : 824.50.43 - avenue Cap de Croix, 06100 Nice
Se recommander des Annales HACHETTE

table des matières

résumé/discussion   Pages

A. Avec questions de vocabulaire

1. **P.-H. Simon :** Livre et Lire *(Témoins de l'homme)* 10
2. **P. Lepape :** Mon plaisir de lire 18
3. **Cl. Roy :** Littérature et passé culturel *(Défense de la littérature)* 21
4. **J. Bourin :** Préface d'une anthologie poétique *(Les plus belles pages de la Poésie Française)* 28
5. **J. Gracq :** *En lisant, en écrivant* 39
6. **Mme de Staël :** « Des femmes qui cultivent les lettres » *(De la littérature)* 40
7. **M. Yourcenar :** Femme et féminisme *(Les yeux ouverts)* 49

B. résumé/discussion

8. **J. Hamburger :** *Un jour, un homme* 51
9. **B. Bettelheim :** La machine *(Le cœur conscient)* 63
10. **S. Weil :** *L'enracinement* 72
11. **H. et G. Agel :** *Précis d'initiation au cinéma* .. 74
12. **E. Morin :** La photographie *(Le cinéma et l'homme imaginaire)* 84

13. **J. Rigaud :** Le sport *(La culture pour vivre)* **92**
14. **P. Valéry :** *Discours prononcé à la distribution des prix du Collège de Sète – 1935* **99**
15. **P. Granet :** *Changer la ville* **109**
16. **A. Robbe-Grillet :** *Pour un nouveau roman* **119**

commentaire composé

17. **M. Arland :** *Terre Natale* **135**
18. **E. Verhaeren :** Les Horloges *(Au bord de la route)* **144**
19. **V. Hugo :** « Sur une barricade... » *(L'Année Terrible)* **153**
20. **V. Hugo :** Jour de fête aux environs de Paris **162**
21. **V. Hugo :** Pour Jeanne seule **171**
22. **V. Hugo :** Le Pont *(Contemplations)* **172**
23. **V. Hugo :** Un homme à la mer *(Les Misérables)* ... **173**
24. **V. Hugo :** Noté dans son *Journal intime* à la date du 23 février 1846 .... **174**
25. **P. Eluard :** Ma morte vivante *(Le Temps déborde)* **176**
26. **Ch. Perrault :** *La belle au bois dormant* **184**
27. **Chateaubriand :** Un naufrage *(Mémoires d'outre-tombe)* **194**
28. **Chateaubriand :** Venise *(Mémoires...)* **203**
29. **Stendhal :** Le Lac de Côme *(Chartreuse de Parme)* **204**
30. **Stendhal :** *Le Rouge et le Noir.* 11-10 .... **212**
31. **Stendhal :** Fabrice de retour de Waterloo *(La Chartreuse de Parme)* **214**
32. **J. Laforgue :** Pierrots *(L'imitation de Notre-Dame la lune)* **215**
33. **J. Laforgue :** *Premiers Poèmes :* « On les voit chaque jour... » **224**

composition française littéraire

thème : l'art

34. Chaque art a son langage particulier **228**
35. **A. de Vigny :** « A quoi bon les Arts, s'ils n'étaient que le redoublement de l'existence ? » **233**

thème : l'universalité

36. **A. Adam :** « Les œuvres vivantes, à travers les siècles, continuent d'éclairer, d'enchanter ou d'émouvoir. » **234**
37. **A. Maurois :** ... « les pièces et les livres meurent, comme leurs auteurs... » **242**
38. Peut-on trouver son plaisir en puisant à son gré dans la littérature universelle, quel que soit l'âge ? **243**

thème : le héros

39. De la mort de quel héros ou de quelle héroïne aimeriez-vous mourir ? Pourquoi ? **244**
40. Après l'Amour, la Guerre est le thème littéraire le plus exploité **250**
41. Influence du héros de roman (**Chateaubriand**) : *Mémoires d'outre-tombe*) **251**

thème : la révolte

42. **A. Camus :** « L'art est une révolte contre le monde dans ce qu'il a de fuyant et d'inachevé... » 252
43. Personnages révoltés ou insoumis 257
44. Réponse à l'apparente absurdité de la vie 257

thème : la littérature

45. Littérature et science, leur pouvoir respectif 258
46. La littérature a-t-elle une influence sur la vie ? 262
47. **Y. Berger :** « La littérature et la vie ne font pas bon ménage... » 263
48. **S. Alexandrian :** Littérature : initiation à la liberté... aux libertés 263
49. **Cl. Roy :** La littérature : « permettre à chacun de se retrouver dans le miroir de l'auteur » 264
50. **B. Poirot-Delpech :** « La littérature, en France, c'est l'élite s'adressant à l'élite... » 264
51. La littérature engagée est-elle encore de mise ? ... 265
52. **J. Giraudoux** reproche à la littérature française d'escamoter la réalité de la misère 265
53. **A. Gide :** « Notre littérature, et singulièrement la romantique, a louangé, cultivé, propagé la tristesse » 266
54. Le thème du monstre en littérature 266

thème : le roman

55. **M. Robert :** « Les histoires à dormir debout tiennent le mieux éveillé » *(Roman des origines et origines du roman)* 268

- **56. A. Robbe-Grillet** : « Un roman c'est avant tout une histoire... » **271**
- **57.** L'intérêt de l'œuvre romanesque se réduit-elle à l'anecdote ? **272**
- **58. Stendhal** : Dans les romans « l'aventure (= l'intrigue) ne signifie rien... » **272**
- **59. Y. Berger** : « C'est toujours contre le réel que l'écrivain travaille... » **273**
- **60. A. Thibaudet** : Roman : Vérité ? **273**
- **61. M. Robert** : « Le mensonge vrai est le domaine du romancier. » **274**

thème : la poésie

- **62.** « Rêver sur un poème (**Eluard**) ou l'analyser ? **275**
- **63. Guillevic** : « La poésie est un moyen de connaissance » **279**
- **64. M.-P. Fouchet** : Les poèmes : « Des cris du cœur » **280**
- **65. Biélinski** et **A. France** : Y a-t-il encore de la place pour la poésie ? **280**

index par académie

ACADÉMIES	NUMÉRO D'ÉPREUVES
Aix-Marseille	9-22-46
Amérique du Sud	19
Amiens	30-50-59
Besançon/Polynésie française	3-13-26-43
Bordeaux	7
Caen	5-39
Clermont-Ferrand	47-52
Dijon	2-32-54
Grenoble	4-15-16-25-29-40
Lille	1-21-62-63
Limoges	65
Lyon	27-55-57
Maroc	28
Montpellier	11-20-34-58
Nancy-Metz	51
Nantes	48
Nice	18-31-53
Nlle-Calédonie	37
Orléans	33-60
Paris	8-12-17-36
Poitiers-Amérique du Sud	14-42-45-49
Reims	6-23-24-35-61
Rennes	38
Rouen	41-56
Strasbourg	10-44
Toulouse	64

IMPRIMÉ EN FRANCE PAR BRODARD ET TAUPIN
7, bd Romain-Rolland - Montrouge.
1367-5 Usine de La Flèche, le 22-09-1983.
Dépôt légal n° 7384-9-1983. Collection n° 18. Edition n° 01.
16/5296/5